国家自然科学基金（项目号71874094）

# 实验与准实验设计在语言教育研究中的应用

Application of Experimental and Quasi-Experimental Designs in Language Education Research

郭 茜 冯瑞玲 著

清华大学出版社
北京

版权所有，侵权必究。举报：010-62782989，beiqinquan@tup.tsinghua.edu.cn。

**图书在版编目(CIP)数据**

实验与准实验设计在语言教育研究中的应用/郭茜，冯瑞玲著.—北京：清华大学出版社，2022.8

ISBN 978-7-302-61619-1

Ⅰ.①实… Ⅱ.①郭… ②冯… Ⅲ.①语言教学－实验研究 Ⅳ.①H09-33

中国版本图书馆 CIP 数据核字（2022）第 147723 号

责任编辑：商成果
封面设计：常雪影
责任校对：欧　洋
责任印制：朱雨萌

出版发行：清华大学出版社
　　　　网　　址：http://www.tup.com.cn，http://www.wqbook.com
　　　　地　　址：北京清华大学学研大厦 A 座　　邮　编：100084
　　　　社 总 机：010-83470000　　邮　购：010-62786544
　　　　投稿与读者服务：010-62776969，c-service@tup.tsinghua.edu.cn
　　　　质量反馈：010-62772015，zhiliang@tup.tsinghua.edu.cn
印 装 者：三河市天利华印刷装订有限公司
经　　销：全国新华书店
开　　本：170mm×240mm　　印　张：13　　字　数：211 千字
版　　次：2022 年 8 月第 1 版　　印　次：2022 年 8 月第 1 次印刷
定　　价：69.00 元

产品编号：092145-01

# 序　言

　　《实验与准实验设计在语言教育研究中的应用》一书即将出版，受作者之邀为本书作序，我由衷地为她们感到高兴。

　　郭茜教授是清华大学外国语言文学系应用语言学和语言教育方向的负责人，专业背景深厚，学术功底扎实，研究成果在语言教育领域具有前沿性和引领性，是一位学术水平高、研究能力强、教学成效突出并为清华大学外国语言文学学科建设发挥了重要骨干作用的学者。我与郭茜教授自她在清华大学攻读硕士学位时就相识。郭茜教授多年来一直从事语言教学工作，在语言教育研究领域也深耕多年，先后主持国家社会科学基金、国家自然科学基金项目以及多项校级研究项目，研究成果在语言教育领域具有很强的理论和应用价值。郭茜教授在哈佛大学攻读博士学位期间，受到了良好的量化科研方法训练，回国工作之后的科研成果也多基于实验和准实验研究设计，为本书的成文打下了坚实的基础。此外，郭茜教授开设了语言教育研究设计方面的研究生课程，在授课过程中积累了丰富的经验，了解语言教育领域的研究生在研究设计和数据分析过程中的常见问题和实际困难。这有助于她在著书过程中充分考虑读者的需求，使本书的内容设计和问题探讨更具针对性。

　　第二位作者冯瑞玲也具有多年的语言教学经验，她对语言教学和第二语言习得研究的热爱让我印象深刻。在成为清华大学外文系郭茜教授的博士研究生之前，她已经开始英语教学的实验与准实验研究，并主持和参与了省部级和国家级相关研究课题，发表了多篇学术研究论文和多部译著。她在博士一年级和二年级时修读了清华大学外文系、教研院和社科学院的多门研究设计和量化分析课程，并将所学运用于研究的开展和成果的撰写，理论学习结合实际研究的经历帮助她更全面、深刻地理解和应用量化统计分析方法。

　　《实验与准实验设计在语言教育研究中的应用》一书，与已出版的很多研究设计和数据分析类书籍相比，具有非常突出的特点和优势。首先，它从语言教育研究者的视角通俗易懂地讲述如何设计研究、分析数据及解读分析结果，并充分与语言教育研究实践相结合。其次，它有着鲜明的跨学科视角，这与语言教育研究本身的跨学科色彩一致，相信这本书的出版可以为国内语言教育尤其是外语教学研究领域带来新鲜的研究理念，从而拓宽我们的研究领域和视野。此外，该书前后呼应，前三章专注于量化分析方法，为理解后面章节的研究设计部分打下基础，读者不仅可以学习常用的实验与准实验设计，还能学习实验研究的常用数据分析方法。本书成功入选清华大学文科出版基金资助计划，在语言教育研究领域创新性地使用随机实验与准实验研究设计，开拓了外语教育研究的新范式，既是一本高水平的学术专著，也可成为语言教育研究方法相关课程的教材。相信本书的出版对我国语言教育研究方法的理论探讨和实践创新具有重要的参考价值并将发挥积极的导向作用。

张文霞

2022 年 8 月

# 前　言

　　观测数据本身不能支持因果推断，因为相关关系不等于因果关系，不能仅基于观测数据发现两个因素间存在相关关系就认为其中一个因素导致另一个因素，继而希望通过改变前者来影响后者，这样很有可能导致决策失误。决策需要基于因果推断。公认能支持因果推断的研究设计是随机实验和各种准实验。2021 年诺贝尔经济学奖三位得主（David Card、Joshua D. Angrist 和 Guido W. Imbens）的获奖原因就是他们在准实验设计领域做出了突出贡献。国内语言类研究中常见的随机实验和准实验设计较为单一，较少使用教育、经济领域常见的准实验设计，在设计的严谨性上也存在差距，导致一些研究的质量差强人意。哈佛大学 Light et al.（1990）所著 *By Design: Planning Research on Higher Education* 一书中序言的标题就是"You can't fix by analysis what you bungled by design"（你无法用数据分析来弥补搞砸了的设计），由此可见设计对研究的重要性。

　　本书第一作者在哈佛大学攻读博士学位时受过系统的定量研究训练，因为就读的教育政策定量分析专业的特殊要求，选修了近十门定量研究方法类课程。自 2012 年回国以来，在解答学生研究方法相关问题以及参加硕士生、博士生毕业论文评审和答辩过程中，发现相当一部分研究的设计不能很好地支持研究结论；有些学生做的统计分析并不能回答自己的研究问题，显示出他们对统计分析缺乏基本的认识；还有的学生虽然采用的是混合式研究方法，但从论文中能明显看出他们接受的定量研究方法训练不足，对辛辛苦苦收集到的大量数据可能只是给出均值、频率等描述统计结果，浪费了宝贵的数据。本书第二作者有十二年语言教学与研究经验，近七年来一直从事国际在线协作学习研究，在与不同国家的高校同人合作教学和科研的过程中，对语言教育研究的跨学科性质和设计严谨性需求深有感触，同时也发现国内语言教育研究领域的部分教师和学者在统计分析方法和研究设计上还有不少困惑，并且对相近学科中已经很成熟的研究方法了解甚少。两位作者希望将相邻领域的研究设计引入语言教育研究中，帮助这些同人熟悉常用的数据分析方法和研究设计，从而扩展研究视野。

基于以上原因，本书面向语言教育领域的教师和研究生，在介绍一些广泛使用的量化统计方法的基础上，讨论本领域可以使用的实验与准实验研究设计（"实验"和"准实验"连用时，前者特指"随机实验"，这是相关文献中较为常见的用法）。本书既包含对常用统计分析方法的入门级讲解，帮助不熟悉这部分内容的读者快速学习掌握基本方法，同时依托巧妙且有效地利用随机实验和各种准实验研究设计的优秀研究实例，向读者展示各类研究设计适用的情形、使用时需要注意的事项、完善研究设计的策略。我们尽可能从语言教育领域遴选研究案例，但由于实验与准实验设计在教育、经济领域运用比较广，而在语言教育领域中的使用起步较晚，所以有的准实验设计在语言教育领域很难找到相关研究，只能从更广泛的教育领域选取。譬如工具变量是教育领域很常见的一种准实验设计，但现有语言教育研究中使用的工具变量只有一两种，常见的三类工具变量都没能在语言教育研究领域中找到相关研究。此外，尽管也有语言教育研究实行随机分组实验，但随机分组过程非常规范的研究往往来自教育和经济领域，语言教育研究领域中则比较缺乏。语言教育作为交叉学科，一直从教育、经济领域借鉴研究方法，我们希望读者对经典、规范的随机实验和准实验研究设计能有所了解，以期帮助他们拓宽研究视野，提升跨学科研究能力，所以书中有时会借用一些教育类论文作为研究案例。

  本书总体分为两部分。第一部分由前三章的统计基础知识组成，介绍多种回归模型；第二部分（第四章至第九章）则在阐明因果推断重要性的基础上介绍随机实验和各种准实验研究设计。因为回归分析是随机实验和准实验研究中最常用的数据分析方法，也是本书第二部分中研究实例通常采用的分析方法，所以前三章可以为不熟悉回归分析方法的读者阅读后面的章节打下基础。具体到各章，第一章介绍一个预测变量和一个结果变量的简单线性回归，并介绍预测变量为虚拟变量和类别变量时的处理方法；第二章在介绍遗漏变量偏误的基础上引入多元线性回归；第三章介绍结果变量为虚拟变量和类别变量的回归分析。这三章也会将回归分析与相关分析、方差分析、卡方检验等统计方法进行比较，以帮助熟悉后面这类统计方法的读者事半功倍地学习回归分析。在介绍了这些统计分析方法后，第四章首先厘清相关关系与因果关系的差异并引入随机实验和准实验的概念；第五章介绍随机实验；第六章介绍自然实验和双重差分法；第七章介绍断点回归；第八章介绍工具变量；最后一章介绍语言教育研究领域中其他常见的准实验研究设计，包括在实验组和对照组不完全可比时能用来减少干预效应估算偏误的倾向得分匹配法。

第一章到第三章每章结尾处有回归分析习题，供大家检查自己的掌握情况；第四章到第九章每章结尾处有练习，引导读者深入思考该章的核心内容，分析已发表论文的研究设计并使用相应的方法设计自己的研究。除此以外，每章的最后都有"进深资源推荐"，供有兴趣了解更多相关内容的读者参考。

考虑到语言教育领域的不少学者对统计学和概率论知识掌握不多，而且本书的学习目标不是深奥的数理统计原理，因此没有加入大量复杂的数学公式。本书不要求读者有定量研究方法的基础，重点也不在推导和估算过程，而在相关统计方法的精髓，聚焦科学研究实务，写作风格对于语言教育研究领域的读者而言非常友好。相信本书能帮助语言教育领域从事或意欲从事定量研究和混合式研究的师生了解随机实验与多种准实验的优缺点、研究设计及数据分析结果的解读，也能帮助他们提升研究敏感性，在适于因果推断的研究机会出现时，能及时抓住机会，有的放矢地提出研究问题，并进而设计和实施实验或准实验研究，推动他们的研究迈上一个新台阶。

由于作者水平有限，书中难免存在疏漏之处，敬请同行批评指正！

作　者

2022 年 2 月

于清华园

# 目　　录

## 第一章　简单线性回归 ...... 1
- 第一节　基本概念 ...... 1
- 第二节　简单线性回归模型和普通最小二乘法 ...... 5
- 第三节　简单线性回归前提假设 ...... 6
- 第四节　分类预测变量设置 ...... 8
- 第五节　回归方程检验 ...... 9
- 第六节　简单线性回归系数解读 ...... 12
- 第七节　简单线性回归与相似分析方法 ...... 14
- 第八节　结语 ...... 15

## 第二章　多元线性回归 ...... 18
- 第一节　基本概念 ...... 18
- 第二节　多元线性回归模型 ...... 20
- 第三节　多元线性回归注意事项 ...... 21
- 第四节　预测变量筛选 ...... 22
- 第五节　回归方程检验 ...... 25
- 第六节　交互项 ...... 27
- 第七节　多元线性回归系数解读 ...... 30
- 第八节　多元线性回归与多因素方差分析的异同 ...... 38
- 第九节　结语 ...... 39

## 第三章　logistic 回归 ...... 41
- 第一节　logistic 回归基本概念 ...... 41
- 第二节　logistic 回归类型 ...... 43
- 第三节　预测变量设置 ...... 49
- 第四节　logistic 回归系数解读 ...... 51

第五节　logistic 回归模型评价与适用条件 .................................................. 56
　　第六节　logistic 回归与相似检验方法的比较 .................................................. 57
　　第七节　结语 ....................................................................................................... 60

## 第四章　因果推断 ............................................................................................... 64
　　第一节　相关关系与因果关系 ........................................................................... 64
　　第二节　区分相关关系和因果关系的重要性 ................................................... 66
　　第三节　基于随机实验的因果推断 ................................................................... 68
　　第四节　基于准实验的因果推断 ....................................................................... 69
　　第五节　结语 ....................................................................................................... 71

## 第五章　随机实验 ............................................................................................... 73
　　第一节　随机实验流程 ....................................................................................... 73
　　第二节　常见随机实验设计 ............................................................................... 77
　　第三节　威胁随机实验效度的因素 ................................................................... 85
　　第四节　统计功效 ............................................................................................... 92
　　第五节　干预效应估算方法 ............................................................................... 94
　　第六节　样本量预估方法 ................................................................................... 96
　　第七节　结语 ....................................................................................................... 100
　　附录　随机抽取 ................................................................................................... 101

## 第六章　自然实验 ............................................................................................... 108
　　第一节　基本概念 ............................................................................................... 108
　　第二节　双重差分法估算 ................................................................................... 109
　　第三节　双重差分法的关键假设及假设检验 ................................................... 115
　　第四节　双重差分法拓展 ................................................................................... 117
　　第五节　自然实验来源 ....................................................................................... 120
　　第六节　自然实验数据来源和选择 ................................................................... 121
　　第七节　自然实验与语言教育研究 ................................................................... 123
　　第八节　结语 ....................................................................................................... 126

## 第七章　断点回归 ........................................................... 128
第一节　基本概念 ........................................................... 128
第二节　常见断点回归设计 ........................................... 131
第三节　断点回归设计的内部效度 ............................... 135
第四节　干预效应估算方法 ........................................... 139
第五节　断点回归设计的优缺点 ................................... 146
第六节　结语 ................................................................... 147

## 第八章　工具变量 ........................................................... 149
第一节　基本概念 ........................................................... 149
第二节　工具变量估算的关键假设及假设检验 ........... 150
第三节　常见工具变量 ................................................... 157
第四节　工具变量与其他研究设计的结合使用 ........... 162
第五节　干预效应估算方法 ........................................... 165
第六节　结语 ................................................................... 168

## 第九章　语言教育领域中其他常见准实验设计 ........... 170
第一节　干预前的平衡性检验 ....................................... 170
第二节　倾向得分匹配 ................................................... 175
第三节　扩充对照组的范围 ........................................... 177
第四节　结语 ................................................................... 180

## 参考文献 ........................................................................... 181

## 后记 ................................................................................... 194

# 第一章 简单线性回归

回归分析是随机实验和准实验研究中最常用的数据分析方法,掌握常见回归分析的基础知识有助于更好地理解随机实验和准实验研究设计及其效应估算方法。为了帮助读者更好地理解本书第二部分的章节内容(随机实验和各种准实验设计),本书第一部分(前三章)主要介绍多种回归分析的基础知识,其中线性回归分析是经典统计中最常用的量化分析方法之一。

所谓线性回归,是指确定结果变量与预测变量之间为直线型关系的一种统计分析方法。线性回归分析要求结果变量必须是连续数值变量,但对预测变量的测量尺度没有要求。它探究一个或多个预测变量与结果变量之间的相关关系,帮助我们用一个变量(预测变量)的值估计或预测另一个变量(结果变量)的值。比如英语学习时长与英语成绩相关,我们可以用英语学习时长估计或预测英语成绩,这种只有一个预测变量的线性回归被称为简单线性回归,也叫一元线性回归,是线性回归最基本的形式。本章介绍简单线性回归的一些基本概念、回归模型、回归估计方法、前提假设、二分类变量和多分类变量做预测变量时的处理办法、回归方程检验、回归分析结果中的系数解读、简单线性回归与相关分析和单因素方差分析(one-way analysis of variance,one-way ANOVA)的联系与区别等内容。学习本章内容可为第二章多元线性回归和第三章 logistic 回归的学习打基础、做铺垫。

## 第一节 基 本 概 念

### 变量类型

变量类型影响回归模型的建立,所以有必要先对变量分类进行描述。按照测量尺度,变量可以分为四种。

(1)定类变量,也叫名义变量、称名变量(nominal variable),是描述事物特性的变量,将事物区分为互斥的不同类别,如季节、颜色等,在进行数据分析前通常要将这类变量进行重新编码，用数字给每个类别进行赋值，进行量化处理。定类变量还可以进一步分为二分类变量（binary variable 或 dichotomous variable）和多分类变量（multinomial variable），二分类变量取值仅为 0 或 1 时，也称为虚拟变量或哑变量（dummy variable）。如 *female*（女性取值为 1，男性取值为 0）是虚拟变量，但性别（取值为"男"或"女"）不是虚拟变量。

（2）定序变量（ordinal variable）是描述事物等级的变量（如受教育程度、英语水平），可以排序比较大小（如中学教育水平高于小学教育水平），但变量的两个取值之间的差没有意义（例如不能将中学教育水平与小学教育水平间的差和大学教育水平与中学教育水平间的差进行比较），因此不能进行加减等算术运算。

（3）定距变量（interval variable）的两个取值之差有意义（如 1℃和 3℃间的差与 2℃和 4℃间的差大小相等），但这种变量没有绝对零点（如 0℃不代表没有温度），因此可以进行加减运算，但不能进行乘除运算。如摄氏和华氏温度、智商都是定距变量。

（4）定比变量（ratio variable）和定距变量一样，两个数值之差有意义；除此以外，它还有真正的零点（如人数为 0 表示一个人都没有），因此两个数值之间的比值也有意义（如 8 公斤是 4 公斤的两倍重）。定比变量不仅可以进行加减运算，还可以进行乘除运算。这种变量包含的数据信息最多，测量尺度最高。

这四种变量的测量尺度依次增高。测量尺度高的变量可以转换为测量尺度低的变量，这时会损失掉一些信息，反之则不行。定类变量和定序变量都是分类变量（categorical variable，也称类别变量），前者是无序分类变量（unordered categorical variable，指类别之间无程度和顺序差别的分类变量），后者是有序分类变量（ordinal categorical variable，指各类别之间有程度差别的分类变量）。定距变量和定比变量都是数值型变量（metric variable），实际研究中，多数情况下我们对定距变量和定比变量不做区分，本书中的连续型变量（continuous variable）即包括这两类变量。

按照变量在回归模型中的角色，可分为以下几种。

（1）结果变量（outcome variable），即被估计或被预测的变量，也称为因变量（dependent variable）、响应变量（response variable）、被解释变量（explained variable）、回归应变量（regressed variable）。

（2）预测变量（predictor），也称为自变量（independent variable）、解释变量（explanatory variable）、输入变量（input variable）、回归量（regressor），一般是被研究者操纵的变量。

（3）多元线性回归中的预测变量又可以根据不同的角色分为主要预测变量、控制变量/协变量、调节变量、中介变量等。这部分在本书第二章中介绍。

**标准差、方差和标准误**

在量化数据分析结果汇报中，我们经常看到标准差（standard deviation，SD）、方差（variance）和标准误（standard error，SE）。很多人不清楚三者的区别与联系，这里一起加以说明。

标准差常用 $\sigma$ 表示，用来衡量一个样本的离散程度，常用于描述统计。标准差越大，说明这组样本数据离散程度越大，集中程度越小。比如考察两个班的英语成绩时对比它们的标准差，标准差较小的班级说明这个班学生们的成绩比较接近，大家的分数与班级平均分的差异较小，该班级学生英语成绩的离散程度较小；标准差较大的班级说明这个班学生们的成绩相差比较大，大家的分数与班级平均分差异较大，该班级学生英语成绩的离散程度较大。假设一组数据有 $n$ 个取值，$x_1, x_2, \cdots, x_n$，其均值为 $\bar{x}$，则：

$$\sigma = \sqrt{\frac{\sum_{i=1}^{n}(x_i - \bar{x})^2}{n}}$$

方差（variance）常用 $\sigma^2$ 来表示，是标准差的平方，用来描述一组数据与其数学期望值（即均值）的离散程度。

标准误的全称是样本均值标准误（standard error for the sample mean，SE），用来衡量样本均值与总体（population）均值的差异，即抽样误差。标准误越小，样本数据越能代表总体数据，用样本统计量（sample statistic）推断总体参数（population parameter）的可靠性就越大。标准误与标准差的区别在于：对一个总体进行多次抽样，每个样本都有自己的平均值，这些平均值的标准差即标准误，而标准差是针对某一个样本的数据。二者的数学换算关系如下（$n$ 指样本量）：

$$SE = \frac{\sigma}{\sqrt{n}}$$

### $p$ 值和显著性水平

$p$ 值是指当零假设为真时，得到样本观测结果（如某预测变量的估算系数值）甚至更极端结果的概率。$p$ 值用来判断假设检验的结果是否具有统计学意义。假设分为零假设（null hypothesis，$H_0$；假设干预在总体人群中无效）和备择假设（alternative hypothesis，$H_1$；假设干预在总体人群中有效），前者一般是研究者想通过数据分析予以推翻的假设（如两组之间的差异为 0 或两组数据的相关系数为 0），备择假设则是与前者相对立的假设（如两组之间的差异不为 0 或两组数据的相关系数不为 0）。在研究中，通常先选定显著性水平（significance level，也称 $\alpha$ level）。显著性水平是指某个预测变量对结果变量实际上没有效应时我们使用的样本会发现显著效应的概率。语言教育研究中通常采用 0.05 的显著性水平，以干预研究为例，这个显著性水平表示假设干预在总体人群中无效（即零假设），那么我们一次抽样只有 5% 的概率会碰巧得到干预有效的结果，我们认为这个概率很低（有时候会采用更严苛的标准，如 0.01 或者 0.001），因此认为我们的样本不是出自零假设的样本，所以拒绝零假设，认为干预实际上有效。通常我们将 $p$ 值和显著性水平比较，如果显著性水平设为 0.05，$p<0.05$ 表示如果零假设成立，在一次抽样中出现当前结果以及更极端结果的概率小于 5%。$p$ 值比显著性水平低得越多，我们越有信心认为零假设成立时不可能得到当前结果，也就越有信心拒绝零假设。有关显著性水平和统计显著性等概念，可以参看《大数据时代下的统计学（第 2 版）》（杨轶莘，2019）一书相关部分或是节选自该书相关内容的"量化研究方法"公众号文章《"凑巧"可以拒绝吗？统计学的重要工具——假设检验》。

### 置信区间

置信区间（confidence interval）是通过样本统计量所构建的总体参数的估计区间（即可能范围），表示总体参数的真实值有一定概率落在这个估计区间里。这里的"一定概率"即置信水平，等于 1 减去显著性水平 $\alpha$，例如显著性水平设为 0.05，则置信水平为 95%，这也是最常见的置信水平。95%置信区间是根据样本观测值（observations）估计出的数值区间，表示总体参数的真实值有95%的可能性落在这个区间内。如果置信区间内包含0（如区间为−0.03～1.09），则不能排除总体参数为0的情况，即不能拒绝零假设；如果置信区间的上下限都大于0或都小于0，则可以在相应的显著性水平上（如0.05）拒绝零假设，认为总体参数显著不等于0。

### 自由度

自由度（degree of freedom）指可自由变动的样本观测值的数目。在样本量 $n$ 和样本均值已知的情况下，样本数据的总和也是确定值。如果已知 $n$ 个观测值的总和及前 $(n-1)$ 个观测值的总和，第 $n$ 个观测值的取值就唯一确定，所以这组数据的自由度为 $(n-1)$。比如，已知一个班20名学生的英语平均成绩为76分，我们可以随意猜测其中19名学生的成绩，但一旦确定了这19名学生的成绩，最后一名学生的成绩也就确定了，所以这组数据的自由度为19，即样本量20减去1。

## 第二节　简单线性回归模型和普通最小二乘法

简单线性回归分析是根据预测变量 $x$ 和结果变量 $y$ 的相关关系，建立 $x$ 与 $y$ 的线性回归方程，并对 $y$ 进行估计或预测。由于语言教育领域研究的现象一般受多种因素影响，简单线性回归应用不多，我们在建立回归模型时一般都会添加控制变量，以期通过统计方法控制干扰因素。但了解简单线性回归模型及其估算原理和系数解读等是学习和应用多元线性回归的基础，所以本章内容非常重要。

假如我们要考察预测变量 $x$ 与结果变量 $y$ 之间的关系，设它们之间的回归模型为：

$$y_i = \alpha_0 + \alpha_1 x_i + \varepsilon_i \tag{1-1}$$

其中，$y$ 是结果变量；$x$ 是预测变量；$\alpha_0$ 是常数项（constant），也称为截距（intercept）；$\alpha_1$ 是回归系数（coefficient），也是数学意义上的斜率（slope）；$\varepsilon$ 是随机误差，也就是俗称的误差项（error term），表示除去预测变量对结果变量影响后的随机误差，即回归方程的预测值与真实值的差距；下标 $i$ 是样本中每个个体的序号。

通过样本观测值得到方程（1-1）中 $\alpha_0$ 与 $\alpha_1$ 的估计值 $\widehat{\alpha_0}$ 与 $\widehat{\alpha_1}$，那么我们就可以列出经验回归方程如下：

$$\hat{y} = \widehat{\alpha_0} + \widehat{\alpha_1} x \qquad (1-2)$$

我们也可以称方程（1-2）是理论模型的拟合直线（fitted line）或经验回归直线。简单线性回归主要是利用样本观测值估计未知参数 $\alpha_0$、$\alpha_1$ 和方差 $\sigma^2$，对模型和回归系数做显著性检验，并对回归系数做置信区间估计。

在简单线性回归模型参数估计中，我们通常用普通最小二乘法（ordinary least square，OLS）得到截距 $\alpha_0$ 和斜率 $\alpha_1$ 的估计值 $\widehat{\alpha_0}$ 和 $\widehat{\alpha_1}$。有了 $\widehat{\alpha_0}$ 和 $\widehat{\alpha_1}$，就可以获得每个样本观测值的拟合值 $\hat{y}$，每个 $\hat{y}$ 都在拟合直线上。$\varepsilon_i$ 是样本个体 $i$ 的回归拟合值 $\hat{y}_i$ 与观测值 $y_i$ 之间的差异，即残差。$\varepsilon_i$ 的期望值（即平均值）为 0，但实际上并非每个观测值的残差都为 0。普通最小二乘法的中心思想是使得观测值与估计值之差的平方和达到最小，"二乘"指取观测值和估计值之差的平方，即残差平方，"最小"指残差的平方和（sum of squares error，SSE）最小，即 $\sum(y_i - \hat{y}_i)^2$ 最小。普通最小二乘法使得回归函数尽可能好地拟合一组观测值，使经验回归直线处于样本数据点的中心位置。为什么用残差平方和而不是残差和呢？因为残差有正数和负数之分，加总后会相互抵消得 0，无法取最小值，取平方则可以解决这个问题。

## 第三节　简单线性回归前提假设

线性回归是一种参数估计方法，需要设定一些前提假设。如果样本数据不满足这些假设，回归分析的结果就会出现偏差（bias），因此有必要在开始回归分析前验证一下这些假设。简单线性回归的前提假设主要有四个，分别是线性（linear）、独立性（independent）、正态性（normal）、方差齐性（equal variance），可以简单将其记为"LINE"。对这些假设的检验都可以通过统计分析软件来实现。

所谓线性，是指结果变量与预测变量之间存在线性关系，如果二者之间的关系非线性，就不能用线性回归了。线性关系可以通过绘制散点图（scatterplot）来考察结果变量随预测变量变化而变化的情况，如果二者之间很明显没有线性关系，可以尝试对数据进行转换（如对数转换、平方根转换），或使用其他分析方法（如非线性回归）。

独立性是指结果变量的各观测值之间相互独立，不能相互影响。相应地，残差之间也应相互独立，即不存在自相关性。可以用 Durbin-Watson 检验（DW 检验）检验独立性，若残差之间不相关，说明不存在自相关性，则满足独立性假设。该统计量的值落在（0,4）内，DW = 2 意味着没有自相关性，0 < DW < 2 表明残差间存在正相关，2 < DW < 4 表明残差间存在负相关，一般 DW 值为 1~3 可以接受。独立性在语言教育研究中经常难以实现，比如对同一个群体重复测试（时间序列数据，见第六章），这种情况下的观测值之间可能会相互影响；又比如同一班级内学生的成绩可能相互影响。在数据分析时可以通过聚类调整后的标准误（cluster standard error）处理自相关问题，如统计软件 Stata 中可以使用 cluster 这一回归指令选项。它针对的问题是同一组内个体（如同一班级内学生成绩）的误差项之间存在相关性，即观测值之间不独立。该选项对标准误进行聚类调整，调整后回归系数的标准误会增加，由于通常用回归系数除以其标准误得到的商判断系数的显著性，商越大显著性越高，所以聚类调整可以避免低估标准误，因此得到的回归结果更稳健。例如在各班级内将学生随机分配到实验组和对照组，检验对实验组进行干预的效果可以使用以下指令：

regress grade treatment, cluster(class)

其中，grade 是表示成绩的结果变量；treatment 是代表分组情况的虚拟变量（实验组取值为 1，对照组取值为 0）；class 是代表各班的分类变量；逗号后的 cluster 选项针对班级内学生成绩间可能存在的相关性进行聚类调整。由于使用聚类调整标准误的结果更稳健，所以论文审稿人在观测值之间不独立时会关注回归中是否进行了聚类调整。回归中如果加了 cluster 选项，我们可以在数据分析部分主动报告，如"we clustered standard errors at the class level to account for the potential error correlation within each class"；另外，在用表格展示回归结果时也可以加上"robust standard errors clustered at class level"之类的说明。

正态性严格来讲是指残差应该满足正态分布，但我们可以直接观察数据是否为正态分布，具体可以通过绘制直方图（histogram）或 Q-Q 图（quantile-quantile plot）实现。如果残差满足正态分布，则 Q-Q 图中的散点会近似落在一条直线上；如果不满足正态分布，散点会偏离该直线。如果数据不满足正态性，置信区间会很不稳定，可以考虑对数据进行转换（如对数转换、平方根转换、倒数转换），或采用非参数估计方法。

方差齐性意为方差相等，即对于每个预测变量取值，对应的结果变量都有相同的方差。满足这一条件的话，我们说模型具有同方差性（homoscedasticity）；若不满足，则为异方差性（heteroscedasticity）。截面数据（见第六章）容易出现异方差性（何晓群，2017）。可以通过绘制残差图来判断方差齐性，即以结果变量的回归估计值为横坐标，以残差为纵坐标作图，如果残差无明显的规律分布，表明方差齐性；如果残差范围有逐渐扩大或缩小的趋势，则可能存在方差不齐的情况。如果数据不满足方差齐性，我们可以对数据进行一些转换。一般情况下，如果异方差性不是很严重，仍然可以采用线性回归。

## 第四节　分类预测变量设置

前面提到，线性回归模型对预测变量的类型没有要求，分类变量和数值型变量均可纳入回归方程。分类变量若是二分类变量，一般我们会把它转换为取值 0 或 1 的虚拟变量再纳入方程；若是无序多分类变量（如季节），一般需要将其设置为多个虚拟变量再进行回归分析；有序多分类变量（如学历水平）则视情况而定，一般视为分类变量，但当定序变量的取值比较多且间隔比较均匀时，也可以按数值型变量处理。

先来看二分类变量的设置。以性别为例，这是个分类变量，有两个类别，即男和女，我们可以设置 *female* 这个虚拟变量（女性取值为 1，男性取值为 0）取代性别变量，然后把虚拟变量 *female* 纳入回归方程。当然我们也可以采用虚拟变量 *male*（男性取值为 1，女性取值为 0）。对于只有两个类别的变量，设置一个虚拟变量即可，因为一个虚拟变量（如 *female*）足以区分两个类别（如两种性别）。

再来看多分类变量的设置。多分类变量不同水平的变化（如学历水平从小学毕业提升到中学毕业和从中学毕业提升到大学本科毕业）对结果变量的影响可能不同，即预测变量每个单位的变化带来结果变量的变化不是常数，二者之间不是直线关系，因此不能将这类多分类变量直接纳入回归分析，而需要将多分类变量设置为多个虚拟变量。有序多分类变量一般也需要设置多个虚拟变量，但研究者可以从专业知识出发进行判断，如果该预测变量取值比较多且间隔比较均匀，可以作为数值型变量处理。一般 $n$ 个分类的预测变量需要设置 $n-1$ 个虚拟变量（Harrell，2001）。比如我们把学生的英语水平分为高、中、低三类，那么我们可以用两个虚拟变量来代替学生的英语水平这个多分类变量。

表 1-1 中，变量"高水平"取 1 代表高水平，0 代表非高水平；变量"中水平"取 1 代表中水平，0 代表非中水平；两个变量均取 0 时代表低水平。因此两个虚拟变量即可以表示三分类变量，这两个虚拟变量需要同时纳入或退出回归模型（即同进同出）。如果使用 SPSS 软件进行线性回归分析，需要先将多分类变量转换为多个虚拟变量。如果使用 Stata 软件则只需在分类变量前加"i."（如将表示英语水平的变量"*Prof*"变成"i.*Prof*"）。

表 1-1　将多分类预测变量设置为多个虚拟变量示例

| 英语水平 | 高水平 | 中水平 |
|---|---|---|
| 高 | 1 | 0 |
| 中 | 0 | 1 |
| 低 | 0 | 0 |

分类变量纳入回归分析需要有一个参考对象，即用于做比较的类别，如表 1-1 中的参考类别（omitted category）为"低水平"。实际研究中，研究者可以根据研究需要设置参考类别，但要保证参考类别有实际意义，同时参考类别组的观测值数量不能太少。

## 第五节　回归方程检验

建立线性回归模型，根据样本观测值得到各个参数的普通最小二乘法估计值后，我们要对回归方程进行必要的检验，以确定模型是否合理、系数是否显著。这里主要介绍回归方程显著性检验（$F$ 检验）和预测变量系数显著性检验（$t$ 检验）及回归模型拟合检验。在简单线性回归中，$F$ 检验和 $t$ 检验是等价的。

**$F$ 检验**

简单线性回归的 $F$ 检验用来评价预测变量与结果变量间的线性关系是否显

著，即回归方程本身是否有效。由于简单线性回归中只有一个预测变量，所以回归方程显著性等价于预测变量系数的显著性。

我们先来看几个相关概念：

（1）总离差平方和（sum of squares total，SST），反映结果变量的波动大小，等于结果变量的样本观测值与其观测值均值的差值平方和，即

$$SST = \sum_{i=1}^{n}(y_i - \overline{y})^2$$

（2）回归平方和（sum of squares due to regression，SSR），反映SST中能被经验回归方程解释的部分，等于结果变量的估计值与其观测值均值的差值平方和，即

$$SSR = \sum_{i=1}^{n}(\hat{y}_i - \overline{y})^2$$

（3）残差平方和（sum of squares error，SSE），反映SST中不能被经验回归方程解释的部分，等于结果变量观测值与其估计值的差值平方和，即

$$SSE = \sum_{i=1}^{n}(y_i - \hat{y}_i)^2$$

SST是SSR和SSE之和，即样本总波动性 = 回归方程可解释的波动性 + 误差造成的波动性。根据这三个参数的定义可知，SSR越大，回归方程的解释度就越高，由此构造$F$值检验统计量如下：

$$F = \frac{\dfrac{SSR}{1}}{\dfrac{SSE}{n-2}}$$

其中，$n$是样本量。根据设定的显著性水平$\alpha$、自由度（1，$n$-2）查$F$分布表，得到相应的临界值$F_\alpha$。若$F > F_\alpha$，则回归方程具有显著意义，回归结果显著；若$F < F_\alpha$，则回归方程无显著意义，回归结果不显著。在使用统计软件时，我们无须手动计算$F$统计量，只需要看$F$检验结果中的$p$值是否小于设定的显著性水平$\alpha$，如表1-2中的Sig.值。

表 1-2 简单线性回归 $F$ 检验结果示例

| 模型 | | 平方和 | 自由度 | 均方 | $F$ | Sig. |
|---|---|---|---|---|---|---|
| 1 | 回归 | 150.126 | 1 | 150.126 | 19.258 | 0.000 |
| | 残差 | 600.250 | 77 | 7.795 | | |
| | 总计 | 750.376 | 78 | | | |

### $t$ 检验

回归分析中，$t$ 检验的目的是检验零假设 $H_0$（即预测变量系数等于 0），以此来检验回归系数的显著性。若不能拒绝零假设，说明预测变量与结果变量之间无显著的线性关系；若能拒绝零假设，则接受备择假设 $H_1$（即预测变量系数不等于 0），说明预测变量与结果变量之间有显著的线性关系。$t$ 统计值是普通最小二乘法估算的回归系数除以系数的标准误（即系数标准差的样本估计值），服从自由度为 $n-2$ 的 $t$ 分布。若设定显著性水平为 $\alpha$，则双尾检验的临界值为 $t_{\alpha/2}$。若 $|t| \geqslant t_{\alpha/2}$，我们可以拒绝零假设，认为预测变量系数显著不为 0，即预测变量与结果变量有显著线性关系；否则，我们无法拒绝零假设，就认为预测变量与结果变量间没有线性关系。使用统计软件时，与 $F$ 检验类似，我们只需要看预测变量系数的 $p$ 值是否小于设定的显著性水平 $\alpha$，如果小于此值，则表示预测变量与结果变量间存在显著的线性关系。

实际研究中，若不能拒绝零假设，还需要查明原因，为下一步改进研究做准备。不能拒绝零假设，有以下几种可能的原因：(1) 预测变量与结果变量间无显著相关关系；(2) 二者显著相关，但不是线性关系；(3) 存在遗漏变量偏误（见第二章）。

### 回归方程拟合优度

上面的两项检验可以告诉我们整个回归方程及回归系数的显著性，但不能显示回归方程对样本数据的拟合情况。判定系数（coefficient of determination）$R^2$（$0 \leqslant R^2 \leqslant 1$）是检验回归方程拟合优度的统计量，也称为"决定系数"或"确定系数"。它是指在结果变量的总变化（总离差平方和）中，由回归方程解释的变化（回归平方和）所占比重。就好像检验一件衣服是否合身，我们检验通过经验回归方程拟合出的值在多大程度上符合样本观测值（李连江，2017）。

若总离差平方和 SST 不为零（只有所有样本的结果变量都相等时 SST 才为零），可以得到判定系数：

$$R^2 = \frac{\text{SSR}}{\text{SST}} = 1 - \frac{\text{SSE}}{\text{SST}}$$

其中，SSR 为回归平方和，SSE 为残差平方和，SST 为总离差平方和。$R^2$ 值越接近 1 说明回归方程与样本值拟合越好，反之，则回归方程与样本值拟合越差。如果该系数等于 1，说明所有数据点都落在了拟合回归直线上；若等于 0，说明拟合回归直线与坐标轴横轴平行，不管预测变量 $x$ 取何值，结果变量 $y$ 的取值都是一个常数，即预测变量和结果变量毫无关系，完全无法解释结果变量的样本差异。$R^2$ 值受样本量的影响，若样本量与预测变量个数接近，$R^2$ 值容易接近 1，这时对回归方程拟合优度的解释要谨慎。此外，拟合优度并非检验模型优劣的唯一标准，在实际研究中还要基于理论对模型结构给予合理的解释（何晓群，2017）。

## 第六节　简单线性回归系数解读

简单线性回归系数表示预测变量每增加一个单位时结果变量的平均变动。下面我们按预测变量类型（虚拟变量、多分类变量、连续变量）介绍回归系数解读方式。

### 虚拟变量回归系数解读

这里以郭茜等（Guo et al., 2016）对完成句子（sentence completion）题型中是否预览选项（previewing）与答题时间（time，单位为毫秒）关系的研究为例。预测变量 previewing 是个虚拟变量，有预览行为时取值为 1，无预览行为时取值为 0。我们利用该研究的数据拟合了 previewing 与 time 之间的关系，得到经验回归方程如下：

$$\widehat{time} = 39387 + 8786\, previewing \tag{1-3}$$

其中，截距项 39387 是无预览行为时的平均答题时间（这时 previewing = 0），而预测变量系数 8786 则是有预览行为时的答题时间与无预览行为时答题时间的平均值差异,即与无预览行为时相比,有预览行为时平均每道题多用约 8.8 秒(Relative to no previewing, previewing behavior was associated with about 8.8 seconds more time per item)。但该研究不是实验或准实验设计,所以我们不能说预览行为使平均答题时间增加了约 8.8 秒,要尽量避免因果推断描述。当然,论文中的数据汇报要更复杂一些,比如要提供 $p$ 值、决定系数、标准误等。这里主要是帮助大家理解系数的含义,如果要撰写研究成果,还需多了解目标期刊的要求,学习已发表论文的结果汇报方式。

**多分类变量回归系数解读**

郭茜等(Guo et al.,2016)的研究中还有一个四分类预测变量——英语水平,包括中低水平(*lower-intermediate*)、中高水平(*upper-intermediate*)、高水平(*advanced*)和母语水平(*native*),我们以中低水平为参考类别,设置三组虚拟变量,拟合得到答题时间与英语水平之间的经验方程如下:

$$\widehat{time} = 56438 - 3849 upper\text{-}intermediate - 15801 advanced - 36252 native \quad (1\text{-}4)$$

其中,截距项是三个虚拟变量都取值为 0 时的平均答题时间估计值,即参考类别(中低水平组)的平均答题时间估计值,为 56.4 秒。三个虚拟变量系数分别代表各虚拟变量取值为 1 的组别与参考类别组在平均答题时间估计值上的差异。可见,与中低水平组相比,中高水平组平均每题少用约 3.8 秒,高水平组平均每题少用约 15.8 秒,母语组平均每题少用约 36.3 秒(Compared with participants in the lower-intermediate proficiency group, participants in the upper proficiency group on average spent about 3.8 seconds less per item, participants in the advanced proficiency group spent about 15.8 seconds less per item, and native speakers spent about 36.3 seconds less per item)。

**连续变量回归系数解读**

我们用一组数据来拟合每周英语学习时长(范围 6~8 小时)和英语成绩的关系,得到经验回归方程如下:

$$\widehat{grade} = -27.89 + 13.69 hours \quad (1\text{-}5)$$

预测变量 *hours* 的系数可解读为：每周英语学习时间每增加 1 小时，英语成绩增加约 13.7 分（On average, one more English-study hour is associated with about 13.7 more points in English grade）。截距项（–27.89）是否意味着如果一个学生的每周英语学习时长为 0，他的英语成绩就会为负数呢？很显然，这不符合实际。这提醒我们，不要超出数据范围（如这里的学习时长范围是 6～8 小时）去解读系数。

## 第七节 简单线性回归与相似分析方法

### 相关分析

相关分析是研究两个变量之间相关关系的统计分析方法，不区分预测变量和结果变量。不同测量尺度的变量需要采用不同的相关分析方法。两个变量均为定距或定比变量且满足正态分布时，用皮尔逊 $r$ 相关；两个变量均为定序变量时，用肯德尔 $\tau$ 相关或斯皮尔曼 $\rho$ 相关；一个变量为定距或定比变量，另一个为定序变量，或两个定距或定比变量不都满足正态分布时，我们用斯皮尔曼 $\rho$ 相关（许宏晨，2013）。

### 简单线性回归与相关分析

相关是回归分析的前提。只有两个变量具有显著相关关系，回归分析才有意义。所以一般在回归分析之前可以先进行相关分析。两种分析也有一些区别，具体列举如下。

（1）对变量的处理不同：简单线性回归中区别结果变量与预测变量，两者位置不可换；而相关分析中，两个变量地位一样，不区分预测变量和结果变量。

（2）分析目的的不同：简单线性回归不仅可以揭示两个变量的相关关系，还可以预测结果变量如何随预测变量的变化而变化，探究两个变量之间是否为直线关系；但相关分析不关心变量间是直线还是曲线关系，只关心变量间关系的强度和方向。

### 单因素方差分析

单因素方差分析（one-way ANOVA）是检验各类别的结果变量平均值是否

存在显著差异的统计分析方法。它的结果变量必须是连续变量，预测变量必须是多分类变量（三个或更多分类；只有两个分类时用 $t$ 检验）。如果单因素方差分析发现显著差异，可以进行事后检验（post-hoc test），以确定哪两个类别之间存在显著差异。根据预测变量各类别之间是否相关，可以分为被试内（within-subject）单因素方差分析和被试间（between-subject）单因素方差分析。比如一组参与者参加了三次测试，想对比三次测试的成绩间是否有显著差异，用被试内单因素方差分析；如果三组参与者参加了同一项测试，对比这三组的测试成绩间是否有显著差异，则用被试间单因素方差分析。

**简单线性回归与单因素方差分析**

简单线性回归和单因素方差分析都应用于结果变量为连续变量的情形，都可以用来分析组别之间的差异。但二者有诸多区别，具体如下。

（1）预测变量类型不同：简单线性回归的预测变量既可以是分类变量也可以是连续变量；而单因素方差分析的预测变量只能是分类变量，通常代表组别。

（2）分析目的不同：简单线性回归主要检验结果变量是否随着预测变量的变化而变化；而单因素方差分析一般是比较三组或以上的组间差异；若简单线性回归分析的预测变量是多分类变量，也可以实现各组间结果变量的比较。

（3）预测变量是多分类变量时，简单线性回归无法直接实现两两比较，需要人工选择不同的参考类别，建立多个回归模型来实现；而单因素方差分析可以通过事后检验实现两两比较，但这建立在方差分析结果显著的基础上，而回归分析无论整体方程是否显著都可以得出组间两两比较的结果（Christensen, 2016）。

# 第八节 结　语

本章介绍了量化统计分析中的一些基础概念及简单线性回归的原理、系数解读等重点信息，并分析了简单线性回归与语言教育研究中其他常用量化分析方法的异同。值得注意的是，语言教育所研究的现象一般受多种因素影响，实际研究中往往难以完全控制干扰变量，所以简单线性回归经常遗漏重要变量，导致误差项与预测变量相关。因此，简单线性回归的实际应用并不多，但它是我们理解和使用多元线性回归的基础，为多元线性回归做铺垫，尤其当预测变量很多的时候，直接将所有预测变量纳入模型是不可取的，这时简单线性回归可用来初步排除一些可能与结果变量关系不大的预测变量。

## 练习

1. 通过分析 80 位中国英语学习者作文语料中的词汇密度，我们得到以下经验回归方程：

$$\widehat{lexiDensity} = 82.451 - 0.356 K1Word$$

其中，$lexiDensity$（lexical density）是词汇密度，指实意词在文本中所占比例（百分比形式表达）；$K1Word$ 是 1000 个最常见词汇在文本中所占比例（百分比形式表达）。

（i）当 $K1Word = 86.41$ 时，$lexiDensity$ 取值是多少？

（ii）为什么 $K1Word$ 的系数为负数？

2. 我们收集了一个接受过学术英语训练的班级的数据，并与另一个未接受该训练班级的数据比较。通过数据分析，得到以下经验回归方程：

$$\widehat{acaWord} = 7.90 + 4.91 training$$

其中，$acaWord$ 是学术词汇得分（即学术词汇在文本中所占比例，百分比形式表达）；变量 $training$ 是个虚拟变量，接受训练的学生取值为 1，其他学生取值为 0。方程中的系数均具有统计显著性。

（i）这里的截距项有什么含义？

（ii）预测变量 $training$ 的回归系数有什么含义？

（iii）我们需要把 $training$ 和一个代表未受训练组的虚拟变量（如 $noTraining$）一起纳入回归模型吗？为什么？

（iv）通过这个经验回归方程我们可以得出结论"学术英语训练提高了学生的学术英语词汇使用得分"吗？为什么？

3. 在一项英语文本的语体研究中，我们用多分类变量 $Register$ 作为预测变量（包含新闻报道 news、自传 biography、学术文本 academic text 和小说 fiction 四个类别），$FPpronoun$（第一人称代词得分）作为结果变量。Stata 软件汇报的简单线性回归结果如下：

```
. reg FPpronoun i.Register

      Source |       SS           df       MS      Number of obs   =       230
-------------+----------------------------------   F(3, 226)       =     28.66
       Model |  307.651866         3  102.550622   Prob > F        =    0.0000
    Residual |  808.650082       226  3.57809771   R-squared       =    0.2756
-------------+----------------------------------   Adj R-squared   =    0.2660
       Total |  1116.30195       229    4.874681   Root MSE        =    1.8916

------------------------------------------------------------------------------
    FPpronoun |      Coef.   Std. Err.      t    P>|t|     [95% Conf. Interval]
-------------+----------------------------------------------------------------
     Register |
   biography |   1.362403   .3574762     3.81   0.000     .65799    2.066815
academic text|  -.9604886   .3550305    -2.71   0.007   -1.660082   -.2608954
      fiction|   2.074154   .4524412     4.58   0.000    1.182611    2.965696
             |
       _cons |   1.441364   .2851673     5.05   0.000     .8794368    2.00329
------------------------------------------------------------------------------
```

（i）请根据上表写出回归经验方程。

（ii）请解释变量 *biography* 的系数含义。

（iii）请解释变量 *academic text* 的系数含义

## 进深资源推荐

[1] Matthijs Rooduijn 和 Emiel van Loon（阿姆斯特丹大学）开设的网上课程 Basic statistics （课程网址：https://www.coursera.org/learn/basic-statistics）第二、六、七周内容。

[2] Annemarie Zand Scholten 和 Emiel van Loon（阿姆斯特丹大学）开设的网上课程 Inferential statistics（课程网址：https://www.coursera.org/learn/inferential-statistics#syllabus）第二、三、五周内容，可以与上一个慕课课程结合学习。

[3] 李连江，2017. 戏说统计[M]. 北京：中国政法大学出版社：第四章.

# 第二章　多元线性回归

第一章介绍了简单线性回归。简单线性回归是用一个预测变量解释结果变量的变化，然而大部分语言现象背后都有众多因素起作用，难以用一个因素解释，所以语言教育研究中很少使用简单线性回归，而是用多个预测变量共同解释或预测一个结果变量，这时要用到多元线性回归（multiple linear regression）分析两个或更多预测变量与一个结果变量间的关系，其中与研究问题相关的预测变量叫主要预测变量（major predictor/key predictor）。多元线性回归与简单线性回归的区别主要在于预测变量的数量。本章我们将介绍多元线性回归的基本概念、回归模型及其注意事项、预测变量筛选、回归方程检验、交互项、回归系数解读、与多因素方差分析的异同等内容。

## 第一节　基本概念

### 遗漏变量偏误

人们通常认为女生英语口语流利程度高于男生，如果我们将性别转换为虚拟变量 $female$（女生 = 1，男生 = 0）作预测变量，口语流利度作结果变量，可以构建以下简单线性回归方程：

$$fluency_i = \alpha_0 + \alpha_1 female_i + \varepsilon_i \tag{2-1}$$

同时，日常教学经验告诉我们，英语水平与口语流利度也密切相关，所以可以用英语水平作为预测变量来解释或预测口语流利度，新构建的回归方程如下：

$$fluency_i = \beta_0 + \beta_1 proficiency_i + \varepsilon_i \tag{2-2}$$

如此看来，口语流利度既可以被性别预测也可以被英语水平预测，如果性别又与英语水平相关，那么方程（2-1）就把英语水平对结果变量的预测效应归给了性别，方程（2-2）则把性别对结果变量的预测效应归给了英语水平。这两个方程的普通最小二乘法估算结果都是有偏的（biased），因为它们均遗漏了重要变量，造成了遗漏变量偏误（omitted variable bias）。

遗漏变量偏误必须满足两个条件：（1）遗漏变量必须与结果变量相关，因为方程中没有包含这个变量，所以它进入了误差项，成为误差项的一部分；（2）遗漏变量必须与一个或多个预测变量相关，由于遗漏变量在误差项中，这意味着误差项与预测变量相关，违背了普通最小二乘法回归的一条基本假设，即误差项与预测变量不相关。遗漏变量偏误是非随机实验研究经常遇到的问题，因为观测数据通常无法控制一些与结果变量及预测变量相关的干扰因素，而这些干扰因素如果不纳入回归模型，就会导致预测变量与误差项相关，回归结果有偏，预测结果不准确。出现遗漏变量时，会把遗漏变量对结果变量的贡献归给模型中的预测变量，导致高估该预测变量与结果变量间的关系，即高估预测变量系数的绝对值。

遗漏重要变量会降低普通最小二乘法线性回归估计结果的准确性。语言教育研究中，结果变量除了与研究者关注的预测变量（即主要预测变量）相关外，通常还会与数个其他变量相关，仅用简单线性回归分析可能导致遗漏变量偏误。我们可以采用随机实验或自然实验解决遗漏变量偏误问题（相关内容请见本书第五章和第六章）。如果不能实施这两种设计，还可以根据理论和研究目的收集尽可能丰富的数据，在回归模型中纳入更多预测变量，以避免遗漏重要变量。不过纳入与结果变量无关的预测变量会影响判定系数 $R^2$。在本章的预测变量筛选一节，我们会详细讲解如何选择预测变量。

**控制变量**

控制变量（control variable）是多元线性回归中研究者并不关注的因素，但这些因素会干扰研究者所关注的主要预测变量与结果变量间的关系，所以也称为混淆变量，是我们在研究中要控制的因素。如果这些因素没有以实验设计的方式控制住，就需要用统计方法在数据分析中加以控制，否则有可能造成遗漏变量偏误（李连江，2017）。

**调节变量**

如果预测变量 $x$ 与结果变量 $y$ 有关系，但二者之间的关系受第三个变量 $z$

的影响，那么 z 就是 x 与 y 关系的调节变量（moderator）（Baron et al.，1986）。调节变量可以是分类变量，也可以是连续变量。我们生活中经常说的"视情况而定"中的"情况"就起着调节变量的作用。如教学方法对英语学习效果的影响可能因学生的英语水平、学习风格而异，那么英语水平、学习风格就是教学方法与英语学习效果间的调节变量。调节效应在回归模型中以预测变量与调节变量相乘的形式出现，即交互项（interaction，也称为"交叉项"，详见本章第六节）。

### 中介变量

中介变量（mediator）也是回归分析中的重要概念。如果预测变量 x 通过影响变量 m 来影响结果变量 y，那么 m 就是 x 与 y 关系中的中介变量（Baron et al.，1986）。如果回归分析中，我们发现预测变量 x 与结果变量 y 显著相关，x 与变量 m 显著相关，m 与 y 也显著相关，而且在含有 x 与 y 的回归模型中纳入变量 m 后，x 的标准化回归系数（数据标准化之后得到的回归系数，详见本章第七节）绝对值显著下降，则说明 m 起中介变量的作用。所以中介变量可以解释预测变量与结果变量之间的关系，而调节变量可以影响预测变量与结果变量间的关系。比如家庭经济社会背景（socioeconomic status，SES）与学生英语水平的关系中，性别可能是调节变量，即 SES 对不同性别学生的英语水平影响不同；而教育则可能是中介变量，即 SES 通过教育影响学生的英语水平。

## 第二节 多元线性回归模型

假若我们要考察 $k$ 个预测变量 $x_1, x_2, \cdots, x_k$ 与结果变量 $y$ 之间的关系，设它们之间的多元回归模型为：

$$y_i = \gamma_0 + \gamma_1 x_{1i} + \gamma_2 x_{2i} + \cdots + \gamma_k x_{ki} + \varepsilon_i \tag{2-3}$$

其中，$\gamma_0$ 是常数项；$\gamma_1, \gamma_2, \cdots, \gamma_k$ 是相应预测变量的偏回归系数，表示当其他变量保持不变时，该预测变量每增加一个单位，结果变量平均变化的数值；$\varepsilon$ 是误差项，表示除去 $k$ 个预测变量对结果变量影响后的随机误差，即回归方程的预测值与真实值的差距。这里的误差项与简单线性回归的误差项一样服从相关假设。多元线性回归方程的参数也可用普通最小二乘法进行估计。对于方程（2-3）而言，普通最小二乘法估计就是要找 $\gamma_0, \gamma_1, \cdots, \gamma_k$ 的估计值 $\hat{\gamma}_0, \hat{\gamma}_1, \cdots, \hat{\gamma}_k$，得到经验回归方程：

$$\hat{y} = \hat{\gamma}_0 + \hat{\gamma}_1 x_1 + \hat{\gamma}_2 x_2 + \cdots + \hat{\gamma}_k x_k \qquad (2-4)$$

其中，$\hat{y}$ 为观测值 $y$ 的回归拟合值，简称拟合值。使得真实 $y$ 值与拟合值 $\hat{y}$ 之差的平方和（残差平方和，SSE）最小的 $\hat{\gamma}_0, \hat{\gamma}_1, \cdots, \hat{\gamma}_k$，即回归参数 $\gamma_0, \gamma_1, \cdots, \gamma_k$ 的普通最小二乘法估计值。

## 第三节　多元线性回归注意事项

为使参数估计量具有良好的统计性质，多元线性回归需要满足一些条件，除了第一章第三节里提到的简单线性回归的线性、独立性、正态性和方差齐性假设以外，还包括：

（1）预测变量与随机误差项之间相互独立，即不存在遗漏变量偏误。

（2）自变量之间不存在多重共线性（multicolinearity）。多重共线性是指某些自变量之间存在较强的相关性，这会威胁回归模型的稳定性和偏回归系数估计的准确性，这时普通最小二乘法估算结果会出现问题。比如把英语水平和英语学习年限同时作为预测变量放入多元线性回归模型中时，可能会产生多重共线性的问题，因为这两个预测变量间通常有较强的正相关关系。

可以通过以下途径判断是否存在多重共线性：

（1）回归模型中某些预测变量之间显著相关，一般认为相关系数大于 0.7 且 $p$ 值小于设定的显著性水平，可初步判断这些预测变量之间存在多重共线性。

（2）回归方程通过显著性检验（$F$ 检验），但绝大多数预测变量的回归系数 $t$ 检验却不显著。

（3）某些变量的偏回归系数的正负方向不符合常理或理论逻辑。

（4）回归估算结果中的共线性诊断统计量，即容忍度（tolerance）和方差膨胀因子（variance inflation factor，VIF）可用来判断多重共线性，这两个统计值互为倒数。当容忍度小于 0.1 或方差膨胀因子大于 10 时，显示预测变量之间存在多重共线性问题。

由于实际研究中很多因素彼此相关，所以多元回归模型中多重共线性的问题难以完全避免。常见的解决办法有两个：

（1）若预测变量之间存在相关关系，则删除其中的次要变量，保留更为重要的变量，使得方程中保留下来的预测变量间尽可能不相关，从而减少变量之间的重复信息，避免在模型拟合时出现多重共线性的问题。

（2）通过前进法或逐步回归法确定最终进入回归模型的预测变量，而非将所有可能的预测变量同时纳入回归模型。

## 第四节 预测变量筛选

在确定主要预测变量后，研究者都希望构建解释能力和预测效果优良的多元线性回归模型，但如本章开头所说，语言教育领域的现象通常有很多影响因素，遗漏重要变量会影响回归结果的准确性，但如果把诸多因素都纳入回归模型，不仅增加数据收集的难度，回归方程也会异常复杂，容易造成模型过度拟合（over-fitting），即包含过多变量，过分注重细节，但未能抓住主要趋势，看似对样本数据拟合很好，但推广性（即泛化，generalizability）较低。同时，预测变量过多有可能导致样本量相对于预测变量数量而言偏小，也会导致标准误变大（何晓群，2017）。如果与结果变量关系较弱的预测变量过多，负面影响会更加严重。在选择预测变量时，我们要保证预测变量与结果变量有显著的线性相关关系，这样可以保证模型的准确性；预测变量之间不能高度相关，以避免多重共线性。所以拟合多元回归模型的目标是确定几个重要但彼此不相关的预测变量（何晓群，2017），用尽可能少的预测变量尽可能多地减小残差，以取得模型解释力（调整 $R^2$）和简洁性的最佳平衡（陈强，2010）。预测变量筛选就是实现这一拟合目标的过程。一个变量是否纳入模型要看其显著性水平是否低于设定的剔出变量的检验水准（$\alpha$ level），为了防止丢失重要变量，可以适当放宽进入模型的标准，将检验水准 $\alpha$ 定在 0.15～0.20，样本量大时可以定为 0.05（Hosmer et al., 2000）。$\alpha$ 值越小，说明预测变量筛选的标准越高。但如果一个变量很重要，即使它不符合标准，也可以将其纳入模型。

下面介绍三种预测变量筛选办法：前进法（forward elimination）、后退法（backward elimination）和逐步回归法（stepwise regression）。

### 前进法

假设共有 $m$ 个备选预测变量，前进法的起始回归模型只有截距项，然后将预测变量逐个纳入回归模型，一次只加一个变量。我们首先计算结果变量与每一个预测变量的简单线性回归方程，然后将回归平方和（SSR，结果变量的估计值与其观测值均值的差值平方和）最大（即对结果变量贡献最大）且 $F$ 检验有显著性的预测变量纳入方程。再将其他变量分别纳入当前的一元线性回归模型，这时共有 $m-1$ 个二元回归方程，计算各个二元方程中新纳入变量的偏回归平方和（即表 2-1 中的 $R^2$ 变化量，这代表在回归模型已有其他预测变量的前提下，新加入的预测变量对回归模型的贡献），并对其进行 $F$ 检验。预测变量筛选中的 $F$ 检验与回归方程显著性的 $F$ 检验（对整个回归模型的显著性进行检验）不同，它计算每个预测变量的 $F$ 统计量和 $p$ 值（见表 2-1 中的 $F$ 变化量和显著性 $F$ 变化量），统计软件会自动计算这两个值，无须研究者手动计算，这里我们不多展开。如果一个变量的偏回归平方和最大且 $F$ 检验结果显著，则该预测变量进入回归模型，否则就不纳入模型。按照这种逻辑，在现有模型的基础上继续添加预测变量，直到没有可添加的预测变量为止。前进法的优势在于可纳入单独作用较强的变量并有效避免多重共线性，但由于纳入标准是该预测变量进入模型时的统计意义，而没有顾及后续新加入的预测变量对已纳入预测变量的影响，且预测变量一旦进入模型就不会再被删除，很可能最后的回归模型中有些预测变量的系数已经不再具有统计显著性，这是前进法的劣势。

表 2-1 前进法预测变量筛选结果示例

| 模型摘要（结果变量为总成绩标准分） | | | | | | | | | |
|---|---|---|---|---|---|---|---|---|---|
| 模型 | $R$ | $R^2$ | 调整后 $R^2$ | 标准误 | 更改统计 | | | | |
| | | | | | $R^2$ 变化量 | $F$ 变化量 | 自由度 1 | 自由度 2 | 显著性 $F$ 变化量 |
| 1 | 0.602 | 0.362 | 0.358 | 7.9948 | 0.362 | 75.054 | 1 | 132 | 0.000 |
| 2 | 0.777 | 0.604 | 0.598 | 6.3211 | 0.242 | 80.157 | 1 | 131 | 0.000 |
| 3 | 0.848 | 0.720 | 0.713 | 5.3401 | 0.115 | 53.552 | 1 | 130 | 0.000 |
| 4 | 0.904 | 0.816 | 0.811 | 4.3390 | 0.097 | 67.911 | 1 | 129 | 0.000 |
| 5 | 0.938 | 0.879 | 0.874 | 3.5361 | 0.063 | 66.222 | 1 | 128 | 0.000 |

注：模型 1 中的预测变量为听力，模型 2 中的预测变量为听力、翻译，模型 3 中的预测变量为听力、翻译、写作，模型 4 中的预测变量为听力、翻译、写作、词汇，模型 5 中的预测变量为听力、翻译、写作、词汇、阅读。

### 后退法

后退法与前进法的程序相反,是先将所有备选预测变量都纳入回归模型,即建立全变量模型,然后逐步剔除系数不具有统计显著性的预测变量,首先被剔除的是方程中偏回归平方和最小且 $F$ 检验不显著的预测变量,然后重复这一过程,直到没有多余的预测变量符合剔除标准。预测变量一旦被删除,就永久被排除在模型之外。后退法有利于纳入与其他变量一起联合作用较强的变量,它弥补了前进法的不足,但也失去了前进法的优势,无法有效避免多重共线性。

### 逐步回归法

逐步回归法在前进法的基础上结合了后退法,是一种双向筛选变量的方法,即每纳入一个新的预测变量,都会对其他已纳入模型的预测变量进行评估和检验,如果新预测变量的加入使得旧预测变量对结果变量的效应不再具有统计显著性,则剔除这个旧预测变量。这个过程反复进行,直到没有显著的预测变量可以纳入方程也没有不显著的预测变量可以从方程中剔除。最终回归模型中所有预测变量对结果变量的效应都具有统计显著性,而未纳入模型的预测变量对结果变量均无显著效应,从而实现最优的预测变量组合,最大程度地解释结果变量的差异(variation)。一般情况下,准入标准 $p$ 值小于剔除标准的 $p$ 值,即准入标准更严格。逐步回归法综合了前两种方法的优势,因此在研究实践中最为常用。

上述预测变量的选取准则基于偏回归平方和。除了这个准则,我们还可以考虑其他准则。如调整决定系数(即调整 $R^2$,adjusted $R^2$)考虑样本量和预测变量个数的影响,当回归方程有不止一个预测变量时,可以用来判断回归的拟合情况。该系数的值越大,所对应的回归方程拟合越好,本章第五节最后一段对该系数有更具体的讲解。赤池信息准则(Akaike information criteria,AIC)也可用于预测变量筛选,AIC 是日本统计学家 Akaike 在极大似然基础上提出的准则,该值越小,对应的回归模型越优越。$C_p$ 统计量也是一种预测变量筛选的标准,该统计量越小,模型方程越好。何晓群(2017)对这三个准则有详细讲述,感兴趣的读者可以参考。

实际研究中,我们可以根据研究目的对不同变量采用不同的筛选办法。既要利用统计检验结果筛选预测变量,又不能完全按照逐步回归的结果来确定所有预测变量，而是要结合理论和逻辑确定最终的预测变量筛选结果，还可以考虑添加预测变量之间的交互项（详见本章第六节）。回归模型的建立是个繁琐复杂的探索过程，需要不断尝试、检验、修正、再检验直到最终确定模型。

> **研究实例 2.1：逐步多元线性回归**
>
> MacIntyre et al.（2020）研究了语言教师在新冠肺炎疫情期间线上教学过程中的应对策略及这些策略与教师的压力、幸福感和消极情绪之间的关系。他们对五个积极型结果变量和五个消极型结果变量分别用 14 种应对策略进行逐步多元线性回归，并对最终的回归估算结果进行解读。研究者指出，逐步回归中只保留预测效应显著的预测变量，这一过程中需要注意的是每一个预测变量的系数都要结合其他预测变量的效应一起解读（即查看多元回归模型中预测变量的偏回归系数），而不能只看某个预测变量自身与结果变量的关系（即不能建立简单线性回归模型来考察某个预测变量的效应），因为每次删除或添加一个预测变量都可能引起模型中其他预测变量偏回归系数的变化。

## 第五节　回归方程检验

多元线性回归模型与简单线性回归模型一样，在得到参数的普通最小二乘法估计值后，也需要进行必要的检验，以确定模型是否合理。这一节主要介绍回归方程显著性检验（$F$ 检验）、偏回归系数显著性检验（$t$ 检验）及回归方程拟合优度检验。

### 回归方程显著性检验

回归方程的显著性检验用于评价预测变量与结果变量间的线性关系是否显著，即回归方程本身是否有效。回归方程的显著性检验通常采用 $F$ 检验，多元线性回归方程中只要有一个预测变量与结果变量的线性关系显著，$F$ 检验就会得到显著结果。$F$ 统计量的计算公式为：

$$F = \frac{\sum(\hat{y}-\bar{y})^2 / k}{\sum(\hat{y}-\bar{y})^2 / (n-k-1)} = \frac{\text{SSR}/K}{\text{SSE}/(n-k-1)}$$

其中，$n$ 为样本数量，$k$ 为预测变量数量。根据设定的显著性水平 $\alpha$、自由度（$k$, $n-k-1$）查 $F$ 分布表，得到相应的临界值 $F_\alpha$。若 $F > F_\alpha$，则回归方程具有显著意义，回归效果显著；若 $F < F_\alpha$，则回归方程无显著意义，回归效果不显著。统计软件可以提供 $F$ 检验的 $F$ 值和 $p$ 值，只需要看 $F$ 检验结果中的 $p$ 值是否小于设定的显著性水平 $\alpha$（如 0.05）即可：如果 $p$ 值小于 $\alpha$，则表示回归方程具有显著意义。

**偏回归系数显著性检验**

简单线性回归中，方程显著性检验（$F$ 检验）和回归系数显著性检验（$t$ 检验）是等价的。但多元线性回归中，$F$ 检验得到显著结果并不意味着每个预测变量与结果变量间都有显著的线性关系，需要对每个预测变量的偏回归系数分别进行显著性检验。如果某个预测变量没有通过检验，说明这个预测变量与结果变量的关系不显著。在回归方程显著的基础上对每个预测变量进行显著性检验时，我们假设预测变量 $x_i$ 的系数为 0（$H_0$），如果能拒绝这个零假设，则 $x_i$ 的系数显著不为 0，即该预测变量与结果变量有显著线性关系；如果不能拒绝零假设，则说明该预测变量与结果变量的线性关系不显著，可以考虑从回归方程中删除这个预测变量。偏回归系数显著性检验可以通过 $t$ 检验完成，一般统计软件也会提供估算结果，根据相应的 $p$ 值是否小于显著性水平 $\alpha$ 即可判断该预测变量与结果变量间是否具有显著的线性关系。$t$ 检验结果也可用于预测变量筛选过程，比如在决定纳入或删除预测变量时，可以参考 $t$ 值的绝对值大小，绝对值最大的可以先纳入回归方程，绝对值最小的可以先从回归方程中删除（何晓群，2017）。

**回归方程拟合优度检验**

在多元线性回归模型中，可以用决定系数 $R^2$（$0 \leq R^2 \leq 1$）来衡量回归模型的拟合优度。第一章对这个概念已有基本介绍。$R^2$ 值受样本量影响，同时也受预测变量个数影响，一般而言，随着预测变量个数增加，即使这些预测变量与结果变量间没有显著关系，预测误差也会变小，SSE 随之减小，相应地 $R^2$ 值会增大。因此要对比几个多元回归模型的拟合优度，$R^2$ 值可能并不合适。这时要对 $R^2$ 进行调整，将 SSR 与 SST 分别除以各自的自由度，以抵消预测变量个数

增加对 $R^2$ 值估算的影响。调整 $R^2$ 值也叫调整决定系数或自由度调整复决定系数，它总是小于 $R^2$ 值。

## 第六节 交 互 项

在回归模型中加入交互项是一种常见的数据处理方式，可以极大地拓展回归估计对变量之间依赖关系的解释，这也是多元线性回归相对于简单线性回归而言的又一大优势。交互效应是指一个预测变量与结果变量的关系受到另一个变量的影响，即一个预测变量与结果变量的关系会因另一个预测变量的水平不同而有所不同。有无交互作用的初步判断主要来自研究者的专业知识，比如教学方法的效果因学生的认知水平不同而不同，这时教学方法与认知水平间可能存在交互效应。在多个预测变量进入回归模型时，我们有必要考察变量间的交互效应。可通过在回归方程中加入预测变量的乘积项来检验交互效应。如果两个变量之间存在显著的交互效应，其主效应的研究意义会让步于交互效应（吴诗玉，2019）。此处仅讨论两个变量之间的交互项，即二重交互。三重交互项的解读非常复杂，且实际研究中应用较少，我们不做讨论。最常见的交互项分析方法是分层回归，即先建立一个只包含主效应但没有交互项的回归模型，估算出 $R^2$ 值，再建立带有交互项的回归模型并估算 $R^2$ 值。如果第二个 $R^2$ 值显著更大，则说明交互效应显著。分层回归的更多细节可以参考 Cohen et al. 2003 年出版的 *applied multiple regression/correlation analysis for the behavioral science* 一书。

调节效应和交互效应在回归模型中都是以交互项的形式出现，从统计分析的角度看，它们没有区别。在讨论交互效应时不考虑哪个变量是主要预测变量、哪个是调节变量，即交互项里的变量作用是对称的，哪个变量做调节变量都可以；而讨论调节效应时则必须区分主要预测变量和控制变量，二者的作用不能互换（温忠麟等，2005）。

依据变量类型的不同，交互项可以分为三种：分类变量与分类变量交互；连续变量与分类变量交互；连续变量与连续变量交互（Jaccard，2003）。这三种交互项没有本质区别，只是结果解读上稍有差异。

### 分类变量与分类变量的交互项

虚拟变量可以直接纳入线性回归模型，分类预测变量则需要先设置为虚拟变量才能进行回归分析。分类变量与分类变量的交互项在回归模型中其实表现为虚拟变量与虚拟变量之间的交互项。比如要研究影子练习（shadowing practice，指几乎同步地跟着听力材料进行复述）对复述流利度的影响，结果变量为复述流利度分数，表达为单位时长内的音节数量，是一个连续变量；预测变量影子练习（shad）是一个虚拟变量，影子练习组取值为 1，无文本听力练习组取值为 0；调节变量英语高水平（highProf）也是虚拟变量，英语水平高的学生取值为 1，其他学生取值为 0。普通最小二乘法线性回归模型如下：

$$fluency_i = \lambda_0 + \lambda_1 shad_i + \lambda_2 highProf_i + \lambda_3 shad_i \times highProf_i + \varepsilon_i \quad (2\text{-}5)$$

其中，交互项系数 $\lambda_3$ 表示高英语水平学生中影子练习组与无文本听力组的复述流利度差异值与低英语水平组该差异值之差。若 $\lambda_3$ 为正数且显著，说明相比低水平学生，影子练习对高水平学生的复述流利度影响更大；如果系数 $\lambda_3$ 为负数且显著，则说明相比低水平学生，影子练习对高水平学生的复述流利度的正面影响较小或者负面影响较大（有关交互项系数的解读，具体参见本章第七节）。

上一段的交互项系数解读将影子练习视为主要预测变量，将英语水平视为调节变量。如果这两个变量都是我们感兴趣的预测变量，也可以将英语水平视为主要预测变量，将影子练习视为调节变量。研究实践中我们需要选定主要预测变量（即感兴趣的预测变量）和调节变量来解释交互项系数，以便于理解和汇报。

如果预测变量影子练习包括三个类别，分别为有文本影子练习、无文本影子练习、无文本听力练习，以无文本听力练习为参考类别，则回归分析中可以加入表示有文本影子练习和无文本影子练习的变量（tShad 和 ntShad）以及它们各自与调节变量（highProf）的交互项。普通最小二乘法线性回归模型如下：

$$fluency_i = \pi_0 + \pi_1 tShad_i + \pi_2 ntShad_i + \pi_3 highProf_i + \pi_4 tShad_i \times highProf_i + \pi_5 ntShad_i \times highProf_i + \varepsilon_i \quad (2\text{-}6)$$

交互项系数 $\pi_4$ 和 $\pi_5$ 的含义可参照回归模型（2-5）的交互项系数含义。

**连续变量与分类变量的交互项**

连续变量与分类变量组成的交互项在实际研究中较为常见。依然以影子练习研究为例，依然使用影子练习的虚拟变量（影子练习组取值为 1，无文本听力练习组取值为 0）；英语水平则用大学英语四级考试成绩作为衡量指标（Guo et al., 2014；金艳等，2013）。普通最小二乘法回归模型如下：

$$fluency_i = \theta_0 + \theta_1 shad_i + \theta_2 CET_i + \theta_3 shad_i \times CET_i + \varepsilon_i \quad (2-7)$$

大学英语四级考试成绩是连续变量，所以这里的交互项是一个分类变量与一个连续变量的乘积。以变量影子练习为主要预测变量，以英语成绩为调节变量，这时交互项系数 $\theta_3$ 表示影子练习与复述流利度的关系如何随英语成绩不同而有所不同。为了使系数 $\theta_1$ 有意义，需要对预测变量英语成绩进行中心化（centering）处理后再进行多元线性回归估算。中心化的原因和具体方法详见本章第七节。

**连续变量与连续变量的交互项**

交互项中两个变量都是连续变量的情况也比较常见，同样考察预测变量与结果变量的关系是否依赖于另一个预测变量的取值变化。例如要考察语言焦虑和英语水平与复述流利度间的关系，可以在回归模型中纳入两个预测变量的交互项，建立回归模型如下：

$$fluency_i = \pi_0 + \pi_1 anx_i + \pi_2 CET_i + \pi_3 anx_i \times CET_i + \varepsilon_i \quad (2-8)$$

其中，$anx$ 是语言焦虑，以语言焦虑分数为指标；$CET$ 指大学英语四级考试成绩，是英语水平的测量指标。两个预测变量都是连续变量，但若 0 不在数据范围内的话，需要先对它们进行中心化处理再进行回归分析，这样偏回归系数 $\pi_1$ 和 $\pi_2$ 才有实质性意义。若交互项系数 $\pi_3$ 为正且显著，说明英语水平越高时，语言焦虑对复述流利度的正面影响越大或负面影响越小；反之，则正面影响越小或负面影响越大。解读时需要关注焦虑影响的方向。

在回归模型中构造交互项时必须同时纳入交互项和组成交互项的所有变量（如上述模型中的 $anx$ 和 $CET$）。模型纳入交互项后，对预测变量系数的解读不同于无交互项模型中预测变量系数的解读，在本章第七节结果解读部分我们会详细介绍这个区别。

> **研究实例 2.2：有交互项的多元线性回归**
>
> 郭茜等（Guo et al., 2016）研究完成句子题型中预览选项（previewing）与答题时间的关系时考察了英语水平的调节作用。主要预测变量 *previewing* 是个虚拟变量，英语水平是个四分类变量，所以设置了三个虚拟变量加入回归分析，相应地交互项也有三个。结果显示英语水平对预测变量与结果变量的关系有调节作用：对于中低水平的学生（研究参与者中英语水平最低的一组）来说，预览行为能节省平均答题时间；但对英语水平更高的学生而言，预览行为会增加平均答题时间。研究者用柱形图展示了交互效应。

## 第七节 多元线性回归系数解读

本节介绍多元线性回归结果的解读办法，包括未纳入交互项的自变量偏回归系数解读、纳入交互项的自变量偏回归系数解读以及交互项系数解读，其中交互项系数的解读又根据组成交互项的变量类型分别进行介绍。回归分析结果本身只是说明某个预测变量与结果变量之间的相关关系，并不能就此得出因果推断。因果关系需要通过实验或准实验设计来确定。此外，结果的解读和汇报可以借助图和表完成，但不同期刊可能风格有所不同，所以本小节聚焦多元线性回归结果的解读，不附相应的表格。撰写论文时可以参考目标期刊的已发表论文，按照期刊格式要求汇报回归结果。

### 未纳入交互项的自变量偏回归系数解读

先来看分类变量的系数解读。仍以影子练习研究为例，结果变量是复述流利度，以得分形式表达；主要预测变量为影子练习，包括三个类别，分别为有文本影子练习、无文本影子练习、无文本听力练习；控制变量是虚拟变量英语高水平，高水平学习者取值为 1，其他学习者取值为 0。不考虑调节效应时建立回归模型如下：

$$fluency_i = \eta_0 + \eta_1 tShad_i + \eta_2 ntShad_i + \eta_3 highProf_i + \varepsilon_i \quad (2\text{-}9)$$

其中，预测变量影子练习在模型中由两个虚拟变量表示，*tShad* 指有文本影子练习，*ntShad* 指无文本影子练习，参考类别为无文本听力练习；*highProf* 是代表英语高水平的虚拟变量。假若有文本影子练习这个虚拟变量的系数估算为 1.36（且具有统计显著性，下同），它的含义为"控制英语水平的情况下/英语水平一致的情况下，有文本影子练习组的复述流利度平均分比无文本听力练习组高 1.36 分"（Controlling for the English proficiency/Holding the English proficiency constant, the estimated average retelling fluency score of the group of shadowing with text is 1.36 points higher than that of the group of listening without text）。如果一个预测变量本身就是虚拟变量（如英语高水平），则可以直接纳入回归模型，其偏回归系数意为该虚拟变量取值为 1 的组与取值为 0 的组（如英语高水平的学习者和其他学习者）在结果变量上的平均值之差。

接下来看连续变量的系数解读。仍以影子练习研究为例，要研究英语水平对复述流利度的影响，简单地将学生分为高水平组和低水平组未免有点粗糙，可以用大学英语四级考试成绩作为英语水平的衡量指标（Guo et al.，2014；金艳等，2013），那么英语水平就变成了连续变量。回归模型如下：

$$fluency_i = \theta_0 + \theta_1 shad_i + \theta_2 CET_i + \varepsilon_i \qquad (2-10)$$

假设英语成绩的偏回归系数 $\theta_2$ 的估计值为 0.16，它表示"其他变量保持不变的情况下，大学英语四级考试成绩每增加 1 分，学生的复述流利度平均分增加 0.16 分"（Holding the other variables fixed, one more point in students' CET-4 score is associated with 0.16 more point in students' retelling fluency score）。由于大学英语四级考试满分为 710 分，跨度较大，通常样本的成绩标准差也较大，可以考虑汇报四级考试成绩每增加 10 分对应的复述流利度分数变化，即"其他变量保持不变的情况下，大学英语四级考试成绩每增加 10 分，学生的复述流利度分数增加 1.6 分"（Holding the other variables fixed, a 10-point increase in CET-4 is associated with an increase of 1.6 points in students' retelling fluency score）。

多元回归分析不能像方差分析一样直接进行事后两两比较，若想知道有文本影子练习组与无文本影子练习组在复述流利度上的区别，需要另建立一个多元回归模型，在将影子练习这个三分类变量纳入回归分析时选择有文本影子练习或无文本影子练习作为参考类别，这样就可以得到这两个类别之间的差异了。这个操作在统计软件中很容易实现。

**纳入交互项的自变量偏回归系数解读**

若两个预测变量组成交互项，此时这两个预测变量各自的偏回归系数就不是主要考虑因素了，其偏回归系数的解读也与上文中的解读方式有所不同，代表的是交互项中另一预测变量取值为 0 时该预测变量对结果变量的效应。下面我们依照组成交互项的预测变量类型的不同，对三种情况下预测变量偏回归系数的解读分别加以说明。

第一，我们看两个分类变量组成交互项时如何解读相应预测变量本身的偏回归系数。这里以前文中的回归模型（2-5）为例：

$$fluency_i = \lambda_0 + \lambda_1 shad_i + \lambda_2 highProf_i + \lambda_3 shad_i \times highProf_i + \varepsilon_i$$

该模型中两个分类变量均为虚拟变量：接受影子训练的学生变量 *shad* 取值为 1，其他学生（无文本听力练习）*shad* 取值为 0；高英语水平组的学生 *highProf* 变量取值为 1，其他学生 *highProf* 取值为 0。两个预测变量四种取值组合情况下的结果变量取值估算如下：

当 $shad = 1, highProf = 1$ 时，$\widehat{fluency} = \hat{\lambda}_0 + \hat{\lambda}_1 + \hat{\lambda}_2 + \hat{\lambda}_3$ （2-11）

当 $shad = 1, highProf = 0$ 时，$\widehat{fluency} = \hat{\lambda}_0 + \hat{\lambda}_1$ （2-12）

当 $shad = 0, highProf = 1$ 时，$\widehat{fluency} = \hat{\lambda}_0 + \hat{\lambda}_2$ （2-13）

当 $shad = 0, highProf = 0$ 时，$\widehat{fluency} = \hat{\lambda}_0$ （2-14）

由式（2-12）和式（2-14）做差可知，$\lambda_1$ 是英语水平取值为 0 时（即低英语水平组），影子练习组与非影子练习组的复述流利度分数差异。由式（2-13）和式（2-14）做差可知，$\lambda_2$ 为影子练习取值为 0 时（即无文本听力练习组），高英语水平组与低英语水平组的复述流利度分数差异。假如 $\lambda_1$ 的估计值为 0.89，可以解读为"对于低英语水平的学生而言，影子练习组的复述流利度平均分比非影子练习组高 0.89 分"（For students with lower English proficiency, the estimated average retelling fluency score is 0.89 point higher for those with the shadowing practice than for those without the shadowing practice）。系数 $\lambda_2$ 的估算结果解读同理，不再赘述。

第二，我们看连续变量与分类变量组成交互项时如何解读相应预测变量的偏回归系数。回归模型沿用模型（2-7）：

$$fluency_i = \theta_0 + \theta_1 shad_i + \theta_2 CET_i + \theta_3 shad_i \times CET_i + \varepsilon_i$$

估算过程可参考上一种情况。假设 $\theta_1$ 的估计值为 0.21，可以解读为"当学生的大学英语四级考试成绩为 0 时，影子练习组的复述流利度平均分比非影子练习组高 0.21 分"（For students whose CET-4 score is 0, the estimated average retelling fluency score of those with the shadowing practice is 0.21 point higher than that of students without the shadowing practice）。这么解读逻辑上没问题，但 0 不在四级考试成绩的数据范围内，因此上面这种解读没有实质意义。

解决这个问题的方法之一是用总平均中心化（简称"总平减"，grand mean centering）的方式对该变量进行中心化处理，即用这个变量的各观测值减去其均值，这样新变量的 0 值其实是旧变量的均值，就有意义了（Jaccard，2003）。中心化处理不会改变整个回归模型的显著性检验结果，也不会改变交互项的系数及其显著性检验结果，但会改变偏回归系数的估计值。假设收集的大学英语四级考试成绩数据的均值为 400 分，那么可以将每个学生的考试成绩都减去 400，生成新的变量 $CETc$，$CETc$ 是一个均值为 0 的连续型变量。用 $CETc$ 代替模型（2-7）中的 $CET$，得到新的回归模型：

$$fluency_i = \theta_0 + \theta_1 shad_i + \theta_2 CETc_i + \theta_3 shad_i \times CETc_i + \varepsilon_i \qquad (2\text{-}15)$$

假设这时系数 $\theta_1$ 估计值为 0.62，可以解读为"对于大学英语四级考试成绩为 400 分（英语水平中等）的学生而言，影子练习组的复述流利度平均分比非影子练习组高 0.62 分"（For students whose CET-4 score is 400, the estimated average retelling fluency score of those with the shadowing practice is 0.62 point higher than that of students without the shadowing practice）。

第三，当连续变量与连续变量组成交互项时，相应预测变量本身的偏回归系数如何解读呢？比如模型（2-8）中有语言焦虑得分与大学英语四级考试成绩的交互项，这时可能需要对两个变量都进行中心化处理再进行回归估算，其偏回归系数的解读方式与第二种情况基本一致，在此不再赘述。

### 交互项系数解读

前面讨论的是各个预测变量的偏回归系数解读，在纳入交互项的模型中，交互项系数的解读更为重要。这里仍以影子练习研究为例来探讨不同类型变量所组成交互项的系数解读方法。

第一，我们看分类变量与分类变量组成的交互项系数。以两个虚拟变量的交互项为例，仍然分析回归模型（2-5）：

$$fluency_i = \lambda_0 + \lambda_1 shad_i + \lambda_2 highProf_i + \lambda_3 shad_i \times highProf_i + \varepsilon_i$$

模型中两个预测变量均为虚拟变量：接受影子训练的学生变量 $shad$ 取值为 1，其他学生（无文本听力练习）$shad$ 取值为 0；高英语水平组的学生 $highProf$ 变量取值为 1，其他学生 $highProf$ 变量取值为 0。

先来计算影子练习组的复述流利度，即将 $shad=1$ 代入方程（2-5）：

$$\widehat{fluency} = \hat{\lambda}_0 + \hat{\lambda}_1 + \hat{\lambda}_2 highProf + \hat{\lambda}_3 highProf \tag{2-16}$$

接下来计算非影子练习组的复述流利度，即将 $shad=0$ 代入方程（2-5）：

$$\widehat{fluency} = \hat{\lambda}_0 + \hat{\lambda}_2 highProf \tag{2-17}$$

两组在复述流利度上的差异为

$$\triangle \widehat{fluency} = \hat{\lambda}_1 + \hat{\lambda}_3 highProf \tag{2-18}$$

$$当\ highProf = 1\ 时，\triangle_1 \widehat{fluency} = \hat{\lambda}_1 + \hat{\lambda}_3 \tag{2-19}$$

$$当\ highProf = 0\ 时，\triangle_0 \widehat{fluency} = \hat{\lambda}_1 \tag{2-20}$$

$$\triangle_1 \widehat{fluency} - \triangle_0 \widehat{fluency} = \hat{\lambda}_3 \tag{2-21}$$

由此可知，影子练习对复述流利度的影响随着英语水平的不同而不同，若以影子练习为主要预测变量，可以说英语水平调节了影子练习与复述流利度间的关系，即交互项表示的是某个预测变量与结果变量间的关系随另一个预测变量取值的不同而有所不同。由于交互项是乘积形式，所以也可以说模型（2-5）中的交互项意味着影子练习调节了英语水平与复述流利度间的关系。实际研究一般有主要预测变量，所以不需要从两个角度分别对交互项系数进行解读。比如影子练习研究中，主要预测变量是影子练习，那么英语水平可视为调节变量。假若交互项系数 $\lambda_3$ 的回归估算结果为 0.85，这个系数可以解读为"高英语水平组的影子练习组学生与非影子练习组学生在复述流利度分数上的差异比低英语水平组高 0.85 分"（The retelling fluency score difference between students with the shadowing practice and those without the shadowing practice is 0.85 point higher for students of high English proficiency than for their peers）。

交互项的两个预测变量都是分类变量时，可以考虑用柱状图等形式显示两个预测变量与结果变量间的关系（如图 2-1 所示），使读者有比较直观的认识。

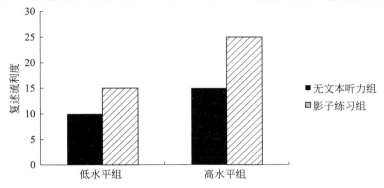

图 2-1　虚拟变量与虚拟变量交互效应示意图

第二，我们来看连续变量与分类变量组成的交互项系数的解读。仍然以影子练习为例，若我们用大学英语四级考试成绩衡量英语水平，可以得到模型（2-7）：

$$fluency_i = \theta_0 + \theta_1 shad_i + \theta_2 CET_i + \theta_3 shad_i \times CET_i + \varepsilon_i$$

模型中有虚拟变量与连续变量的交互项。我们关注的变量是影子练习，如果交互项系数 $\theta_3$ 的估计值为 0.11，则该系数可以解读为"大学英语四级考试成绩每增加 1 分，影子练习组与无文本听力练习组学生的复述流利度分数差异增加 0.11 分/影子练习组的复述流利度分数比非影子练习组多提高 0.11 分"（Corresponding to one more point in CET-4 score, the retelling fluency score difference between students with the shadowing practice and those without the shadowing practice is 0.11 point higher / One more point in the CET-4 score is associated with 0.11 more point in the increase of the average retelling fluency score for students with shadowing practice than for those without shadowing practice）。

分类变量和连续变量组成交互项时，同样可以用图形展示预测变量与结果变量间的关系，这时一般会以连续变量为横轴、结果变量为纵轴，对分类变量的不同类别分别拟合直线（如图 2-2 所示）。这些直线斜率的不同可以直观地反映交互效应（Harrell，2001）。

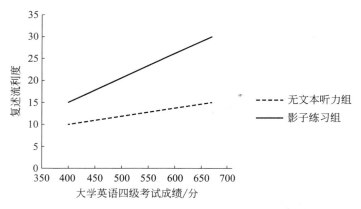

图 2-2 虚拟变量与连续变量交互效应示意图

第三，连续变量与连续变量的交互项系数该如何解读呢？仍以回归模型（2-8）为例：

$$fluency_i = \pi_0 + \pi_1 anx_i + \pi_2 CET_i + \pi_3 anx_i \times CET_i + \varepsilon_i$$

若以语言焦虑为主要预测变量，英语水平为调节变量，交互项系数 $\pi_3$ 是指英语四级考试成绩每提高 1 分，语言焦虑与复述流利度分数间关系的变化（即语言焦虑的斜率变化）。若 $\pi_3$ 估计值为 – 0.17，它可以解读为"大学英语四级考试成绩每增加 1 分，语言焦虑得分每增加 1 分所对应的复述流利度分数变化会减少 0.17 分"（Given one more point in the CET-4 score, the change in the retelling fluency score associated with one more point in language anxiety decreases by 0.17 point）。这表明英语成绩越好的学生复述流利度得分受语言焦虑的影响越小。

组成交互项的预测变量都是连续变量时，如果也想用图形显示两个预测变量的交互关系，可以以主要预测变量为横轴、结果变量为纵轴，取调节变量的高、中、低三个值，分别为其拟合显示主要预测变量与结果变量关系的直线（如图 2-3 所示）。同样可以从直线斜率的不同看出交互效应。

需要说明的是，当模型中还有其他预测变量时，我们依然要加上"其他变量保持不变的情况下"这样的语句。为了解读方便，我们的模型中没有添加更多的预测变量，所以交互项系数的解读也省略了这部分。

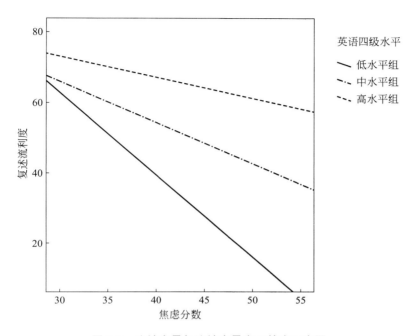

图 2-3　连续变量与连续变量交互效应示意图

## 标准化回归系数解读

　　由于预测变量的测量单位各不相同，我们无法根据偏回归系数的绝对值大小比较各预测变量对结果变量的影响大小，可以考虑将结果变量和预测变量都标准化（standardization）。最常用的标准化方法是标准差标准化，以学生成绩为例，标准差标准化是指将各学生的成绩减去所有学生成绩的平均值，然后除以所有学生成绩的标准差，这样得到的标准化得分平均值为 0，标准差为 1。标准化处理可以去除数据的不同单位，将其转化为无量纲的纯数值，这样不同单位或量级的数据能够进行比较。数据标准化之后得到的回归系数为标准化回归系数，可用来比较不同预测变量对结果变量作用的大小。该系数的绝对值越大，说明这个预测变量对结果变量的预测作用越大。统计分析软件中均提供线性回归分析结果的标准化回归系数（如表 2-2 中的标准化系数 Beta），无须我们专门对数据进行标准化处理。

表 2-2　多元回归参数估计示例

| 模型 | 预测变量 | 结果变量：总分（标准分） | | | | |
|---|---|---|---|---|---|---|
| | | 未标准化回归系数 | | 标准化回归系数 | $t$ | 显著性 |
| | | $B$ | 标准误 | Beta | | |
| 1 | （常量） | 11.025 | 2.517 | — | 4.380 | 0.000 |
| | 听力 | 1.643 | 0.130 | 0.456 | 12.606 | 0.000 |
| | 阅读 | 1.188 | 0.151 | 0.285 | 7.856 | 0.000 |
| | 词汇 | 1.841 | 0.174 | 0.375 | 10.555 | 0.000 |
| | 写作 | 2.261 | 0.194 | 0.417 | 11.650 | 0.000 |

**截距项解读**

在没有中心化预测变量的回归模型中，截距项的含义很简单，即所有预测变量（包括控制变量）的取值均为 0 时结果变量的估计值。如果对预测变量进行了中心化处理，处理后预测变量的 0 值其实是原预测变量的均值，这点在解读截距项时需要注意。

## 第八节　多元线性回归与多因素方差分析的异同

若回归模型中不包含连续型预测变量，且预测变量数量较少，分类变量与分类变量的交互也可以考虑用多因素方差分析（two-way analysis of variance, two-way ANOVA）。多因素方差分析也是语言教育研究中常用的量化数据分析方法，适用于结果变量为连续变量且有两个或两个以上分类预测变量的找差异研究，它回答的问题是"分类变量的不同水平组合之间在结果变量上有什么差异"。

多因素方差分析与多元线性回归有何异同呢？两者的结果变量都必须是连续变量，预测变量个数都大于 1，预测变量都可以是分类变量，都可以检验预测变量的主效应和交互效应。但这两种分析方法的分析目的、预测变量选择都有所不同。

分析目的上，多元线性回归可以用于确定两个或多个预测变量与结果变量间的关系（relationship），也可以用来比较某个分类预测变量的不同类别在结果变量上的差异（difference）；多因素方差分析则主要用于分析多个类别之间的差异。此外，多因素方差分析有事后两两比较的功能，可实现成组比较；而多元线性回归则是比较参考类别与其他各类别在结果变量上的差异，无法判断其他各类别间在结果变量上是否存在显著差异，只能通过多次建立回归模型来实现成组比较。

预测变量选择上，多元线性回归对预测变量的测量尺度没有限制；而多因素方差分析的预测变量只能是分类变量。若想在多因素方差分析中纳入连续型预测变量，则需要借助协方差分析（analysis of covariance，ANCOVA）。协方差分析是方差分析与线性回归的结合，它的结果变量是连续变量，预测变量则既有分类变量又有连续变量，不过协方差分析中连续变量只能用作控制变量，分类变量才能用作主要预测变量。因此，协方差分析可以实现多元线性回归分析的部分功能，但不如后者使用广泛。

## 第九节　结　　语

我们生活的世界纷繁复杂，语言教育研究亦是如此。由于语言教育多为现场研究，大多数研究情景下研究者很难执行严格的随机实验设计，这意味着我们需要在统计分析中添加与结果变量和预测变量均相关的变量，以尽量避免遗漏变量，实现预测变量对结果变量的无偏（unbiased）估计。由于语言教育领域的核心概念多以连续型变量为测量指标，因此多元线性回归堪称应用范围最广的量化分析方法之一。

### 练习

1. 用 Biber（1988）的多维度分析法研究一组中国英语学习者的学术英语写作语体特点，得到下面两组经验回归方程。

$$\widehat{D5} = -0.74 + 2.55\, passive$$

$$\widehat{D5} = -2.51 + 1.93\, passive + 5.02\, conjunct$$

其中，变量 *D5* 指文本的抽象性得分（分数越高，抽象性越高），变量 *passive* 是被动结构的标准分，变量 *conjunct* 是连词结构的标准分。这三个变量的得分均由 Multidimensional Analysis Tagger 软件（Nini，2015）分析得出。

（i）请解读第一个方程中 *passive* 的系数。

（ii）第二个方程中加入 *conjunct* 后，*passive* 的系数发生了什么变化，为什么？

（iii）请解读第二个方程中 *passive* 的系数。

2. 下面的经验回归方程改编自 Dynarski（2000）关于美国佐治亚州 HOPE 奖学金项目对大学入学率影响的研究。

$$\widehat{colAttend} = 0.415 + 0.115 Georgia - 0.001 After + 0.078 Georgia \times After$$

其中，变量 *colAttend* 是大学入学率；*Georgia* 是虚拟变量，佐治亚州取值为 1，其他州取值为 0；*After* 也是虚拟变量，奖学金项目实施后取值为 1，实施前取值为 0。

（i）佐治亚州和其他州在 HOPE 奖学金项目实施前的大学入学率差异是多少？

（ii）其他州在 HOPE 奖学金项目实施前与实施后的大学入学率差异是多少？

（iii）佐治亚州在 HOPE 奖学金项目实施前与实施后的大学入学率差异是多少？

（iv）变量 *Georgia* 对预测变量 *After* 与结果变量 *colAttend* 间的关系有何调节作用？

## 进深资源推荐

[1] Cohen D, Cohen P, West S G, et al., 2003. Applied multiple regression/correlation analysis for the behavioral science[M]. 3rd edition. Mahwah, NJ: Lawrence Erlbaum Associates: Chapters 3-5, Chapters 7-9.

[2] Jaccard J, 2003. Interaction effects in multiple regression[M]. 2nd edition. Thousand Oaks, CA: Sage.

# 第三章　logistic 回归

语言教育领域的统计分析书籍较多关注数值连续的变量（如测试成绩、错误数量、反馈次数、修改次数等），而对类别选择类的结果变量关注较少。但分类变量作为结果变量在语言教育研究中也十分常见，如修正性反馈的质量（正确/错误）、错误修改的质量（已修改/部分修改/未修改）、对反馈的接纳（接纳/不接纳）、答案的正确性（正确/部分正确/错误）等。结果变量为分类变量时，线性回归会受到限制。本章介绍结果变量为分类变量（包括二分类变量和多分类变量）时的回归分析方法，主要聚焦 logistic 回归分析方法。很多量化统计书里用 logistic 回归通指 logistic 回归和 logit 回归，它们其实是同一种回归类型，适用条件也一样，但系数解读有所不同。我们遵循这一通指惯例，但会分别详细介绍 logistic 回归和 logit 回归的系数解读方法。本章通过研究案例重点介绍 logistic 回归分析方法，包括其基本概念、模型类型、预测变量设置、回归系数解读、模型评价与适用条件，同时也涉及 probit 回归、卡方检验等相似检验方法。

## 第一节　logistic 回归基本概念

### 线性概率模型

线性回归的一个重要前提是结果变量为连续变量。当结果变量为分类变量时，如果我们还用线性回归来估计结果变量，就要从概率（$y$ 取值为 1 的比率）的角度来解释结果变量的估计值，人们通常称这种线性模型为线性概率模型（linear probability model，LPM）。比如要考察英语六级成绩与就业状态的关系，就业状态是一个二分类变量，其概率最小为 0，最大为 1。统计模型可写为：$employ_i = \alpha_0 + \alpha_1 eng_i + \cdots + \alpha_k x_k + \varepsilon_k$，其中，$employ$ 是个虚拟变量，就业状态取值为 1，未就业状态取值为 0；$eng$ 是个连续变量，指英语六级成绩。系数 $\alpha_1$ 可解释为其他因素保持不变的情况下，英语六级成绩每增加 1 分，就业的概率增加 $\alpha_1$。使用线性概率模型估计分类变量会产生以下几个问题：（1）残差的方差随结果变量取值的变化而变，仍以英语六级成绩与就业的关系为例，501 分和 500 分之间的就业差异与 601 分和 600 分之间的就业差异可能有所不同，呈现异方差性（heteroscedasticity），违反线性回归模型的方差齐性假设；（2）线性概率模型估计出的概率可能超出[0,1]的区间；（3）以分类变量为结果变量的模型中，预测变量与发生概率之间是非线性关系，因此线性概率模型的回归系数和常数项都不固定，而是随自变量的取值而变化，线性概率模型无法拟合曲线关系（Wooldridge，2002；王济川等，2001），李连江（2017）称此为"直线的危机"。如果用 S 形曲线来拟合概率从极小到极大的变化，并将概率转换为发生率的自然对数，使得曲线的一端无限接近 0，另一端无限接近 1，这样概率可以作为回归分析的结果变量，同时也避免了估算的结果值小于 0 或大于 1 的情况。logistic 回归是这类分析方法中常见的一种。

### 发生率

logistic 回归模型将概率转变为发生率（odds，也叫发生比）。发生率是一件事情发生的概率除以不发生的概率，即 $odds = P/(1 - P)$，发生率永远为正数。用发生率测量概率，可以避免结果变量出现负值。但发生率的变化与概率的变化不对称，容易让人误解，如发生的概率由 0.98 上升到 0.99，发生率会由 49（0.98/0.02）上升到 99（0.99/0.01）。

### 发生率的自然对数转换

logit 回归中对发生率做自然对数转换，即转换为以 e 为底的对数，取值可以是从负无穷到正无穷的所有实数，预测变量取任何值都可以保证结果变量有意义，从而将参数间的曲线关系转换为线性关系（变量间的关系仍为非线性），因而具有很多线性回归的特点，且发生率自然对数的变化与概率的变化比较一致。发生率自然对数的正负以概率为 0.5 为界限，概率为 0.5 时，发生率为 1，其自然对数为 0；概率大于 0.5 时，发生率大于 1，发生率的自然对数为正数，且概率越大，发生率的自然对数也越大；概率小于 0.5 时，发生率小于 1，发生率的自然对数为负数，且概率越小，发生率的自然对数的绝对值越小。

### 发生率之比

两个发生率之比（odds ratio，OR）也称为"优势比"或"比数比"。比如

$odds_1 = P_1/(1-P_1)$，$odds_2 = P_2/(1-P_2)$，$odds_1 : odds_2$ 即二者之间的优势比。优势比有如下特性：

$$P_1 < P_2, \quad P_1/(1-P_1) < P_2/(1-P_2), \quad odds_1 : odds_2 < 1$$
$$P_1 = P_2, \quad P_1/(1-P_1) = P_2/(1-P_2), \quad odds_1 : odds_2 = 1$$
$$P_1 > P_2, \quad P_1/(1-P_1) > P_2/(1-P_2), \quad odds_1 : odds_2 > 1$$

概率、发生率、发生率的自然对数转换和优势比其实是同一事物的不同表达方式，其中概率最为直观也最容易理解。了解这几个基本概念有助于理解 logistic 回归分析的系数含义。

**最大似然估计**

前两章提到的线性回归用普通最小二乘法来估计总体参数，其目标是将结果变量的估计值与观测值之间的误差平方和降到最小。而 logistic 回归一般采用最大似然估计法（maximum likelihood estimate，MLE）进行参数估计。似然（likelihood）是指过去发生的概率，最大似然估计法的目标是构建与观测数据最接近的模型，"以最大概率再现样本观测数据"（王济川等，2001），即模型可对观测数据所代表的现实事件在过去发生的概率做出最准确的预测（李连江，2017）。最大似然估计法以–2loglikelihood（似然性自然对数的负二倍，简称负二倍或–2LL）为指标。似然即概率，取值范围是[0,1]，其自然对数（即对数似然值，log likelihood，LL）取值范围是$(-\infty, 0]$，乘以（–2）后得到的–2LL 指标为正数（李连江，2017）。–2LL 用来衡量模型的估计值与样本观测值之间的差距，该数值越小，说明模型拟合得越好。logistic 回归模型的目标就是减小–2LL。最大似然估计法会不断估计模型、修正模型、再估计新模型，一直到不能再显著减小–2LL，就达到了最大似然估计的目标。这一重复过程被称为迭代（iteration）。统计分析软件能自动完成迭代过程，大家只需明白这一原理即可。

## 第二节　logistic 回归类型

按照结果变量类别的数量，logistic 回归可分为二分类（binary）logistic 回归和多分类 logistic 回归，后者又可以根据结果变量是否为有序多分类变量分为无序多分类（multinominal）logistic 回归和有序多分类（ordinal）logistic 回归（表 3-1）。

表 3-1 logistic 回归分类

| 预测变量 | 结果变量 | 数据分析方法 |
|---|---|---|
| 连续/分类 | 二分类 | 二分类 logistic 回归 |
| 连续/分类 | 无序多分类 | 无序多分类 logistic 回归 |
| 连续/分类 | 有序多分类 | 有序多分类 logistic 回归 |

本章第一节提到，线性回归模型不能直接用来分析结果变量为分类变量的情况，logistic 回归将发生率 $P/(1-P)$ 转化为发生率的自然对数 $\log[P/(1-P)]$。以一元 logistic 回归为例，回归模型为：

$$\log[P_i/(1-P_i)] = \alpha_0 + \alpha_1 x_i + \varepsilon_i \tag{3-1}$$

## 二分类 logistic 回归

二分类 logistic 回归（binary logistic regression）是最常见的 logistic 回归类型，指结果变量为二分类变量的 logistic 回归。我们以它为例来探讨 logistic 回归的估计过程。譬如要考察某校男生和女生在英语四级考试通过率上是否有差异，上面 logistic 回归模型中的预测变量 $x$ 设为代表男性的虚拟变量（男生 = 1，女生 = 0），结果变量为表示通过英语四级考试的虚拟变量（通过 = 1，未通过 = 0）。使用 logistic 回归模型（3-1）可以得到：

$$\log\text{odds}_{男} = \log[P_{男}/(1-P_{男})] = \alpha_0 + \alpha_1 \tag{3-2}$$

$$\log\text{odds}_{女} = \log[P_{女}/(1-P_{女})] = \alpha_0 \tag{3-3}$$

$$\log\text{odds}_{男} - \log\text{odds}_{女} = \alpha_1 \tag{3-4}$$

由式（3-4）可知系数 $\alpha_1$ 即我们感兴趣的男生和女生在英语四级通过率上的差异，不过这里是以 log odds 的形式呈现，即男生通过四级的 log odds 与女生通过英语四级的 log odds 相差 $\alpha_1$。log odds 理解起来比较困难，我们可以把它转化为 odds ratio 的形式。

$$\log\text{odds}_{男} - \log\text{odds}_{女} = \log(\text{odds}_{男}/\text{odds}_{女}) = \alpha_1 \tag{3-5}$$

$$\text{odds}_{男}/\text{odds}_{女} = e^{\alpha_1} \tag{3-6}$$

统计软件 SPSS 的 logistic 回归分析结果里提供 log odds ratio 和 odds ratio 两个参数。如表 3-2 中 $B$ 列即 log odds ratio，而 Exp ($B$) 为 $e^B$，即 $B$ 的自然指数

运算结果。统计软件 Stata 则可以用不同指令计算 log odds ratio 与 odds ratio：使用 logit 指令的回归模型估算 log odds ratio 值，使用 logistic 指令的回归模型估算 odds ratio 值。

表 3-2　logistic 回归参数估计示例

|  |  | $B$ | S.E. | Wals | Df | Sig. | Exp ($B$) |
|---|---|---|---|---|---|---|---|
| 步骤 1 | Mistake | −0.058 | 0.738 | 0.006 | 1 | 0.937 | 0.943 |
|  | Ease | 2.534 | 1.051 | 5.811 | 1 | 0.016 | 12.608 |
|  | 常量 | −8.181 | 3.412 | 5.750 | 1 | 0.016 | 0.000 |

**研究实例 3.1：二分类 logistic 回归**

Nishioka 与 Durrani（2019）通过二分类 logistic 回归考察了马拉维青少年的语言资本与学习成果间的关系。结果变量学历是个二分类变量（小学或更高学历 = 1，无学历 = 0），预测变量包括语言资本（既不讲奇切瓦语也不讲英语 = 0，只讲奇切瓦语 = 1，既讲奇切瓦语也讲英语 = 2）、家庭社会经济背景（SES，包括成年人的平均家庭消费的五分位值、父母受教育情况），控制变量包括年龄、性别、城乡、家庭孩子数量、家庭成年人数量。研究者构建了两个 logistic 回归模型：第一个模型考察 SES 作为预测变量与孩子学历间的关系；第二个模型纳入语言资本，考察该变量是否为 SES 与学历关系的中介变量，判断标准是 SES 的标准化系数绝对值是否显著降低。结果发现 SES 和语言资本均与孩子学历有显著正相关，语言资本是 SES 与孩子学历之间关系的中介变量。缺乏语言资本对低 SES 家庭的孩子和非奇切瓦语区的孩子负面影响尤其大。研究者进行了多重共线性检查，发现容忍度均大于 0.2，排除了预测变量之间共线性的问题。

可能有读者困惑，该研究中的结果变量学历为什么只有两个类别，如果再多出中学、大学等学历水平，可能可以考察更多细节。作者在文中说明了马拉维的教育困境，全国数据显示只有一半多点的孩子可以通过小学毕业标准，中学的毛入学率和净入学率都非常低，所以青少年的学历用一个二分类变量足以说明情况。由此可见，我们在确定变量测量水平时不仅要考虑变量本身的特点，还要结合客观实际和研究需求。

### 无序多分类 logistic 回归

无序多分类 logistic 回归（multinominal logistic regression）是二分类 logistic 回归的延伸，其结果变量有多个类别，且各类别之间没有等级、大小的区分，如教学法这个变量中，1 代表讲授式教学法，2 代表任务型教学法，3 代表项目式教学法。这里结果变量的取值仅代表不同类别，数值大小之间没有等级顺序。应该用无序多分类 logistic 回归（Stata 中用 mlogit 指令）。如果结果变量有 $n$ 个类别，那么无序多分类 logistic 回归其实是进行 $n-1$ 个二分类 logistic 回归运算，这一过程中会有一个类别作为参考类别，其他 $n-1$ 个类别均与对比类别进行比较，实现回归估计。例如三种教学方法中可以选择讲授式教学法为参考类别，从而得到两个 logistic 回归模型，一个比较任务型教学法与讲授式教学法，另一个比较项目式教学法与讲授式教学法。

> **研究实例 3.2：无序多分类 logistic 回归**
>
> Godfroid et al.（2015）使用限时语法判断测试（grammaticality judgment test）和非限时语法判断测试收集眼动实验数据，考察英语本族语者与非本族语者在视线扫描路径（scanpath）上的不同。研究者将扫描路径分为无回视（no regression）、未读完回视（unfinished reading with regression）和读完回视（finished reading with regression）。这个结果变量为无序多分类变量，所以研究者们用了无序多分类 logistic 回归进行估算，参考类别是无回视，这一类别代表最流畅的自动化加工机制（automatic processing），生成两个二分类 logistic 回归模型，结果变量分别为未读完回视与读完回视（二者表示受控加工，controlled processing）。预测变量包括语言背景（英语是否为母语）、时间压力（测试是否限时）、测试题目的语法正确性（是否正确），控制变量包括句尾区长度和总句长。回归结果中的重要参数是优势比（odds ratio）。
>
> 研究者指出，无序多分类 logistic 回归是二分类回归的延伸，本研究中的预测变量均为虚拟变量，优势比作为效应量指标，测量的是一个预测变量取值为 1 时事件的发生率相对于其参考类别（即预测变量取值为 0）的事件发生率的优势比。这里的事件发生是指两个二分类 logistic 回归模型中结果变量取值为 1，即出现未读完回视或读完回视。譬如以读完回视为结果变量的

回归模型中，预测变量时间压力的优势比可以理解为时间压力取值由 0 变成 1（即测试从非限时变成限时），读完回视行为发生的发生率之比。优势比值如果大于 1，表明时间压力大时，读完回视行为的发生率也大，即时间压力促进受控加工；优势比值如果小于 1，表明时间压力大时读完回视行为的发生率更小，说明时间压力促进自动化加工。

回归分析结果显示时间压力只抑制了非母语者的回视行为，但母语者与非母语者在非限时测试、题目正确时都表现出更多的回视行为。研究者认为这表明限时与非限时语法判断测试测量的内容不同，限时测试考察的是隐性语言知识，非限时测试考察的是显性语言知识，体现了不同程度的自动化加工与受控加工。

### 有序多分类 logistic 回归

当结果变量为定序变量时可以考虑用有序多分类 logistic 回归（ordinal logistic regression），其原理是将结果变量的多个分类依次分割为多个二分类 logistic 回归，拟合的模型个数等于结果变量类别数减 1。例如错误修改情况可以是有序三分类变量（正确、部分正确、不正确，分别赋值 1、2、3），用这个变量作结果变量进行有序多分类 logistic 回归，按结果变量的类别会拆分为两个二分类 logistic 回归，分别为（"1"对比"2+3"）和（"1+2"对比"3"），均为较低取值与较高取值的对比。此时求出的预测变量系数是预测变量每提高一个单位，结果变量提高一个单位的优势比（$odds_x : odds_{x+1}$）。

有序多分类 logistic 回归需要满足比例优势假设（proportional odds assumption，也称为"平行线假设"parallel lines assumption），即拆分后的几个二分类 logistic 回归的预测变量系数相等，仅常数项不等。所以有序多分类 logistic 回归结果只输出一组预测变量的系数。统计软件会提供平行线假设的检验结果，如果检验中 $p$ 值大于 0.05，说明有序多分类 logistic 回归符合模型假设。如果假设不满足，则需要改用无序多分类 logistic 回归或其他统计分析方法。

**研究实例 3.3：有序多分类 logistic 回归**

Bulté 与 Roothooft（2020）考察了 9 个第二语言口语复杂度的量化测量指标与英语水平间的关系。英语水平由人工按照雅思水平测试的五个等级进行主观评分。由于结果变量英语水平的五个等级是定序变量，研究者们采用了有序多分类 logistic 回归来估算口语复杂度指标对口语测试成绩的预测作用。回归结果发现，有三个指标可以显著预测英语口语成绩：词汇多样性、从句比例和形态复杂度指标。为避免多重共线性，研究者在拟合 logistic 回归前，先对各个预测变量之间的 Pearson 相关关系进行了估算，高度相关（相关系数大于 0.8）的复杂度指标未纳入回归模型，例如词汇多样性的一个指标 HD-D 与另两个词汇多样性指标 G 和 MLTD 均高度相关，因此研究者没有将 HD-D 纳入回归模型。

## 二分类还是多分类 logistic 回归

二分类 logistic 回归是最常见的 logistic 回归，但多分类的结果变量也可以进行 logistic 回归，无须将多分类结果变量重新编码成二分类变量。

**研究实例 3.4：二分类还是多分类 logistic 回归**

Loewen（2005）研究偶发型形式聚焦（incidental focus on form）与第二语言学习间的关系。研究所用语料是自然发生的、意义聚焦的第二语言课堂交际活动录音。研究者对形式聚焦情景的不同特征（如形式聚焦类型、语言焦点、复杂度、反应类型等）进行了二分类编码，采用前进法筛选预测变量："每次向模型中添加一个预测变量，以实现最优最简的回归模型。每次添加的预测变量都是对模型影响最大的一个，如果一个预测变量对模型的贡献不显著，则不将其纳入模型。因此，前进法回归追求用最少但最重要的预测变量去最大程度地解释结果变量。"研究者把显著性水平设为 0.15，针对三个分类结果变量（correction test score，suppliance test score，pronunciation test score），以 10 个预测变量（形式聚焦的不同特征：type, linguistic focus, source, complexity, directness, emphasis, response, timing, uptake, successful uptake）进行了三轮 logistic 回归预测变量的筛选，前两个结果变量的 logistic 回归模型都筛选出了 uptake 和 successful uptake 两个预测变量；而第三个结果变量的 logistic 回归模型中筛选出 complexity、source 和 successful uptake 三个预测变量。前进法回归特别适用于探索性研究，这时研究者们对预测变量和结果变量的关系还知之甚少。

> Loewen（2005）在文中提到，"因为 logistic 回归只需要二分类的结果变量，所以把结果变量测试得分这个三分类变量（正确、部分正确、不正确）重新编码为二分类变量（正确、不正确）"。这样的转换丢失了数据信息，其实完全可以采用多分类 logistic 回归。具体是使用有序还是无序多分类 logistic 回归，可以根据数据的具体情况决定。

## 第三节 预测变量设置

logistic 回归对预测变量的类型没有限制，连续变量、二分类变量、多分类变量都可加入模型。连续变量可以直接加入模型，二分类变量转换为虚拟变量（取值为 0 或 1）即可纳入模型，这两类变量的回归系数比较容易解读。而多分类（有序或无序）变量的设置可参考第一章第四节。SPSS 软件中的 logistic 回归分析模块自带分类变量设置，不需要像线性回归分析那样先创建虚拟变量。Stata 软件中依然是在每个分类型预测变量前加 "i."（如 "i.$Prof$"）即可。分类变量纳入回归分析需要一个参考对象，即跟哪个类别相比。最常见的比较方式是设置一个参考类别，其他类别都与参考类别相比。研究者可根据研究需要设置参考类别，但要保证参考类别有实际意义，比如 "其他" 这个类别不太适合。若预测变量数目过多或研究为探索性质，研究者需考虑自变量筛选的问题，这部分内容在第二章第四节有详细讲解，此处不再赘述。

下面重点介绍交互项的设置。本书第二章对多元线性回归中的交互项进行了解释，本章基于二分类 logistic 回归进一步介绍交互项设置。此处仅讨论两个变量之间的交互作用，即二重交互。三重交互项的解读非常复杂，且实际研究中应用较少，我们不做讨论，感兴趣的读者可以阅读 Jaccard（2001）对三重交互的解释及 Hosmer（2000）在一个奖学金项目研究中对三重交互效应的考察。

根据变量类型的不同，交互项可以分为三种：分类变量与分类变量交互；连续变量与分类变量交互；连续变量与连续变量交互（Jaccard，2001）。这三种交互项没有本质区别，只是结果解读上稍有差异。

### 分类变量与分类变量的交互项

虚拟变量可以直接纳入 logistic 回归模型，而多分类预测变量若对结果变量无等比例影响，要先设置为虚拟变量再进行回归分析。分类变量与分类变量的交互项其实是一组虚拟变量之间的交互。譬如要研究不同英语水平的学习者对修正性反馈的接纳情况，结果变量是学生的改错正确性（正确取值为 1，不正确取值为 0），是一个二分类变量；预测变量是反馈类型，分为词汇反馈、语法反馈和内容反馈，这个变量纳入回归分析时需要设置两组虚拟变量；调节变量是英语高水平（高水平学生取值为 1，其他学生取值为 0）。若要考察两个变量之间的交互效应，则需要在回归分析中设置两个交互项。假设以词汇反馈为参考类别，logistic 回归方程如下：

$$repair_i = \beta_0 + \beta_1 gFeed_i + \beta_2 cFeed_i + \beta_3 highProf_i + \beta_4 gFeed_i \times highProf_i + \beta_5 cFeed_i \times highProf_i + \varepsilon_i \qquad (3\text{-}7)$$

其中，反馈类型用两个虚拟变量表示，$gFeed$ 代表语法反馈，$cFeed$ 代表内容反馈；$highProf$ 代表英语高水平。系数 $\beta_4$ 和 $\beta_5$ 为交互项系数。

**连续变量与分类变量的交互项**

倘若把上一个模型中的英语水平改为英语四级考试成绩，就是一个连续变量，交互项也就变成了连续变量与分类变量之间的乘积。具体到反馈类型与反馈使用效果（即修改是否正确）间的关系这一研究，模型中纳入反馈类型与英语水平的交互项，就可以考察反馈类型与改错正确率间的关系是否因英语水平而有所不同。也可以用分类变量做调节变量，连续变量为主要预测变量，研究英语水平与改错正确率间的关系是否因反馈类型不同而不同。

**连续变量与连续变量的交互项**

这种交互项考察的也是预测变量与结果变量间的关系是否随另一个预测变量的取值变化而变化。仍以英语水平与改错情况间的关系为例，考虑到反馈的数量也可能与改错情况相关（反馈数量可能影响学习者的信心和对每一条反馈所付出的注意力进而影响改错效果），我们在回归模型中纳入反馈数量（而不是反馈类型）这一调节变量，将英语水平与反馈数量进行交互。如果以英语水平为主要预测变量，可以研究英语水平与改错正确率间的关系是否因反馈数量的不同而有所不同。需要注意的是，英语水平与写作得到的反馈数量可能相关，所以实际研究中，研究者需要首先检验英语水平与反馈数量是否具有多重共线性。若是，则不能将两者同时纳入回归模型；若否，则可以将两者同时纳入模型并考虑添加二者的交互项。

与多元线性回归一样，在 logistic 回归模型中构造交互项时必须同时纳入交互项和所有组成部分。纳入交互项之后，对非交互项系数的解读也不同于无交互项模型中的系数解读，这点会在系数解读部分详细介绍。

## 第四节　logistic 回归系数解读

这节介绍回归结果的解读办法，涉及无交互项回归模型的预测变量系数、有交互项回归模型的预测变量系数以及交互项系数的解读，其中交互项系数解读又根据组成交互项的变量类型分别进行介绍。与线性回归一样，logistic 回归本身无法得出因果推断，只有基于实验与准实验设计才能考察因果关系。若无实验与准实验设计，logistic 回归本质上还是一种相关关系。

### 未纳入交互项的自变量回归系数解读

假设某个虚拟变量 $x$ 的系数是 $\beta$，由于 $\beta$ 是 log odds 的形式，它表示在其他预测变量保持不变的情况下，该虚拟变量取值为 1 和取值为 0 时结果变量的 log odds 数值差别。这非常不好理解，所以研究者通常使用 $\beta$ 的自然指数 $e^{\beta}$，将 log odds 差值转换为优势比形式，其含义为：在其他预测变量保持不变的情况下，该虚拟变量取值为 1 时结果变量指标事件发生率与虚拟变量取值为 0 时（参考类别）结果变量指标事件发生率的比值，即 $odds_{x=1}:odds_{x=0}$。这一推算过程可参考本章第二节式（3-2）至式（3-5）。若 $e^{\beta}$ 值大于 1，表明该虚拟变量取值为 1 时结果变量取值为 1 的情况发生的可能性更大；反之，则表明该虚拟变量取值为 1 时结果变量取值为 1 的情况发生的可能性更小。比如一项研究考察性别与选择英语专业间的关系，将性别转换为虚拟变量女性（女 = 1，男 = 0），二分类 logistic 回归估算结果显示预测变量女性的 $e^{\beta}$ 为 1.61（具有统计显著性，下同），即 $odds_{女}:odds_{男} = 1.61$，那么可以解读为"控制其他变量的情况下，女生选择英语专业的发生率是男生的 1.61 倍"（Controlling for other variables, the odds of choosing the English major for female students are 1.61 times the odds of that for male students）。多分类变量纳入回归分析时要设置为几组虚拟变量，这些虚拟变量的系数含义也是这种解读方式，只是研究者要清楚设置的参考类别。

如果一个预测变量为连续变量，那它的回归系数 $\beta$ 的自然指数 $e^\beta$ 是 $odds_{x+1} : odds_x$，即在控制其他预测变量的情况下，该预测变量每增加一个单位，结果变量取值为 1 的发生率变为原值的 $e^\beta$ 倍。如 Peng et al.（2002）研究阅读成绩及性别与是否进入阅读补习班之间的关系，二分类 logistic 回归估算结果显示预测变量阅读成绩的系数 $\beta$ 为 −0.0261，其自然指数为 0.9724，那么可以说在控制其他变量的情况下，阅读成绩每提高 1 分，学生进入补习班的发生率变为原来的 0.9724（Controlling for all other variables, for each point increase on the reading score, the odds of being recommended for remedial reading programs decrease from 1.0 to 0.9742）。

### 纳入交互项的自变量回归系数解读

若 $x_1$ 与 $x_2$ 组成交互项，此时这两个预测变量自身的系数解读也会变得不同，这时它们的系数是基于交互项的另一个变量取值为 0 时的效应。

首先我们看交互项由两个分类变量组成的情况。如果在男女生英语专业选择的研究中纳入另一个预测变量母亲受教育水平（转换为虚拟变量，本科及以上学历 = 1，其他情况 = 0），并设置女性与母亲受教育水平这两个变量的交互项，其中女性为主要预测变量，母亲受教育水平为调节变量。估算结果中预测变量女性的 $e^\beta$ 仍然为 1.61，这时它的含义为：在其他变量保持不变的情况下，母亲没有本科或以上学历的学生中，女生选择英语专业的发生率是男生的 1.61 倍（Holding all other factors constant, for students whose mother does not have a bachelor's or higher degree, the odds of choosing the English major for female students are 1.61 times the odds of that for male students）。这里是以两个虚拟变量为例，如果纳入交互项的预测变量是多分类变量，则在纳入交互项时转化成几个虚拟变量，各个虚拟变量自身的回归系数也是一样解读，只是研究者要清楚自己选的参考类别。

有的交互项由连续变量与分类变量组成。譬如将高考成绩（连续变量）作为预测变量，考察它与英语专业选择的关系，然后将女性（女 = 1，男 = 0）作为调节变量纳入模型，并构建高考成绩与女性的交互项。估算结果中高考成绩的 $e^\beta$ 为 0.95，其含义为：在其他变量保持不变的情况下，高考成绩每增加 1 分，男生选择英语专业的发生率下降到原来的 0.95（Controlling for all other variables, for a one-point increase in the College Entrance Examination score, the odds of choosing the English major decrease by 5% for male students）。

若交互项是由两个连续变量组成，如高考成绩和母亲受教育年限，其中母亲受教育年限是调节变量，那么这时高考成绩的回归系数则是母亲受教育年限为 0 时，高考成绩每增加 1 分带来的影响。解读方法与上文一致，此处不再赘述。

### 交互项回归系数解读

首先看分类变量与分类变量交互项的系数解读。仍以性别与英语专业选择研究为例，女性与母亲受教育水平这两个虚拟变量组成交互项，其中女性为主要预测变量，这时交互项回归系数的自然指数值（即 $e^\beta$）的含义是高学历母亲组的女生相比男生选择英语专业得到的优势比值与低学历母亲组的女生相比男生选择英语专业得到的优势比值的比率，即 $(\text{odds}_\text{女} : \text{odds}_\text{男})_\text{高学历} : (\text{odds}_\text{女} : \text{odds}_\text{男})_\text{低学历}$。经过估算，交互项的 $e^\beta$ 为 0.65，我们可以解释为"在其他变量保持不变的情况下，高学历母亲组的女生相比男生选择英语专业的优势比是低学历母亲组的女生相比男生选择英语专业优势比的 0.65"（Holding all other factors fixed, the odds ratio of choosing the English major for female versus male students whose mother has a bachelor's or higher degree is 65% of the odds ratio for those whose mother has a lower educational level）。这个结果表明，高学历母亲组的男女生选择英语专业的差异小于低学历母亲组，即母亲的学历对于性别和英语专业选择间的关系起到调节作用，尽管女生选择英语专业的概率通常大于男生，但母亲拥有高学历会使得这种情况有所缓和。

接下来看连续变量与分类变量组成的交互项系数的解读。如果将高考成绩（连续变量）作为预测变量，考察它与英语专业选择间的关系，将女性（女生 = 1，男生 = 0）作为调节变量纳入模型，并构建高考成绩与女性的交互项。这时交互项系数的自然指数 $e^\beta$ 表示女生组高考成绩每增加 1 分带来的结果变量指标事件发生率的变化与男生组高考成绩每增加 1 分带来的结果变量指标事件发生率变化的比值，即 $(\text{odds}_{x+1} : \text{odds}_x)_\text{女} : (\text{odds}_{x+1} : \text{odds}_x)_\text{男}$，其中 $x$ 指高考成绩。交互项系数的自然指数估计值为 0.96，可以解释为：在其他预测变量保持不变的情况下，女生高考成绩每增加 1 分选择英语专业发生率的改变是男生的 96%（Holding all other factors constant, the predicted odds change in choosing the English major given a one-point increase in the College Entrance Examination score for female students is 96% of that for male students）。这个结果表明，男生在英语专业的选择上受高考成绩影响更大。如果性别为主要预测变量，高考成绩为调节变量，那么交互项的 $e^{\beta}$ 是高考成绩每增加 1 分时女生与男生选择英语专业的优势比的改变，即 $(\text{odds}_{女}:\text{odds}_{男})_{x+1}:(\text{odds}_{女}:\text{odds}_{男})_{x}$，其中 $x$ 指高考成绩。交互项系数的自然指数 0.96 可解释为：在控制其他预测变量的情况下，高考成绩每提高 1 分，女生选择英语专业相对于男生选择英语专业的优势比会降低到之前的 96%（Controlling for all other variables, the predicted odds ratio of choosing the English major by female versus male students decreases by 4%, given a one-point increase in the College Entrance Examination score）。即随着高考成绩的提高，男女生选择英语专业的可能性的差距缩小。

最后看连续变量与连续变量组成的交互项系数的解读。比如要考察高考成绩和母亲受教育年限与选择英语专业间的关系，其中母亲受教育年限是调节变量，那么交互项的 $e^{\beta}$ 是母亲受教育年限每增加 1 年对高考成绩每增加 1 分带来的英语专业选择优势比改变的效应，即 $(\text{odds}_{x+1}:\text{odds}_{x})_{z+1}:(\text{odds}_{x+1}:\text{odds}_{x})_{z}$，这里 $x$ 指高考成绩，$z$ 指母亲受教育年限。假如交互项的 $e^{\beta}$ 为 0.65，该数值可以解释为：其他变量保持不变的情况下，母亲受教育年限每增加 1 年，高考成绩每增加 1 分带来的英语专业选择发生率的改变降低到之前的 65%（Holding all other factors fixed, the predicted change in the odds of choosing the English major corresponding to a one-point increase in the College Entrance Examination score decreases by 35% given a one-year increase in mothers' education time）。这个结果表明母亲受教育年限越高，高考成绩对英语专业选择的影响越小。

### 截距项解读

截距项的含义很简单，即所有预测变量（包括控制变量）的取值均为 0 时结果变量的自然对数值（log odds）。仍以性别（二分类变量）和母亲学历（二分类变量）与英语专业选择研究为例，截距项估计值 $\alpha$ 的自然指数 $e^{\alpha}$ 表示其他预测变量取值为 0 的情况下，低学历母亲组的女生选择英语专业的发生率。

### 边际效应

对于中国读者而言,log odds ratio 和 odds ratio 都不如概率的概念贴近生活、易于理解(李连江,2017),边际效应可以帮助我们解释概率的百分比变化。边际效应多见于 probit 回归结果的汇报,本章第六节中将讲到的 Stata 中 dprobit 命令就是为了获得边际效应。若预测变量 $x_1$ 未纳入交互项,那么它的回归系数表示"在其他预测变量保持不变的情况下,$x_1$ 每增加一个单位,结果变量指标事件发生概率增加或下降的百分比"。若 $x_1$ 与 $x_2$ 组成交互项,$x_1$ 的回归系数则表示"在其他预测变量保持不变的情况下,$x_1$ 每增加一个单位,$x_2$ 取值为 0 时结果变量指标事件发生概率变化的百分比"。如郭茜等(Guo et al., 2016)的研究发现有预览行为时的答题正确率比无预览行为时平均低 5%(Relative to no previewing, previewing was associated with a 5-percent lower probability of answering an item correctly)。将预测变量预览行为与低英语水平(虚拟变量,英语水平较低的学生取值为 1)的交互项纳入回归模型后,预览行为的回归系数为 -0.106,可解读为"对非低水平组的学生而言,有预览行为时的答题正确率比无预览行为时平均低近 11%"(Previewing was associated with 11-percent lower response accuracy than no previewing for the non-lower-intermediate group)。

### 无序多分类和有序多分类 logistic 回归系数解读

无序多分类 logistic 回归模型其实是拟合成几个二分类 logistic 回归模型,所以结果解读与二分类 logistic 回归大致一样,只是需要注意结果变量的取值变成了"某件事发生 = 1,参考类别发生 = 0"。这样的结果解读起来比较复杂,可以考虑报告各预测变量对结果变量各类别的边际效应。

有序多分类 logistic 回归模型虽然也是拟合成几个二分类 logistic 回归模型,但由于这些新拟合的模型估算的各变量系数相同,只有截距项不同,解读起来反而更为容易。

**研究实例 3.5:无序多分类 logistic 回归(报告各预测变量的边际效应)**

郭茜等(Guo et al., 2021a)研究学生使用自动书面修正性反馈(automated written corrective feedback)对修改用英语撰写的专业研究论文的有效性,其中一个研究问题是学生背景特征、反馈质量等因素与学生对写作自动评改(automated writing evaluation)系统所提修改建议采取的行动(接受、拒绝、用其他方式修改）之间的关系。研究者在进行无序多分类 logistic 回归（Stata 中使用 mlogistic 指令）后进一步获得各预测变量的边际效应，如"所提修改建议准确时接受建议的概率增加 57%；标注准确时接受建议的概率增加 16%"（They had a 57% higher probability of accepting a suggestion when the suggestion was accurate and a 16% higher probability when the flagging was accurate）。也可以先进行无序多分类 probit 回归（Stata 中使用 mprobit 指令），再获取边际效应（Stata 中使用 mfx 指令），得到的结果完全可比。

### 研究实例 3.6：有序多分类 logistic 回归（结果解读）

Binder et al.（2015）运用有序多分类 logistic 回归考察实习对学生学业成绩水平的影响，结果变量学业成绩水平是一个定序变量。数据分析结果显示预测变量实习的系数为 0.349，其自然指数为 1.42，可知实习的学生获得更好学业成绩的发生率是不实习的学生的 1.42 倍。论文中汇报如下："A positive coefficient for internship (b=0.349) indicated that undertaking an internship increased the odds of attaining a higher degree classification。"

## 第五节　logistic 回归模型评价与适用条件

要评价 logistic 回归模型的优劣，可以关注似然比检验（likelihood ratio test）、拟合优度检验（goodness-of-fit test）、Hosmer and Lemeshow（H-L）检验、信息测量指标（information measures）、伪决定系数（Pseudo $R$-Square）和混淆矩阵（confusion matrix）（Hosmer et al.，2000；王济川等，2001）。似然比检验的零假设是所有预测变量的回归系数为 0，如果显著性（sig.值）小于显著性水平（如 0.05），说明模型至少有一个预测变量的回归系数不为 0，模型有意义。该检验还提供 –2LL 的统计值（参见本章第一节），可以用于比较不同模型的优劣。拟合优度检验提供的统计值包括 Pearson 卡方值和偏差（deviance）卡方值，但这两个统计值主要用于预测变量不多且为分类变量的情况；H-L 检验适用于含有连续变量或样本量较小的情况。三者均服从卡方分布，若卡方检验不显著，则表明模型拟合较好；反之，则模型拟合较差，还需要加入新的预测变量来提升模型的拟合优度。这三个指标都不如似然比检验稳健。信息测量指标也可以用来比较不同模型的优劣，常见的指标包括 AIC 值和 SC 值，两个指标的值越小，说明模型拟合得越好。logistic 回归有三种伪决定系数：Cox & Snell $R^2$、Nagelkerke $R^2$、McFadden $R^2$，其意义与线性回归中的决定系数一样，都是值越大说明模型拟合得越好。Cox & Snell $R^2$ 取值一般小于 1，但没有确定的取值范围。Nagelkerke $R^2$ 和 McFadden $R^2$ 的取值范围均为[0,1]。对于 logistic 回归，这三种伪决定系数一般都不会很高，研究者不必过于纠结它们的高低，根据自身研究领域的常规做法，选择相应的指标进行汇报即可。混淆矩阵提供总体正确率，代表回归模型预测正确的样本数占总样本数的比例，该值越大说明模型的预测能力越强，这是 logistic 回归模型拟合度的关键参数。伪决定系数和混淆矩阵均是评价模型预测准确性的指标。

logistic 回归的适用条件为：（1）结果变量是分类变量，可以是二分类变量、无序多分类变量或有序多分类变量；（2）预测变量之间不存在多重共线性；（3）各观测值之间相互独立。

第一个条件比较容易判断，只是定序变量到底适用于无序多分类 logistic 回归还是有序多分类 logistic 回归要通过平行线假设检验来判断。第二个条件多重共线性是个常见问题，尤其在一个指标存在多个参数的情况下。多重共线关系会增大标准误和均方误差，甚至导致回归系数的方向相反（陶然，2008）。我们可以在构建 logistic 回归模型前先进行预测变量间的相关分析，相关系数高于 0.8 意味着高度相关关系，这时需要舍弃一些变量，舍弃变量时要结合理论根据和变量间的相互关系；还可以用逐步回归的方法排除多重共线性。也可以直接用分类结果变量构建多元线性回归模型，得到容忍度（tolerance）和方差膨胀因子（variance inflation factor，VIF）数值的大小，来判断共线性是否存在，一般而言，容忍度小于 0.1 或方差膨胀因子大于 10，表明共线性存在。第三个条件在语言教育研究中经常难以满足，因为有很多参数的数据出自同一个研究参与者。Stata 软件中的 cluster 选项可以解决这一问题。

## 第六节　logistic 回归与相似检验方法的比较

本节重点讨论 logistic 回归与 probit 回归、卡方（$\chi^2$）检验的异同。probit 回归通常译为"概率单位回归"，同样用于处理分类型结果变量，是与 logistic 回归类似的一种数据统计方法。logistic 回归模型中的误差项服从标准 logistic

分布，即二项分布，而 probit 模型中的误差项服从标准正态分布。它们均使用最大似然估计。probit 回归系数可解释为自变量对标准分数（Z-score）的作用（王济川等，2001），这不如 logistic 回归的系数解读直观、易懂，不过 probit 回归也可以计算边际效应（即预测变量每增加一个单位，结果变量指标发生概率的百分比变化），Stata 软件中的 dprobit 回归指令可直接输出边际效应结果。边际效应的解读比较直观，更符合中国读者的日常认知习惯。

probit 回归和 logistic 回归都是广义线性模型的一种，二者的函数图像非常接近。通常情况下可以互换使用。具体选择哪种回归模型主要取决于不同领域的常规做法。语言研究人员偏爱 logistic 回归，经济学家偏爱 probit 回归，语言教育研究者则两者都有可能使用。

和 logistic 回归一样，probit 回归也可以按照结果变量的类别分为三种：probit 回归、无序多分类 probit 回归和有序多分类 probit 回归（Stata 中的回归指令分别为 probit、mprobit 和 oprobit），此处不再赘述。

> **研究实例 3.7：probit 回归**
>
> 郭茜等（Guo et al., 2016）考察完成句子测试中预览选项（previewing）与答案正确性和做题时间的关系。研究参与者包括不同水平的英语学习者和英语本族语者。研究问题包括：（1）预览选项与结果变量间的关系；（2）英语水平是否对两者间的关系起调节作用。要考察预览选项与答案正确性之间的关系，研究者构建了二分类 probit 回归模型，结果变量为答案正确性（正确 = 1，不正确 = 0），预测变量为预览行为，性别与语言水平为控制变量。为检验英语水平的调节作用，研究者在模型中加入了预览与英语水平的交互项，其中预览行为是主要预测变量，英语水平为调节变量，这是二分类变量与连续变量的交互项。研究者用了 Stata 软件中的 dprobit 命令，得到边际效应，在结果解读一节，我们已详细介绍如何解读该效应。该研究发现相对于无预览，预览会显著降低正确性；预览行为与英语水平有交互效应，高水平学生在无预览时正确率更高，但预览行为对中低水平学习者的答题正确性无显著影响。这表明预览选项并不能促进句子理解，反而有可能干扰理解过程，对英语水平高的人尤其如此。

卡方检验也经常用于考察分类结果变量与预测变量间的关系，它与 logistic 回归有何异同呢？卡方检验中的预测变量一般数量较少且只能是分类变量（连续型数值变量无法纳入卡方检验），而且不能考察预测变量之间的交互作用。当预测变量分类较多时，每种情况的频数可能会很小（一般要求频数大于 5）。此外，预测变量为多分类变量时，卡方检验只能估计总体上的差异，无法描述预测变量效应的大小和方向，而 logistic 回归分析不仅能估计预测变量效应总体上的差异，还能对多分类变量设置虚拟变量，获得各虚拟变量水平的检验结果。当只有一个预测变量且卡方检验和一元 logistic 回归均符合条件时，选择哪种分析方法取决于研究领域的常规做法。总体而言，卡方检验在语言教学和语言习得研究中比一元 logistic 回归常见。但现实研究中一个结果变量的影响因素往往有多个，研究者通常关注不止一个预测变量，有时还需要考察交互效应，这时需要使用多元 logistic 回归。

> **研究实例 3.8：卡方检验与 logistic 回归**
>
> Chen 和 Eslami（2013）研究本族语者与英语学习者之间的实时在线文本聊天中的偶发型形式聚焦（incidental focus on form）对第二语言发展的影响（研究问题 1），并考察偶发型形式聚焦的哪些特征可以预测第二语言的发展（研究问题 2）。他们对英语学习者进行了即时后测与延迟后测，按"正确""部分正确""不正确"对学生答案的正确性进行编码。
>
> 对于第一个研究问题，研究者根据偶发型形式聚焦情景所涉及的语言点设计个性化测试，以测试时间（即时后测、延迟后测）为唯一预测变量，以答案正确性为结果变量进行卡方检验，发现即时测试中学生平均答对 70% 的题目，延迟后测中学生答对 64% 的题目，两次测试间正确答案的频数无显著差异。对于第二个研究问题，研究者以答案正确性为结果变量，以偶发型形式聚焦的不同特征为预测变量，进行 logistic 回归分析，结果发现成功接纳（successful uptake）与反馈类型（type of feedback）是预测语法和词汇知识测试答案正确性的最主要因素。研究者认为 logistic 回归分析中的结果变量只能为二分类变量，所以将结果变量"答案正确性"的三种类型（正确、部分正确、错误）合并为二分类变量（正确、错误）；同时，为了易于解读预测变量系数，研究者把预测变量也均转换为二分类变量。虽然二分类预测变量的回归系数确实比多分类预测变量易于解释，在统计软件中也更易于操作，但多分类变量转换为二分类变量会失去数据信息，结果相对粗糙。

需要特别指出的是，有些研究者认为卡方检验可以考察变量间的关联性，但不能检验因果关系，而 logistic 回归可以考察数据间的因果关系。这种说法是不正确的，因果关系只能通过实验和准实验设计（而非数据分析方法）确立，本书第五章至第九章会详细介绍各种实验与准实验设计以及实验效应估算方法。卡方检验和 logistic 回归本身均不能支持因果关系，只能检验结果变量的变化与预测变量的变化是否显著相关。即使预测变量可以预测结果变量，但单独这一点并不能表明因果关系存在（梅纳德，2016）。比如，研究实例 3.8 并非实验或准实验研究，所以 logistic 回归分析只能发现哪些解释变量与结果变量间的关系更大，而非影响更大。"影响"是描述因果关系的用词，不过实际操作中，研究人员经常用这种暗含因果关系的语言来描述相关关系。

## 第七节 结　语

作为广义线性模型的一种，logistic 回归虽不及线性回归应用广泛，但它在语言教育研究领域有广阔的使用空间。本章中的 logistic 回归和 probit 回归是对同一问题的不同解答方法，无所谓优劣。在相似研究设计下，对数据分析方法的选择取决于研究目的和研究领域的常规做法。在结果汇报中，究竟选择优势比自然对数（log odds ratio）、优势比（odds ratio），还是概率，也主要取决于研究领域的常规做法。

### 练习

1. 在一个语言形式聚焦（focus on form）研究中，变量 *succUptake*、*elicit*、*preemptive* 和 *uptake* 均为虚拟变量。如果学生参考反馈信息，成功修正之前的语言错误或不足，并在紧接着的语言产出中使用正确的语言形式，*succUptake* 取值为 1，否则取值为 0。若教师不直接提供正确形式，而是引导学生产出正确形式，*elicit* 取值为 1；当教师针对学生的语言错误直接提供正确的语言形式，则取值为 0。当教师的语言形式相关反馈是为了回答学生的提问，即前摄型（preemptive）语言形式聚焦，*preemptive* 取值为 1；当学生的语言错误发生在前，教师的修正性反馈在后，即反应型（reactive）语言形式聚焦，则 *preemptive* 取值为 0。当学生对教师的反馈给出回应时，*uptake* 取值为 1，否则取值为 0。*elicit* 与 *uptake* 和 *succUptake* 均具有正相关关系。

（i）若以 *succUptake* 为结果变量、以 *elicit* 和 *preemptive* 为预测变量建立回

归模型，请解释 *elicit* 的回归系数含义。可以在 logit 回归、logistic 回归、probit 回归中任选一种回归形式。

（ii）将 *uptake* 纳入回归模型，这时 *elicit* 的回归系数会发生什么变化？为什么？

（iii）还有什么变量可以纳入回归模型，它（们）会带来什么效应？

2. 在一项写作自动评估（automated writing evaluation）研究中有一个虚拟变量 *response*，当学生根据自动书面修正性反馈（automated writing corrective feedback）成功修改一个语言错误时，*response* 取值为 1，否则取值为 0。变量 *undergraduate* 也是虚拟变量，当学生是本科生时，它取值为 1，否则取值为 0。变量 *onePub* 是虚拟变量，当学生只发表过一篇英语论文时，它取值为 1，其他情况取值为 0。

用 Stata 软件中的 dprobit 指令进行回归分析，得到如下结果：

```
. xi: dprobit Response Undergraduate onePub, cluster(ID)

Iteration 0:    log pseudolikelihood = -182.4234
Iteration 1:    log pseudolikelihood = -173.48068
Iteration 2:    log pseudolikelihood = -173.41896
Iteration 3:    log pseudolikelihood = -173.41895

Probit regression, reporting marginal effects       Number of obs =      364
                                                    Wald chi2(2)  =     9.11
                                                    Prob > chi2   =   0.0105
Log pseudolikelihood = -173.41895                   Pseudo R2     =   0.0494

                                      (Std. Err. adjusted for 36 clusters in ID)
------------------------------------------------------------------------------
             |             Robust
Response |   dF/dx    Std. Err.    z     P>|z|   x-bar   [   95% C.I.    ]
---------+--------------------------------------------------------------------
Underg~e*|  0.1025967  0.0505223   1.85   0.065  0.335165  0.003575  0.201619
 onePub* | -0.1700775  0.0816969  -2.35   0.019  0.222527 -0.3302   -0.009955
---------+--------------------------------------------------------------------
  obs. P |  0.7994505
 pred. P |  0.8113193   (at x-bar)
------------------------------------------------------------------------------
(*) dF/dx is for discrete change of dummy variable from 0 to 1
    z and P>|z| correspond to the test of the underlying coefficient being 0
```

Stata 中的 dprobit 命令估算出的回归系数是边际效应。

（i）请解释预测变量 *undergraduate* 的回归系数含义。为什么它是正数？

（ii）请解释变量 *onePub* 的回归系数含义。为什么它是负数？

之后在模型中加入 *undergraduate* 与 *onePub* 的交互项，得到以下结果：

. xi: dprobit Response Undergraduate onePub under_onePub, cluster(ID)

```
Iteration 0:    log pseudolikelihood = −182.4234
Iteration 1:    log pseudolikelihood = −171.46306
Iteration 2:    log pseudolikelihood = −171.28132
Iteration 3:    log pseudolikelihood = −171.28105

Probit regression, reporting marginal effects        Number of obs =      364
                                                     Wald chi2(3)  =    19.43
                                                     Prob > chi2   =   0.0002
Log pseudolikelihood = −171.28105                    Pseudo R2     =   0.0611

                                    (Std. Err. adjusted for 36 clusters in ID)
------------------------------------------------------------------------------
              |              Robust
Response  |    dF/dx    Std. Err.    z    P>|z|    x-bar  [   95% C.I.   ]
----------+-------------------------------------------------------------------
Underg~e*|  0.1491705  0.0468866   2.74   0.006  0.335165  0.057274 0.241067
  onePub*| −0.1068448  0.0869451  −1.35   0.176  0.222527 −0.277254 0.063565
und~ePub*| −0.2865119  0.150895   −2.11   0.035  0.046703 −0.582261 0.009237
----------+-------------------------------------------------------------------
   obs. P |  0.7994505
  pred. P |  0.8158052  (at x-bar)
------------------------------------------------------------------------------
```

(*) dF/dx is for discrete change of dummy variable from 0 to 1

　　z and P>|z| correspond to the test of the underlying coefficient being 0

（iii）请解释交互项回归系数的含义。为什么系数是负数？

## 进深资源推荐

[1] Jaccard J, 2001. Interaction effects in logistic regression[M]. Thousand Oaks, CA: Sage.

[2] Hosmer D, Lemeshow S, 2000. Applied logistic regression[M]. 2nd edition. New York, NY: Wiley.

[3] 斯科特·梅纳德,2016. 应用 logistic 回归分析[M]. 李俊秀,译. 2 版,上海:上海人民出版社.

[4] 瓦尼·布鲁雅,2018. logit 与 probit:次序模型和多类别模型[M]. 张卓尼,译. 上海:上海人民出版社.

[5] 一文读懂 logistic 回归的前世今生[EB/OL]. https://mp.weixin.qq.com/s/KV4rWT-k9ElWpmspQfv-4A.

# 第四章 因 果 推 断

"请家教的孩子成绩赶不上不请家教的，还不如不请。"
"消防队员来得越多，火灾造成的损害越大。"
"海盗数量减少导致全球变暖。"

上面这几句话有的听起来匪夷所思，有的听起来似乎还挺有道理。事实上，它们都混淆了相关关系与因果关系，而统计课上最先要学的功课之一就是相关关系不同于因果关系。

## 第一节 相关关系与因果关系

统计学中的相关关系（correlation，也称"相关性"）是指两个变量间关系的方向和强度，相关系数（correlation coefficient，通常用 $r$ 表示）是相关关系的统计计量值。当一个变量增加或减少时，另一个变量也增加或减少，则两个变量间的相关系数为正；当一个变量增加或减少时，另一个变量却减少或增加，则两个变量间的相关系数为负。相关系数的范围为 $-1\sim 1$，绝对值越大，表明两个变量间的相关性越强。

对相关性强弱的判断，一般遵循 Jacob Cohen（1988）提出的标准，即相关系数的绝对值在 0.1~0.3 为弱相关，0.3~0.5 为中等相关，0.5 以上为强相关。

无论两个变量间的相关系数大小如何，都不能表明其中一个变量的变化造成另一个变量的变化。哈佛大学法学院博士毕业生 Tyler Vigen 在他的个人网站[①]上用图片展示了一系列搞笑的虚假相关关系，后来还在此基础上出版了《虚假的相关关系》（*Spurious Correlations*）一书（Vigen，2015）。他展示的一些变量间的相关系数非常高，例如高果糖玉米糖浆（一种甜味剂）的人均消费量和车祸致死的人数间的相关系数为 0.981；美国在科学、技术与太空方面的花费和吊死、勒死与窒息而死的自杀案数量间的相关系数为 0.992；美国人造黄油人均消费量与美国缅因州的离婚率间的相关系数为 0.993；美国黑色星期五（感恩节后大

---

① http://www.tylervigen.com/spurious-correlations

促销的一天）网售收入与狗咬致死的人数间的相关系数为 0.996。这些变量两两间的相关系数非常接近 1，几乎是完全相关，但这并不意味着其中一个变量（如甜味剂的人均消费量）与另一个变量（如车祸中丧生的行人数量）间存在因果关系。

两个变量 A 和 B 之间存在相关关系，有几种可能性：A 导致 B；B 导致 A（反向因果关系）；另一个隐藏因素 C 同时导致 A 和 B；A 和 B 碰巧同时增加或减少。下面我们分别看这几种情况。

### 因果关系

教育中有一些因果关系得到了研究证实，例如在保证师资水平等因素不变的前提下，缩小班级规模能提升学生成绩（如 Angrist et al.，1999）；提供奖学金能提高贫困生的大学入学率和毕业率（如 Dynarski，2003）；计算机辅助学习能帮助成绩较差的学生提高数学成绩（如 Lai et al.，2015）。

### 反向因果关系（reverse causality）

本章开头所列几句话中的第一句"请家教的孩子成绩赶不上不请家教的，还不如不请"暗含的意思是请家教导致孩子成绩差，但却忽略了因为成绩差才请家教的可能性。如果不请家教，这些成绩差的孩子与其他孩子之间的差距可能更大。与此类似的一个例子是饮酒与收入间的关系。有研究人员发现两者间存在正相关关系：喝酒的人比不喝酒的人收入高，每个月至少去一次酒吧的人又比在家喝酒的人收入高。研究人员从而得出结论：社交性饮酒能增加社会资本从而提升收入（Peters et al.，2006）。但这里有可能存在反向因果关系，即高收入群体的可支配收入更多，因此更有可能时不时去酒吧喝酒。

### 隐藏因素（也称潜在变量，lurking variable）

本章开头所列几句话中的第二句"消防队员来得越多，火灾造成的损害越大"似乎暗示消防队员来得多导致火灾造成的损失大，但忽略了隐藏原因"火势很大"，正是这一原因同时导致"消防队员来得多"和"火灾造成的损害大"。另外一个经典例子是冰激凌销量上升"导致"淹死的人数增加、鲨鱼袭人事件增加、森林火灾数量增加。这里忽略的隐藏因素是温度升高：温度升高导致冰激凌销售量增加，同时也导致游泳人数增加并进而导致淹死的人数和遭鲨鱼袭击的人数增加，高温也导致森林火灾的数量增加。

### 巧合（coincidence）

本章开头所列几句话中的第三句宣称"海盗数量减少导致全球变暖"，但事实很可能是现代社会海盗数量总的来说在减少，同时由于人类的各种活动导致全球变暖，这两个趋势同时存在，所以海盗数量和全球平均温度这两个变量相关只是碰巧同时发生，并非其中一个因素的变化导致另一个因素变化。Tyler Vigen 网站上的大多数虚假相关关系都可以归到这一类。

## 第二节　区分相关关系和因果关系的重要性

2021 年 1 月 Gelman 和 Vehtari 在收集论文预印本的 arXiv 平台上发表了一篇论文，总结了近五十年最重要的统计思想。论文登载不到三天就被图灵奖得主、被称为"贝叶斯网络之父"的 Judea Pearl 在推特上点赞，高度赞扬该论文总结的八个最重要统计思想中包括了"反事实因果推断"（counterfactual causal inference）。Pearl 对因果推断一直高度重视，他指出现在的机器学习只是基于相关关系和概率的拟合，但仅有相关关系是不够的，因果推断能力才可能使机器真正具备人类智能（Pearl，2009；Pearl et al.，2018）。

虽然我们中的大多数人并不从事人工智能这样的高科技研究，但同样需要区分相关关系和因果关系，因为相关关系可能导致决策错误。虽然我们不太可能因为参加灭火的消防队员数量与火灾造成的损失间存在正相关关系就决定少派出消防队员，也不太可能通过增加海盗数量以降低全球气温，但是否会基于别的一些相关关系做出决策呢？譬如，如果我们发现请家教的孩子成绩普遍不如不请家教的孩子，我们是否会认为请家教对孩子的学习有不利影响，从而决定不给孩子请家教？当然，请家教有可能的确不利于孩子学习，譬如导致孩子依赖性过强、上课不好好听讲等后果，但不能仅基于请家教与孩子学习成绩间的相关关系来判断请家教的利弊或决定是否请家教，判断和决定的基础应该是科学、合理的因果推断型研究结果。

如果决策只基于相关关系，后果有可能令人追悔莫及。这并非危言耸听，而是有真实发生过的案例为证。20 世纪初，医生发现一些婴儿在睡眠中离奇死亡，死因判断为呼吸问题，这在当时被称为"婴儿床死亡"（crib death），现在称为"婴儿猝死综合征"（sudden infant death syndrome，SIDS）。对猝死婴儿的解剖发现这些婴儿最突出的特征之一是胸腺增大。基于这一发现,当时的医生猜测是胸腺增大导致呼吸不畅,从而造成婴儿猝死。他们提出的解决方案是用大剂量辐射收缩胸腺,或者干脆完全切除胸腺,然而这类手术的死亡率很高,造成的死亡人数甚至超过婴儿猝死综合征的致死人数。更令人扼腕的是,之后的研究表明该判断有误,胸腺增大并非造成婴儿猝死的原因(Taylor,2019)!

教育领域很少有性命攸关的决策,但只是基于两个因素间的相关关系也同样无法保证决策的科学性,只有因果关系才能帮助我们做出合理的决策。小到是否应该请家教、是否应该实施某种教学方式或教学项目,大到一所学校、一个城市、一个省、一个国家是否应该实施某个新的教育政策,如果能基于科学研究的结果做判断,而不是基于某些相关关系轻率做决定,决策会更合理、更有效。

以教师们比较熟悉的一种情形为例。某位语言教师希望借助课外辅导项目提高学生的阅读能力,她可能采取以下几种做法中的一种:(1)相信项目会对学生有帮助,直接在自己班上使用该项目,前后都不做任何评估;(2)在自己班上使用该项目,项目完成后对比自己班级与其他教师所教班级在学科成绩或教师关注的其他因素上的表现;(3)在班上使用该项目,项目完成后与自己以往所教班级在学科成绩或所关注的其他因素方面进行比较;(4)使用该项目前,在自己教的几个班级中征集志愿者参加项目,项目完成后对比志愿者和其他学生的学科成绩或教师关注的其他因素,以评估项目的效果,基于项目效果决定今后要不要在自己所教班级中全面推广该项目;(5)在自己所教班级(如果有可能,还加上其他教师所教平行班级)的每个班中分派一半学生参加该项目,另一半学生不参加,项目完成后比较两类学生的学科成绩或教师关注的其他因素,以评估项目效果。当然可能还有其他做法,这里就不一一列举了。在上述几种做法中,(1)比较盲目,教师可能是凭着一腔热血,将自己觉得好的东西推荐给学生,但效果如何教师并不清楚,其实完全可以利用这个机会做点研究,有研究结果支撑的决定更合理,也更有底气。(2)~(5)的做法都各有优缺点,我们留待第五章"随机实验"部分再探讨。这章剩余部分我们先简要介绍随机实验研究这一因果推断的黄金准则以及随机实验难以实现时可以采用的准实验研究。

## 第三节　基于随机实验的因果推断

哈佛大学的 Richard Murnane 和 John Willett 教授在 2011 年出版的《方法重要》(*Methods Matter*)一书中将"实验"定义为"一种实证研究，由独立于研究参与者以外的局外人操纵潜在原因的水平（levels），并在研究结束后测量该潜在原因对重要结果的影响"。实验分为随机实验和准实验，其中随机实验能为因果关系提供最强有力的证据，因此被称为因果推断的"黄金准则"。

Shadish et al.（2002）所著《广义因果推断的实验与准实验设计》(*Experimental and Quasi-Experimental Designs for Generalized Causal Inference*)一书是社会科学研究设计领域的名作。书中将随机实验（randomized / random experiment）定义为："个体被随机分配到干预情形（treatment condition）或其他情形（alternative condition）的实验，随机过程通过掷硬币或使用随机数表等方式实现。"定义中的"干预情形"是指接受某种干预（如参加某课外辅导项目），"其他情形"是指不受干预（如不参加课外辅导项目）。受干预和不受干预就属于 Murnane 和 Willett 所说的潜在原因的不同水平（譬如可以分别表达为 treatment = 1 和 treatment = 0，前者指接受某一干预的实验组，后者指未接受干预的对照组）。

随机实验的典型特征是将研究参与者随机分配到实验组（treatment group）或对照组（control group），即参与者会分配到哪组完全是碰巧发生的，不会因为参与者的性别、平时学习表现、家庭背景等任何因素导致参与者分到某组的可能性大于或小于其他人。如果随机分配实施得当，干预开始前实验组和对照组在各个方面都具有平均水平上的可比性（譬如两个组的性别比例、平均成绩等都没有显著差别）。两个组唯一的区别是实验组接受干预，对照组没有接受干预，因此干预结束后两组在结果上的任何差异都可以归因到实验组所接受的干预，而不是干预开始前两组之间就存在的差异。

随机实验有助于得出因果结论。Shadish et al.（2002）引用了 19 世纪哲学家 John Stuart Mill 提出的确定因果关系的三个关键条件：（1）所假设的原因发生时间早于所预期的结果；（2）如果原因出现变化，结果也相应地有所变化；（3）除了所假设的原因以外，对于结果没有其他合理的解释。实施得当的随机实验能满足 Mill 的三个因果推断条件：（1）先干预，后测量结果，所以原因发生在结果前;(2)不同水平的原因(例如有的组接受干预、有的组没有接受干预)可能导致不同结果;(3)如果实验组和对照组最后测量到的结果有所不同,随机分配使得干预(即所假设的原因)成为两组结果不同的唯一合理解释(Murnane et al.,2011)。这也是为什么随机实验被视为因果推断中的黄金准则。相比之下,很多非实验研究甚至无法确定两件事发生的先后顺序,也就无法排除反向因果关系的可能,因此很难为因果推断提供有力支持。当然,也会有一些因素威胁到随机实验研究结果的有效性(validity),需要认真对待。我们将在第五章具体讨论这些因素。

## 第四节　基于准实验的因果推断

现实中有时无法进行随机实验,原因可能是无法实施随机分组,或者随机分组会违背道德伦理。譬如研究人员无法将研究参与者随机分配到性别、年龄、种族、英语水平或父母受教育水平的某个组,更不能随机将参与者分配到抽烟和不抽烟组、吸毒和不吸毒组、单亲家庭和双亲家庭组、受父母虐待和不受父母虐待组、经历战争和不经历战争组。

虽然无法分配研究参与者的性别和种族,但有聪明的研究者通过在实验中突出性别和种族来研究与这两个因素相关的刻板印象对成绩的不利影响(stereotype threat)。来自哈佛大学的 Shih et al.(1999)利用美国普遍存在的亚裔学生数学学习好、女生数学学习不行这两个刻板印象,研究了刻板印象对成绩的影响。他们将参与研究的亚裔女大学生随机分成三组,每人先填写有关大学住宿生活的问卷,然后做一套数学题。所有人的数学题都一样,但三组的问卷有所不同,不同版本的问卷凸显参与者的不同身份。一组女生在问卷中需要报告性别并回答与性别相关的一些问题;一组女生需要报告种族并回答与种族相关的问题;对照组的女生则不用报告性别和种族,也不用回答与此相关的问题。结果正如研究人员所预期的,强调种族身份组的学生平均得分高于对照组的学生,强调性别身份组的学生成绩则低于对照组学生。此后,Shih et al.(2006)用相同的研究设计考察了与性别和种族有关的刻板印象对语言测试成绩的影响,这次针对的是亚裔不如白人学生有语言优势、女生比男生有语言优势的刻板印象,结果发现强调种族身份组的亚裔女生平均得分低于对照组的亚裔女生,强调性别身份组的学生则成绩高于对照组学生。

需要说明的是，上述研究考察的是性别、种族方面的刻板印象（而不是性别、种族本身）对学习成绩的影响。通常情况下，研究者很难通过随机实验对个人、家庭背景等因素进行归因研究，还有些情况下因为涉及道德伦理而无法进行随机实验。这时就需要尽可能地借助准实验设计。Shadish et al.（2002）将准实验（quasi-experiment）定义为"个体不是随机分配到不同情形（conditions）的实验"。和他们对随机实验的定义一样，这里的"情形"还是指接受干预的实验组情形和不接受干预的对照组情形。非随机分配可能源于行政决定、自我选择、立法授权等原因（Reichardt，2019）。教育领域的行政决定是指任课教师、班主任或是学校行政管理人员等可能因为他们认为干预对哪些学生最有效而决定将某些学生分配到实验组接受干预。本书作者在实地研究中就遭遇过行政决定：项目组随机分组后，学校管理人员认为有些孩子分到实验组"也不会好好学"，所以私自决定将这些孩子和分配到对照组的一些孩子调换了组别。自我选择是指参与者自己选择分到哪个组，譬如前面提到的课外阅读辅导项目，如果由学生自愿报名参加，那么自愿参与者就属于自我选择进入实验组，其他学生则是自愿选择进入对照组。又如美国私立学校教育水平总体高于公立学校，在这样的背景下，研究人员随机选择一部分公立学校学生，然后随机将他们中一些人分配到实验组，为这些学生提供能抵消私立学校部分学费的学费代金券（voucher），另一些学生则分配到对照组，不提供学费代金券。结果有些学生虽然得到了学费代金券，却没有去私立学校；另一些学生虽然没有得到学费代金券，最后却选择上私立学校。这也属于自我选择。立法授权是指政策法规影响一部分人（如2008年出生的贫困家庭学生）但不影响另一部分人（如2007年出生的贫困家庭学生），相当于前一部分人被分配到了实验组，后一部分人被分配到了对照组。

如果不采用随机分组，就不能像随机实验那样将实验组与对照组结果上的差异归因于实验组所受到的干预，因为个人、家庭背景等因素可能也同时在起作用。譬如，自愿报名参加课外辅导项目的学生可能比其他学生更有学习动力，这个特征也有可能影响学习结果。又如抽中学费代金券却没有去私立学校的学生可能家庭条件更差，即使有优惠也难以负担私立学校的学费，或者是家庭不太看重孩子的教育，不愿意负担额外的费用；没抽中学费代金券却依然送孩子去私立学校的家庭情况则可能正好相反，家庭经济情况可能较好，或者父母更看重孩子的教育。孩子的学习结果与家庭经济条件和家长对孩子教育的重视程度都相关。与此类似，某项新政策影响某年出生的贫困学生但不影响此前出生的贫困生，如果两组学生的学习结果有所不同，也不能简单归因于新政策的影响，因为这两年出生的学生可能总体上还存在其他差异，或者还有其他政策对这两年出生的学生存在不同影响。

以上几种情况中，研究参与者都不是随机分配到不同组，因此这些情况中都不能简单地将两组学生间学习结果的差异归因于其中一组所接受的干预。幸运的是，很多时候我们可以用准实验设计来实现因果推断。常见的准实验设计包括自然实验（natural experiment）、断点回归（regression discontinuity）、工具变量（instrumental variable）等方法。这些方法和随机实验一样，最终目的都是在分配研究参与者到实验组或对照组这个环节中取得某种程度的外生性（exogeneity），即组别分配是一种外生变化（exogenous variation），不由研究参与者及其他相关人员（如研究参与者或他们的父母、老师等）决定，这样才能排除研究参与者自身特征对结果变量的影响，从而对干预的影响进行因果推断。寻找组别分配外生性来源的办法被称为识别策略（identification strategy）。随机实验能获得组别分配的外生性从而识别干预的效应，准实验也能提供有效的识别策略（Murnane et al., 2011；张羽，2013）。

## 第五节　结　　语

相关关系不同于因果关系，两个变量间有关联，不一定是其中一个导致另一个，有可能是反向因果关系，也有可能是另一个变量同时导致这两个变量变化，或者是两个变量间的相关关系完全出于巧合。不能因为两个变量间有关联，就寄希望于通过改变其中一个变量来影响另一个变量。因此，相关关系不能作为决策依据，决策需要基于因果推断。能支持因果推断的有随机实验和各种准实验研究设计，我们在第五章到第九章中分别介绍这些研究设计。

**练习**

1. 请阅读下面摘录的网站内容，并评价研究人员对调查结果的解释。

**棍棒教育影响孩子智商**

美国调查发现，经常挨父母打的孩子，其智商测试分数往往不佳。

研究人员对2~9岁的孩子进行了抽样调查。在调查中，他们将被调查的孩子分成两个年龄组：甲组的年龄为2~4岁；乙组的年龄为5~9岁。研究人员先后分两次对这些孩子的智商进行测试，时间相隔4年。

结果发现，常挨打的孩子在智商测试中的成绩要低于不挨打的孩子。在2~4岁年龄组中，常挨打者的平均成绩比后者低5分；在5~9岁年龄组中，常挨打者的平均成绩比不挨打的孩子低2.8分。

研究者表示，许多人或许认为，"棍棒教育"会对孩子产生激励作用，但实际情况并非如此。他解释说，父母打孩子会给孩子造成身心创伤，会使孩子在遇到困难时产生心理压力，从而造成孩子表现欠佳，认知能力难以得到发挥。

（来源：新浪亲子中心 http://baby.sina.com.cn/edu/09/2611/0814151175.shtml）

2. "好大学毕业的学生平均收入更高，说明大学质量影响其毕业生的收入水平。"请对这句话进行评价。

3. 在Tyler Vigen的个人网站（http://www.tylervigen.com/spurious-correlations）上试试分析你感兴趣的变量间的相关关系；或浏览一个分享"相关关系不等于因果关系"的例子的网页（https://stats.stackexchange.com/questions/36/examples-for-teaching-correlation-does-not-mean-causation），看看有没有你特别喜欢的例子。

## 进深资源推荐

[1] Shadish W R, Cook T D, Campbell D T, 2002. Experimental and quasi-experimental designs for generalized causal inference[M]. Boston, MA: Houghton Mifflin Company: 1-18 ("Experiments and Causation" & "Modern Description of Experiments"of Chapter 1).

[2] Murnane R J, Willett J B, 2011. Methods matter: Improving causal inference in educational and social science research[M]. New York, NY: Oxford University Press: Chapter 3.

[3] 张羽, 2013. 教育政策定量评估方法中的因果推断模型以及混合方法的启示[J]. 清华大学教育研究, 34(3): 29-40.

[4] Anders Holm教授（哥本哈根大学）开设的网上课程Measuring Causal Effects in the Social Sciences（课程网址：https://www.coursera.org/course/causaleffects）第一周内容。

# 第五章 随机实验

第四章介绍了因果关系与相关关系的区别，并讨论了为什么因果推断不能基于相关关系，而必须基于实验研究，尤其是随机实验研究。

理想世界中，研究人员可以从某一个时间点（$T_0$）开始对一组人实施干预，一段时间后在下一个时间点（$T_1$）测量干预后的结果；然后用魔法清除一切干预效果，使研究参与者回到时间点 $T_0$，不对他们进行干预，再在时间点 $T_1$ 测量他们的结果，对每个人两次结果间的差异取平均值就能得到干预效应。换一种说法，研究参与者接受干预时实际发生的情况是实验研究人员所观察到的真实（factual）情形，假设这些参与者在同一个时间段没有接受干预会发生的情况是反事实（counterfactual），二者间的差就是干预效应（Shadish et al.，2002）。

现实世界中，一组人不可能同时既经历干预又不经历干预，所以我们不可能像上述方法那样先得到每个研究参与者两种情况下的结果差异，再对所有差异取平均值以估算干预效应。但随机实验可以通过设置对照组帮助我们获得事实情形与反事实情形之间的差异，进而估算平均干预效应。

本章对随机实验流程、常见随机实验设计、威胁随机实验效度的因素、统计功效、干预效应的估算方法和样本量预估方法分别进行讨论。

## 第一节 随机实验流程

随机实验也称随机对照/控制试验（randomized controlled trial，RCT），其过程可以分为三步：随机抽取样本、随机分配样本到不同组、测量结果并估算干预效应。具体介绍如下。

第一步是从总体人群（population）中随机抽取研究参与者样本（sample）。随机选择（random selection）是为了保证样本的代表性。通常教育领域的实验研究并不关注某种干预措施（如课外阅读辅导项目）是否对特定样本中的少数学生有效，而是关注对与他们类似的、更大的学生群体是否有效。如果希望研究结果能推广到更大的群体，研究人员就需要注意样本的代表性。

最好的设计是从总体人群（如所有公立学校三年级学生）中随机抽样；如

果做不到随机抽样，最好能有充足的理由说明自己选用的样本具有一定的代表性。随机抽样以及之后的随机分组都涉及从一群个体中随机抽取一部分人。可以先给每个研究对象一个数字编号，然后在 Excel 工作表格中生成相应的随机数表，再按一定顺序从表中抽取号码，并依据编号对应到个人；或在 Excel 工作表中给每个个体随机分配一个数字，再按数字大小排序后抽取相应样本。两种方法都很实用，熟悉其中一种即可。具体做法请参见本章附录。

斯坦福大学的 Scott Rozelle 教授及其合作者在中国农村学校及城市民工子弟学校做了大量富有成效的教育研究，论著颇丰。他们的论文通常会在"研究方法"部分详细描述研究中的抽样策略（sampling strategy）。下面的研究实例 5.1 和研究实例 5.2 可以显示他们团队如何进行随机抽样并保证样本的代表性。

> **研究实例 5.1：随机抽样**
>
> "The Education Gap of China's Migrant Children and Rural Counterparts"一文（Wang et al., 2017）对上海、苏州民工子弟小学与安徽省农村公办小学的学生学习成效（该研究并非随机实验研究）进行了比较。研究人员首先通过各种渠道收集上海和苏州两座城市民工子弟小学的联系信息并一一打电话确认学校还在正常运营，最后联系到 87 所民工子弟小学。他们从每所小学的五年级随机选择一个班，这些班级的 3755 名学生构成了他们的民工子弟学校学生样本。下一步，研究人员通过问卷了解这 3755 名学生的原籍，结果发现四分之一左右的学生来自安徽省的阜阳、六安和亳州。他们的下一步抽样就集中在这三座地级市，希望这样能使民工子弟小学样本与农村公办小学样本中的学生在各种不可观测变量（如文化习俗、教育观念、父母育儿实践）上尽可能相似，以便能无偏估算上民工子弟学校的学习效果（即两个样本间成绩的差异不是源于学生背景的差异）。他们在这三座地级市随机选择了五个县，又从每个县所有六年制小学里随机选择六所小学，共抽中 30 所小学，然后在每所小学的五年级班级中随机选择一个班，这些班级的 1516 名学生构成了他们研究的农村公办小学学生样本。
>
> 论文作者对抽样过程的详细描述有助于读者了解其中的具体环节。同时，作者解释了在选定的三座地级市的农村公办学校采样的原因，这样读者可以自行评估两个样本的背景是否足够相似。

> **研究实例 5.2：样本对总体人群的代表性**
>
> Scott Rozelle 教授团队的另一篇论文"Can reading programs improve reading skills and academic performance in rural China"（Gao et al., 2018）也详细描述了在所选地级市抽取样本的过程。他们跟踪了在贵州省某地级市的部分学校中实施的阅读项目，研究人员从受干预县的 15 个乡镇的每个乡镇随机选择一所学校，又从邻县随机选择规模相当、教师与学校特点都相近的 15 所学校作为对照组学校。在这些选中的学校里，研究人员又从三至六年级选取班级，如果一个年级最多只有两个班，所有班级都进入样本；如果超过两个班，则从中随机选择两个班。最后实验组的 15 所学校共抽取 79 个班级（共 2533 名学生），对照组的 15 所学校共抽取 49 个班级（共 1575 名学生）。研究者还在实验组学校和对照组学校进行了问卷调查，并对收集到的所有可观测变量数据进行了平衡性检验，发现两组学校在所有数据上都没有显著差异。
>
> 除了详细描述抽样过程外，论文作者还用数据论证他们的抽样地点对中国农村的代表性。他们首先将贵州省的人均国民生产总值（GDP）与全国人均 GDP、西部省份人均 GDP 值进行比较，又对比了贵州省的 GDP 年增长率和失业率与全国平均数据，然后进一步将所研究农村地区的人均净收入与全国农村地区以及西部农村地区的相应数据进行比较，将小学学龄儿童的净入学率与全国平均值进行比较。基于这些比较，作者得出结论："这些数据显示我们的抽样地点总体上能代表中国农村的一般情况。"

基于课堂教学的研究较难做到像研究实例 5.1 和研究实例 5.2 那样从大范围的总体人群中进行随机抽样，但研究人员也同样需要清楚自己样本的代表性。依旧以课外阅读辅导项目为例，如果从一所大学所有新生里随机抽取学生参加，那么结果可以推广到该校以及类似学校的所有一年级本科生；但如果只从一年级新生里自愿参加该项目的报名者中抽样，那么结果就只能推广到对项目感兴趣的一年级本科生。这两者是不同的群体，不能混淆。当然，只从报名的学生中选取参与者也有实际考虑因素，即如果这些学生被随机分配到实验组，他们更可能愿意参加；而如果从全校范围选到的学生被分配到实验组，有些可能不愿意参加，从而造成样本流失等问题。无论如何，研究人员自己需要清楚研究结论能够推广到的群体。如果研究样本的局限性导致结果的可推广性

（generalizability）受限，可以在论文讨论部分的"局限性"里指出样本的代表性问题。这也是常见的局限性讨论问题之一。

> **研究实例 5.3：样本局限性**
>
> 郭茜等（Guo et al., 2021a）研究选修英语论文写作与发表课程的学生使用 Grammarly 写作自动评改工具提供的修正性反馈是否能有效帮助他们修改用英语撰写的专业研究论文中存在的错误。作者在讨论部分指出研究参与者都是来自一所名校的学生，有些在项目开始前已经有用英语发表论文的经历，因此不一定能完全代表使用 Grammarly 的英语非母语学生。论文作者建议可以针对更广泛的用户群复制该研究。

随机抽样后，流程的第二步是将这些选出的研究参与者（participants，也称"研究对象/被试/受试，subjects"）随机分配到实验组和对照组，实验组接受干预，对照组则不受干预。干预究竟是什么有时候可能不太明显。依然以课外阅读辅导项目为例，如果所有随机分配到实验组的学生都按照安排参加课外辅导项目，那么干预自然是参加该教学项目。但假设有 85% 分配到实验组的学生并没有按照安排参加项目，由于参与者自我选择的缘故，实验得到的结果就不是该辅导项目的效应，而是提供干预（offer of treatment）的效应（Murnane et al., 2011），也称为干预意向（intention-to-treat，ITT）效应（如 Nie et al., 2020）。这种情况下，要评估项目本身的效应，可以借助本书第八章中介绍的工具变量法。

随机实验流程的第三步（也是最后一步）是测量实验组和对照组的结果（outcome）并分别估算各组的结果平均值。用实验组的平均值减去对照组的平均值，得到的差即平均干预效应（average treatment effect）。在这一步，研究人员需要明确要测量的结果和相应指标是什么。多测一些指标有助于更全面地评估干预效果，也更可能发现具有统计显著性的结果。例如，一项考察阅读与写作间关系的研究比较泛读组（实验组）、泛写组（实验组）和延时常规教学组（对照组）在阅读和写作方面的结果，发现干预结束后三组在阅读方面的指标没有显著差异，但两个实验组的学生在写作方面的指标上明显优于对照组（Lee et al., 2015）。还有干预可能对认知结果没有显著影响，但对非认知结果（如学生对学校或学习的态度、自我效能感、学习动机、学习策略使用等）有显著影响，尽量多测一些指标有助于发现干预的效应。但另一方面，多做测试意味着成本更高，而且项目参与者更有可能不愿意或者不认真完成测试。研究者需要谨慎决定测量哪些指标，既增加发现显著结果的可能性，又不至于让研究参与者负担过重（Murnane et al., 2011）。

## 第二节 常见随机实验设计

本节借助图示描述随机分组的几种常见设计。本书与 Campbell et al. 的一系列相关文献（Campbell et al., 1966；Cook et al., 1979；Shadish et al., 2002）保持一致，图示中用"R"代表随机分组、"X"代表干预、"O"代表观察到的测试结果。测试可以是学业方面的测试，也可以是以问卷形式对学习动机、学习策略使用等因素进行的调查。

### 只有后测的随机分组设计：基本设计及其变体

最基本的随机分组设计只有后测，图示如下：

$$\begin{array}{lll} R & X & O \\ R & & O \end{array}$$

第一行表示随机分组（R）后对实验组实施干预（X）并进行测试（O）；第二行表示对照组没有接受干预，但在相同的时间对其进行相同的测试。需要注意的是，实验组和对照组在研究过程中的唯一区别是实验组受到干预而对照组不受干预，不能再有其他任何待遇差别，否则两组结果的差异无法归因于实验组所接受的干预。

最基本设计的两种常见变体如下：

$$\begin{array}{lll} R & X_A & O \\ R & X_B & O \end{array}$$

或是

$$\begin{array}{lll} R & X_A & O \\ R & X_B & O \\ R & & O \end{array}$$

前者是比较两种不同干预的结果；后者在此基础上增加了对照组。

以上三种设计的共同特点是没有前测。不做前测在某些情况下也许能避免研究参与者对研究内容和目的有所察觉，也可以避免练习效应（practice effects）。但没有前测也会带来问题，如研究实践中常常有研究参与者中途退出研究，导致人员流失（attrition），这时就需要有前测数据用以判断：（1）退出者与坚持参加项目者是否在某些方面存在显著差异；（2）实验组和对照组的退出者（或者实验组和对照组的剩余样本）是否在某些方面存在显著差异。前一步检验剩下的样本对总体人群是否还有代表性：如果退出者和留下者之间存在显著差异，即使样本起初是从总体人群中随机抽取出的，剩下的研究参与者也不再具有对总体人群的代表性。后一步则检验剩下的样本中实验组和对照组是否可比：如果两组的剩余成员间存在显著差异，最后结果的差异有可能是由两组间的差异造成，而无法归因于干预。存在人员流失时，尤其需要知道所关注的干预后结果（如学业成绩）在干预前情况如何（Shadish et al., 2002）。

## 带前测的随机分组设计：基本设计及其变体

基于前测的重要性，很多研究会在最基本的随机分组设计里加上前测，图示如下：

```
R    O    X    O
R    O         O
```

这种设计是先将研究参与者随机分配到两组，对两组同时进行前测，然后对实验组实施干预，对照组不实施干预，干预后对两组同时进行后测。前、后测都可以包括测试、调查问卷等方式。

存在人员流失时，前测结果能检验退出者和留下者之间是否存在显著差异以及实验组和对照组的流失人员间是否存在显著差异。如果确实存在显著差异，可以根据具体情况判断差异对实验结果的影响。例如，假设实验发现干预对低收入家庭学生的效应更显著，而实验组流失的学生来自低收入家庭的比例更高，那么实验得到的结果实际上是干预效应的下限（lower bound），即低估干预效应（downward bias）。因为实验组如果没有流失那么多低收入家庭的学生，干预效应很有可能会更大。反之，如果实验组流失的学生来自低收入家庭的比例低于对照组，则实验结果可能高估干预效应，估算效应为干预效应的上限（upper bound）。

设计中加入前测还有两个好处。一是可以通过 $t$ 检验等方法检验实验组和对照组干预前在各项前测数据上是否平衡，即两组之间是否在任何可观测数据上都无显著差异。如果没有差异，表明随机分组成功，确保两组后测结果的差异可以归因于干预。这种平衡性检验能增加读者对实验结果的信任，在很多带前测的实验研究中都能见到。如果两组间在某个变量上存在显著差异，常见的做法是在回归分析中加入这个变量作为协变量/控制变量，但这种不均衡会让读者怀疑两组在其他未观测特征上是否也存在显著不同，而那个特征有可能会影响后测结果，导致无法将两组的结果差异归因于干预。此外，两组存在显著差异的变量还可能对干预效应起调节作用，譬如实验组的前测成绩显著低于对照组，而干预效应对成绩差些的学生更大，那么即使回归分析中加入了前测成绩，最后估算的干预效应也会存在偏误，高于实际的干预效应。但因为随机分组先于前测，所能做的也只有将不平衡的变量加入回归分析中作协变量。实验组和对照组在任何观测到的变量上都没有显著差异时，前测中收集到的信息也可以作为协变量纳入回归模型，这时的目的是为了提高发现显著结果的可能性（具体原因见本章第五节"干预效应估算方法"部分），这是随机实验中加入前测的另一益处。

带前测的随机实验设计中有时会将随机分组安排在前测之后，图示如下：

从上一段的内容可以看出，前测安排在随机分组前有一个明显的优势：可以先试着随机分组并做平衡性检验，如果发现两组在某个和多个变量上具有显著差异，表明随机分组不成功，此时还可以重新随机分组并再次检验两组在各个可观测变量上是否平衡。但如果前测安排在随机分组后就没有这样的补救机会了。因此，如果可行，实践中可以尽量在前测完成后再进行随机分组。下面以本书第一作者主持的一个国家自然科学基金项目的设计为例对此加以说明。项目对民工子弟小学的中低年级学生进行中文阅读发展方面的干预。项目一期为随机分配到实验组的学生提供他们从备选书籍中选取的书，为了减少项目组研究人员进民工子弟学校进行测试的次数，以避免对其教学安排造成不必要的影响，我们在实施前测的当天组织实验组的学生选书，这意味着无法在前测结果出来后再进行随机分组。相比之下，项目二期是为每所小学中随机分配到实验组的班级的语文教师提供阅读辅导培训，因为教师是集中到清华大学参加培训，不需要项目组研究人员专门为此再次进校，所以我们可以先做前测再随机

分配班级到实验组，这样就可以根据前测获得的数据确认随机分组成功后再向各所学校通知分组结果。

和只有后测的随机实验设计一样，带前测的随机实验设计也可以有不止一种干预的设计变体（为了简化，下面图示中统一将随机分组放在前测之前，但实际执行中有可能发生在前测之后）：

    R  O  $X_A$  O
    R  O  $X_B$  O

或是

    R  O  $X_A$  O
    R  O  $X_B$  O
    R  O     O

这里显示的是两种干预，实际研究中还可以有更多不同干预，只是需要的研究参与者人数也会更多。

---

**研究实例 5.4：带前测且不止一种干预的随机实验设计**

Scott Rozelle 教授团队的一项研究（Bai et al.，2016b）比较与教学内容结合的信息通信技术教学（computer assisted instruction，CAI）项目和不与教学内容结合的信息通信技术学习（computer assisted learning，CAL）项目对农村小学五年级学生英语成绩的影响。CAI 项目将信息通信技术融入英语教学，研究人员对英语任课教师进行强化培训，并提供课程设计、详细的课程计划以及对于项目中教师所承担职责的明确说明。与此不同，CAL 项目并不试图将信息通信技术与英语教学融合，甚至有意安排项目指导教师由非英语教师担任，研究人员只为指导教师提供简化版的课程设计和教师职责说明，不提供课程计划。研究人员首先在青海省海东市（地级市）筛选出计算机设备方面能满足实验要求的 127 所小学，然后随机分配其中 22 所小学的 1236 名学生参加 CAI 项目，另外 22 所小学的 1068 名学生参加 CAL 项目，剩下 83 所小学的 4000 名学生组成对照组。对照组的 83 所小学与实验组的 44 所小学不在同一个区，对照组小学的领导和师生不了解研究的实验性质，也不知道在实验组小学中实施的项目。这项研究带有前测，包括标准化英语考试、学生问卷以及英语教师问卷。所以这是一个带前测、包含两种干预情形的随机实验。研究参与者有 6.1%的流失率，作者比较了两个实验组与对照组的流失率，没有发现显著差异。此外，数据显示不论是在流失前的样本还是在流失后剩余的样本中，两个实验组在前测的各个指标上都与对照组没有显著差异。

本节中的研究实例 5.2（Gao et al., 2018）也采用类似的实验设计，不过涉及的干预种类更多，是带前测、包含三种干预情形的随机实验。研究考察阅读项目对中国农村小学生阅读能力以及语文、数学成绩的干预效应。三种干预分别是仅在班级里设置图书角（由两个书架和七十本课外书组成）、图书角加当地教育部门提供的阅读技能教学方面的教师培训、图书角加非营利组织提供的指导学生课外阅读方面的教师培训。研究的前测包括学生问卷、教师问卷、30 分钟的阅读技能标准化测试、30 分钟的语文或数学测试（被随机分配参加这两种测试的学生各占总人数的一半）。论文中也是用数据显示三个实验组在前测的各个可观测变量上都与对照组没有任何显著差异。

## 析因设计

析因设计（factorial design）也译为"因子设计"，是两个或多个因素的交叉分组设计，每个因素至少两个水平（levels）。这种设计既能探求各因素的主效应（即该因素各水平对应的结果间差异），也能探求各因素间的交互效应（即一个因素的水平不同时，其他因素的效应是否随之不同）。例如要比较教师反馈（因素 A，水平 1）与同伴反馈（因素 A，水平 2）的效应，同时也比较通用式反馈（因素 B，水平 1）和具体反馈（因素 B，水平 2）的效应，析因设计形成四组：从教师获得的通用式反馈（A1B1）、从教师获得的具体反馈（A1B2）、从同伴获得的通用式反馈（A2B1）、从同伴获得的具体反馈（A2B2），这是一个 2×2 的析因设计。图示如下：

$$R \quad X_{A1B1} \quad O$$
$$R \quad X_{A1B2} \quad O$$
$$R \quad X_{A2B1} \quad O$$
$$R \quad X_{A2B2} \quad O$$

析因设计的一个突出优点是需要的样本量相对较小。假设研究教师反馈、同伴反馈、通用式反馈、具体反馈的效应分别需要数量为 $N$ 的样本量，用析因设计估计各因素的主效应需要的人数会小于 4N。这是因为每个研究参与者都拥有双重身份，同时接受两种干预。不过如果除了主效应以外若还想考察因素间的交互作用，需要的样本量会大一些（Shadish et al., 2002）。

析因设计适合在实验室中进行，田野研究中实施起来比较困难，因为需要严格控制对每个参与者实施的干预组合。考察的因素越多，或者每个因素的水平层级越多，实施的难度就越大。不过具体实施难度还取决于实施的是交叉设计（crossed design）还是嵌套设计（nested design）。交叉设计中每个实验因素的每个水平都与其他所有因素的所有水平交叉。例如每个班都是一部分学生接受干预，一部分学生不接受干预，这种情况称为干预因素与班级交叉。用在析因设计中就是每个班都有学生分别分配到 A1B1、A1B2、A2B1、A2B2 四个组。这种设计的优势是干预效应不会与班级的影响混淆，可以分别估算干预效应、班级影响以及它们间的交互作用。其劣势也同样突出，一是不同组别间容易发生信息扩散和交流，接受某种干预的学生可能会得知其他学生接受的干预；二是组织起来比较费时费力。与此不同，嵌套设计中某一因素的某些水平不与其他所有因素的所有水平交叉。例如有些班级接受干预，另一些班级不接受干预，这种情况称为班级嵌套在干预情形内。用在析因设计中就是一个班的学生会被集体分配到 A1B1、A1B2、A2B1、A2B2 四个组中的某一组。嵌套设计的优缺点和交叉设计正好相反，其优点是干预信息不容易扩散，组织起来也较为容易；但缺点是对干预效应的估算会受到班级差异的影响。研究人员需要根据实际情况，自己权衡采用交叉设计还是嵌套设计（Shadish et al., 2002）。

---

**研究实例 5.5：析因设计**

南开大学张文忠教授等研究阅读材料中生词的注释位置（文内、文旁、页脚）和注释语言（汉语、英语）对学习者词汇学习效果的影响，他们采用的就是 3×2 的析因设计（文中称为"双因素混合检验设计"）。研究参与者是来自天津师范大学英语专业一年级六个平行班的学生，共 164 人，每个班被分配到一种词汇注释的条件组合中。这属于嵌套设计，干预效应容易与班级差异的影响混淆。为了证明干预结果的估算不会受到班级差异的影响，文中对入学分班方式和研究开始前六个班期中考试成绩的比较表明六个班在

> 干预前具有可比性："受试参加高考后进入该校学习，班级分配为随机分班制，测试前所有受试参加该学期综合英语期中考试，涉及语法、词汇、阅读、翻译等多项技能。单因素方差分析（ANOVA）结果显示，六个班的成绩无显著差异。"（张文忠等，2017）

### 成组交叉设计

成组交叉设计（cross-over design）与上面讨论的交叉设计（crossed design）不同，是指在实验中将研究参与者随机分配到两种不同的干预条件（A 或 B）中，完成第一次后测，然后将两组的干预条件互换。即一部分研究参与者第一阶段接受 A 干预，第二阶段接受 B 干预；另一部分研究参与者则正好相反，第一阶段接受 B 干预，第二阶段接受 A 干预。成组交叉设计的图示如下：

$$R \quad O \quad X_A \quad O \quad X_B \quad O$$
$$R \quad O \quad X_B \quad O \quad X_A \quad O$$

该设计的一个优势与析因设计相似，即节省样本量。因为同一个体同时接受两种干预，与使用两组样本分别检测两种干预的效应相比，这样的设计能更充分地利用样本，效率更高。成组交叉设计的另一个优势是能评估干预顺序的效应。如果只是为了节省样本量而让所有研究参与者都先接受一种干预再接受另一种干预，有可能得到的结果只适用于这一特定的顺序。使用成组交叉设计不但没有这个问题，而且还能评估干预顺序的效应。要比较准确地估算各干预的效应，在两个阶段的干预之间需要有一个洗脱期（washout period），以便第一个阶段的干预效应能在实施第二个阶段的干预前消退，不影响第二阶段的干预效应。所以一般成组交叉设计适用于起效快但效应持续时间不长的干预，前者的目的是避免整个研究过程拖得太久，导致研究参与者退出研究；后者是为了避免第一个阶段的干预效应被带到第二个阶段（Shadish et al., 2002）。

上面成组交叉设计还可以有一个变体。可以在第一阶段将研究参与者随机分配到实验组和对照组，干预后进行第一次后测，然后将两组的干预情况交叉互换，即第一阶段接受干预的研究参与者在第二阶段不接受干预，第一阶段没有接受干预的研究参与者在第二阶段接受干预。这也称为"转换复制设计"（switching replications design）、"延迟干预设计"（delayed treatment design）或

"滞后组设计"(lagged-groups design)。图示如下：

```
R   O   X   O       O
R   O       O   X   O
```

譬如要评估某课外辅导项目的效应，可以将报名参加辅导项目的学生随机分成两组：一组在第一阶段接受辅导，第二阶段在家自己学习；另一组第一阶段在家自己学习，第二阶段接受辅导。成组交叉设计的理想结果是：第一次后测时前一组学生的成绩显著提高，后一组则没有显著变化；第二次后测时后一组学生的成绩显著提高，前一组则保有前面干预的收益（Thyer，2012）。如果最终所有研究参与者都需要接受干预，可以采用成组交叉设计评估干预效应。一方面，结果能被复制就更为可信；另一方面，每个人在不同阶段有时在实验组有时在对照组，这种设计能更有效地利用样本，在同等条件下更有可能发现显著的干预效应；此外，成组交叉设计还能保证所有学生最后都会接受干预，设计更公平。

> **研究实例 5.6：成组交叉设计**
>
> Tyler et al.（2014）研究对儿童进行音素意识和技能方面的明示教学（explicit instruction）是否会影响四岁儿童的音素意识与字母知识和技能。研究涉及的四岁儿童仅有两个班，一个班 14 人，另一个班 10 人。前者在秋季学期接受音素意识教学干预（实验组），在接下来的春季学期恢复正常教学（对照组）；后者的安排则正好相反。结果发现第一个班秋季学期成绩提升显著高于第二个班，第二个班则是春季学期成绩提升显著高于第一个班。在样本量只有 24 人的情况下还能得到这样具有统计显著性的结果，固然是因为项目本身确实非常有效，但成组交叉设计这一实验设计方式也同样功不可没。
>
> 严格来讲，这项研究只涉及两个班，而且每次都是整个班分配到一种干预情形中，不能算随机实验，但两个班都是参加干预时成绩提升显著高于另一个班，这样的结果能让读者相信该干预的有效性。

**整群随机实验**

整群随机实验（cluster/clustered randomized study）的结构比较复杂，是

一种嵌套设计,以群组(cluster,如班级、家庭)为单位而不是以个体为单位进行随机分组。实施实验时首先随机抽取一些群组,然后随机将一部分群组分到实验组,其他分到对照组。群组内的成员可以全部参加实验,也可以每个群组内随机抽取一部分人参加实验。若对分配到实验组的整个班级进行干预,不用打乱现有的班级结构,易于操作,而且对照组学生受实验组学生影响的可能性也比班级内随机分组时小,所以在教育研究中有优势。需要注意的是,整群随机实验是在群组层面进行随机分组,但通常会在个体层面收集结果数据,即随机分组的单位与统计分析的单位不一致。由于同一群组内的个体间共享的一些因素(如教师和班级学习气氛),他们之间往往比分属不同群组的个体间更相似,即存在群组内相关(intra-class correlation,ICC)。群组内相关性越高,表示同一群组内个体越相似,实际有效的样本量就越小,因此需要的群组数量越多。群组内个体间数据的不独立既影响所需样本量,也影响实验结果的统计分析(List et al.,2011;Reichardt,2019)。

## 第三节 威胁随机实验效度的因素

这部分讨论威胁随机实验内部和外部效度的因素。随机实验的内部效度(internal validity)是指变量间因果关系的确定程度,即所观察到的两个变量之间的协变(co-variation)关系在多大程度上确实反映的是一个变量对另一个变量的因果关系。如果存在其他可能导致结果的因素,这些因素会让人觉得两个变量之间不一定存在因果关系,即使没有干预,其他因素也可能会导致所观察到的结果,那么这些因素会威胁随机实验的内部效度(Shadish et al.,2002)。实验研究的外部效度(external validity)是指实验结果能外推到其他人群或环境的程度。威胁外部效度的因素影响研究样本对总体人群的代表性。可能威胁随机实验内部和外部效度的主要因素列举如下。

### 溢出效应

溢出效应(spillover effects)也称为"污染效应"(contamination effects)或"干预扩散"(treatment diffusion),指随机分配到实验组和对照组的研究参与者之间因为有意或无意的交流,导致对照组部分成员也经历干预。例如同一个年级平行班的老师们有些被随机抽中参加培训，没有抽中的老师在和这些老师的交流中得知一些学习活动的效果很好，可能会借用在自己的班上，从而导致对照班级的学生也从干预中获益。又譬如一项干预措施试图通过增加学生对学校的归属感来降低学生的辍学率，随机分配到实验组的学生接受干预，但分配到对照组的一些学生可能有朋友在实验组，受朋友影响，这些学生对学校的归属感也可能会提高（Rhoads，2011）。溢出效应减小实验组和对照组的干预区别，因此导致低估干预效应，威胁实验结果的内部效度。要减小溢出效应，需要实验组成员的配合，努力确保他们不将有关干预的信息泄露给其他人。此外，以班级或学校为单位进行随机分组时，可以在对照组班级或学校只进行测试，不透露实验的性质和目的。前面提到的 Scott Rozelle 教授团队的一项研究（Bai et al., 2016）就是选取与实验组学校不同区的对照组学校，对照组小学的领导和师生不知道在实验组小学实施的项目。这样的措施能较好地避免溢出效应。

### 自选择偏误

自选择偏误（self-selection bias）源于实验组或对照组成员换组，即出于他们自己或者是行政管理人员的决定，一些分配到实验组的成员没有接受干预，一些分配到对照组的成员却接受了干预，原来的随机分组遭到破坏，两组最后结果上的差异无法归因到实验组所接受的干预。如前面提到的学费代金券例子：研究人员随机抽中一些公立学校的学生，为他们提供能抵消私立学校部分学费的学费代金券，结果有些学生虽然没有抽中代金券，最后却选择去了私立学校；另一些学生虽然抽中代金券，却没有去私立学校。前者可能家庭经济条件更好（能负担孩子去私立学校额外需要的费用），父母也更看重孩子的教育；后者则可能正好相反。有了这些不同，可能即使不读私立学校，两类孩子的最后学业结果也会不一样。又如本书作者在民工子弟小学做项目时，有少数学校管理人员认为一些不认真学习的孩子即使分到实验组也不会好好利用机会，所以自作主张将这些孩子和原本分到对照组的一些勤奋好学的孩子调换了组别。即使没有干预，这两类孩子的学业结果也会不同。这两种情形都是人为选择导致实验组和对照组在干预开始前并非完全可比，因此最后的结果差异无法归因于干预，威胁到实验的内部效度。不过这个问题可以用工具变量的方法解决，具体见本书第八章。

## 样本流失

样本流失对实验结果的内部效度和外部效度都可能有影响。如果实验组和对照组的流失不平衡，导致剩余样本中的两组之间存在显著差异，会影响两组间结果差异的归因，因此威胁实验的内部效度。如果流失人员与剩余人员在某些方面具有显著差异，那么即使最初的样本是从总体人群中随机抽取出的，剩余样本对总体人群也不再具有代表性，实验结果的外部效度出现问题。一般出现样本流失的时候需要从这两方面检查流失是否造成显著差异，这时有前测的优势就显现出来了。以 Scott Rozelle 教授团队关于英语教学中引入信息通信技术的研究（Bai et al., 2016）为例，样本出现 6.1% 的流失率，论文作者既在初始样本中分别比较实验组与对照组在前测问卷得到的各种变量上是否有显著差异，又在流失后的剩余样本中做了同样的比较。结果发现两个样本中实验组和对照组在干预前在各方面都没有显著差异，这样可以平息对实验结果内部效度的质疑。论文中没有比较流失样本和剩余样本在各方面有没有显著差异，所以有关研究结果的外部效度存在疑问。当然，即使所有这些检验都没有发现显著差异，这样的证据也不能绝对说明流失发生后的剩余样本中实验组和对照组完全可比，因为平衡性检验比较的只是观测到的变量。如果发生流失后两组在不可观测变量上出现了显著差异，而不可观测变量又与最后测量的结果相关，那么研究结果的内部效度也会出现问题。不过几组对比检验没有发现显著差异总是好消息。如果真出现显著差异，可以讨论流失差异会导致高估还是低估干预效应。流失组和剩余组存在显著差异时，还可以基于前测数据使用逆概率加权（inverse probability weighting）方法处理。逆概率加权法首先基于研究参与者的各方面情况（如前测成绩、前测问卷中收集到的家庭背景情况）用 logistic 或 probit 回归模型估计每个人会继续参加实验的概率，然后在后面的分析中加上这个概率的倒数做权重。采用概率的倒数（"逆概率"）作权重可以确保样本中因为人员流失而造成代表性不足的研究参与者（与流失者具有相似特征但留在样本中的人）得到更大的权重（Doyle et al., 2016；Wooldridge, 2002）。

> **研究实例 5.7：讨论流失差异对干预效应估算的影响**
>
> 郭茜等（Guo et al., 2021b）以随机实验的方式，研究为民工子弟小学低

> 年级学生提供暑假课外阅读书籍对其阅读能力的影响。有部分学生在暑假结束后转学，平衡性检验发现实验组和对照组中流失的成员间各方面没有显著差异，但流失样本的前测成绩显著低于剩余样本。由于研究结果显示干预项目对前测表现不佳的学生效果尤为显著，因此在论文的讨论部分，研究者指出如果转学的学生没有流失，总体干预效果可能会更大。

### 研究参与者对实验情形的反应

如果实验组或对照组成员因为研究的存在而改变行为，有可能影响实验的内部效度。通常关注的行为改变有三种：（1）实验组出现霍桑效应；（2）对照组出现约翰·亨利效应；（3）对照组士气消沉。"霍桑效应"这一说法源自美国哈佛大学梅奥教授在芝加哥郊外的西部电气公司霍桑工厂进行的一项实验，指人们意识到自己正在被观察时会改变自己的行为，提高效率。实验组的成员有可能由于知道自己受到研究者关注而付出额外努力，这样实验组和对照组最后的结果差异就不能完全归因于实验组受到的干预。实验结果会高估干预效应。"约翰·亨利效应"因一位名叫约翰·亨利的工人而得名，这名工人因为知道自己的打桩结果要和蒸汽打桩机比较，结果格外努力，最后竟然胜过蒸汽打桩机，但自己也因劳累过度而身亡。对照组的成员如果认为自己处于不利地位，可能加倍努力，以证明自己不比实验组的成员差。如果干预实际上有效，约翰·亨利效应会导致实验组和对照组的结果差异变小，实验结果会低估干预效应。约翰·亨利效应是对照组成员加倍努力的情况，他们也有可能因为没有被分配到实验组而灰心丧气，不愿意努力，导致对照组表现不佳，因而使得实验结果高估干预效应。严谨的研究人员会采取措施尽量避免因为参加项目研究这一事件本身（而不是因为干预）导致实验组或对照组成员的行为发生改变，或者用数据检验是否出现了这样的行为改变。

> **研究实例5.8：检验实验组成员对实验情形的反应**
>
> 著名经济学家 Alan Krueger 在美国田纳西州进行了一项有关班级规模效应的大型随机实验，并对实验结果进行了计量经济学分析（Krueger, 1999）。项目名称为 Tennessee Student/Teacher Achievement Ratio Experiment（"STAR 项目"）。

这项历时研究将学前班（美国正式教育的第一年，学生年龄 5～6 岁）的学生和他们的老师一起随机分成三组：小班（每位老师负责 13～17 名学生）、正常规模班（22～25 名学生）、正常规模并配助手班（22～25 名学生）。项目跟踪学生四年，每年有 6000～7000 名学生参与项目。研究发现小班里学生的阅读、识字和数学测试的总成绩显著高于另外两类班级的学生的相应成绩，但也有学者指出实验结果有可能受到了霍桑效应的干扰，小班成绩更好有可能是因为教小班的老师出于所受到的关注而加倍努力。而且在这个项目中，分到实验组（小班）的教师有理由格外努力地工作，因为如果实验结果证明小班教学效果更好，州教育部门以后有可能会总体缩减班级规模，那么老师们都能从中获益。因此，这项研究出现霍桑效应的概率可能超出一般的随机实验研究。为了检验实验结果是否受到了霍桑效应干扰，Krueger 分析了对照组中班级人数与学生成绩间的关系。因为学生转学、学校总人数不同等原因导致班级实际规模并不完全处在研究人员预期的范围内，实际上小班的规模为 12～20 人，正常规模班的人数为 16～30 人，正常规模并配助手班的人数为 19～30 人，这导致实验组和对照组班级的人数有重合。由于正常规模班的班级规模存在较大差异，Krueger 得以只在正常规模班级考察班级规模与学生成绩间的关系，得到的结果与前面的结果一致，因此表明实验结果并未受到霍桑效应污染。

为了避免对照组成员的行为因为实验而改变，一些研究者在对照组的班级或学校只收集前测和后测数据，不让对照组成员知道正在进行的研究，这样对照组成员的行为自然不会因为所进行的研究而改变。例如，前面提到的 Scott Rozelle 教授团队有关信息通信技术对英语教学影响的研究（Bai et al.，2016）就是选取与实验组学校不同区的对照组学校，并且不告诉对照组小学的领导和师生在实验组小学中实施的项目。这既能避免因为信息交换导致溢出效应，也能避免对照组成员出现约翰·亨利效应或是因为沮丧而不愿意努力。

**研究实例 5.9：避免研究导致对照组成员的行为改变**

Scott Rozelle 教授团队的另一项研究（Lai et al.，2015）考察计算机辅助学习是否会影响北京民工子弟小学学生的语文、数学标准化测试成绩以及一些非认知因素方面的特征（如对学校的态度）。项目组在北京市三个区找到了

> 43 所满足实验条件的学校，对实验所需样本量的预估结果显示，他们的实验组和对照组只需各有 24 个班，因此他们从 43 所学校中随机抽取了 24 所，又从这 24 所学校的每所学校随机分配三年级的一个班到实验组，三年级的其他班级到对照组。考虑到同一所学校内对照组班级的学生有可能因为与实验组班级的学生接触而间接从计算机辅助学习项目获益，还有可能因为没被抽中到实验组而学习动力和学习努力程度都受到影响，因此研究人员将 43 所学校中没有抽中的 19 所学校用作额外的对照组，不告诉这些学校的校长和师生在其他 24 所学校进行的干预项目，使他们完全不受项目的影响。研究结果显示，这 19 所学校学生在干预期间的成绩变化与 24 所学校中对照组班级学生的成绩变化没有显著差异；不论是用 24 所学校中的对照组班级还是 19 所学校中的班级作对照组，所估算出的项目干预效应没有显著差异。这些表明所估算的项目效应并未明显受到干预的溢出效应或是对照组学生对项目的反应干扰。

### 补偿性均等

补偿性均等（compensatory equalization）是指行政管理人员等相关人员认为对照组得到的机会、物资、待遇等不如实验组，为了补偿对照组，会为他们提供额外的机会或服务，以实现某种均衡平等。这种补偿性行为会破坏两组间的比较，导致实验结果低估干预效应，因此需要尽量避免。可以通过对行政管理人员、职员和研究参与者的访谈来评估是否存在这样的问题（Shadish et al., 2002）。如果对照组和实验组不在同一所学校（如 Bai et al., 2016；Lai et al., 2015），可以不让对照组学校的领导、老师和学生知道对实验组学校进行的干预。但实验组成员和对照组成员只能从同一所学校甚至同一个班级抽取时，避免补偿性均等的难度会更大。本书作者在民工子弟小学进行的实验研究往往是同一所学校的一个年级甚至一个班级里既有实验组学生也有对照组学生。项目组成员会从两方面着手，尽量说服相关人员配合研究：（1）提出实验结束后实验组学生和对照组学生可以共享项目组提供的物资，如项目组向学校免费提供教师培训录像供学校更多教师观看；（2）向学校的领导和老师明确解释为什么需要保证对照组完全不受项目影响：这样才能发现项目的效果，而如果项目有效，可以为教育管理部门全面推行某些措施提供政策参考，也帮助社会上的爱心人士找到对民工子弟小学学生最有效的捐助方式。

## 实验人员偏误

实验人员偏误（experimenter bias）也称为"研究偏误"（research bias）或"实验人员效应"（experimenter effect），是指研究人员的行为、观念、对结果的预期等无意中导致研究过程或结果解读中出现系统误差，以至于研究人员影响研究结果。误差可能是因为研究人员在与研究参与者沟通的过程中，无意中将对结果的预期传递给后者，继而影响后者的行为；也可能是由于研究人员在观察、测量、数据分析和结果解读中，受自己观念、预期等影响，无意中出现误差。不论是哪种情况，都会导致研究结果出现偏误（VandenBos，2015）。Holman et al.（2015）发现研究结果与研究是否为盲研究（blind study）相关。一般单盲研究是指研究参与者不清楚分组情况、研究目的及预期结果，但研究人员（数据收集者）知道；双盲研究是指研究人员和研究参与者都不清楚。Holman et al.这里用的"盲研究"特指数据收集人员不清楚分组情况（甚至不清楚研究目的及预期结果）。他们将一些进化生物研究配对，结果显示非盲研究发现的效应量平均要比盲研究大27%，非盲研究也更有可能得到具有统计显著性的结果。研究者认为这些关联性证据证明实验人员偏误提高了得到显著结果的概率。研究人员很难做到完全客观，因此需要采取一些措施将实验人员效应尽量最小化。Holman et al.建议开展实验研究收集数据和进行统计检验时尽量不让研究人员知道分组情况。如果情况特别，很难做到盲研究，他们建议多一些观察者同时记录数据，利用"集体的智慧"尽量降低实验人员偏误。否则，他们认为论文中应该揭示并讨论可能存在的实验人员偏误。

语言教师在教学实践中做实验研究，有以下几种常见情况：（1）研究者只是在自己教的班级做研究，自己教的学生/班级一部分分到实验组，另一部分形成对照组；（2）研究者以自己教的班级为实验组，其他教师教的平行班级为对照组；（3）实验组和对照组都是其他教师的班级。从尽量降低实验人员效应的角度看，比较好的做法包括尽量使研究者角色与教学实践者角色分离；进行主观评价时将实验组与对照组的待评任务混在一起，请有资质的其他人进行评价，或者先采取一些方式处理待评任务（如请他人帮忙生成一个姓名与编号的对照表并将任务上的姓名替换成编号）再进行评价，而且最好每份任务至少有两人评价。

## 第四节 统 计 功 效

统计功效（statistical power）也译为"统计效力"，有时也简称为"功效"。实验的统计功效是指干预确实有效时能发现显著效应的概率。研究设计的统计功效越大，在其他条件不变的情况下就越有可能得到具有统计显著性的发现。通常我们希望统计功效能达到 0.8 或者更高。统计功效和样本量、效应量和显著性水平有关。样本量是指实验组和对照组成员的总人数。实验的效应量（effect size）是指干预效应的大小，具体计算为实验组和对照组的后测结果平均值之差除以合并标准差（pooled standard deviation，即各组标准差考虑各组人数后的加权平均值）。实验的显著性水平（$\alpha$ level）是指干预对总体人群实际上无效时我们使用抽样得到的样本会发现显著干预效应的概率（详见第一章第一节）。下面借助 Optimal Design 软件（Spybrook et al.，2011）绘出的图形对统计功效与几个因素间的关系做一一说明。

其他条件不变时，样本量越大，统计功效越大。这是因为其他条件不变时，样本量越大，标准误（等于标准差除以样本人数的平方根，$SD/\sqrt{n}$）越小，因而 $t$ 统计值（等于系数除以标准误）增大，更容易得到具有统计显著性的结果。图 5-1 中显著性水平 $\alpha$ 设为 0.05；效应量 $\delta$ 设为 0.02，按照 Cohen（1988）的标准，这是一个小效应量；$R_{L2}^2$ 为后测结果差异能被协变量解释的部分。图中显示了两种情况：（1）线性回归中不加协变量；（2）线性回归中加入的协变量能解释结果差异的 50%，即 $R_{L2}^2$ =0.5 从图中可以看出，不论哪种情况，随着样本量增加，统计功效都会相应增加。此外，还可以看出，回归中加入与结果相关的协变量能提高统计功效。在协变量能解释结果差异的 50% 时，统计功效达到 0.8 所需要的样本数只有没有协变量时所需样本量的一半左右（分别为 394 和 787），这与哈佛大学 Light 教授等人用数字估算的结果一致（Light et al.，1990）。

其他条件不变时，效应量越大，统计功效也越大。效应量大表示实验组与对照组的平均后测结果差异大，其他条件不变时，$t$ 统计值也会越大，因此统计功效越大，即"干预效应越大，越容易被发现"。从图 5-2 可以看到，效应量为 0.2（规模较小）时，统计功效约为 0.17；效应量为 0.5（中等规模）时，统

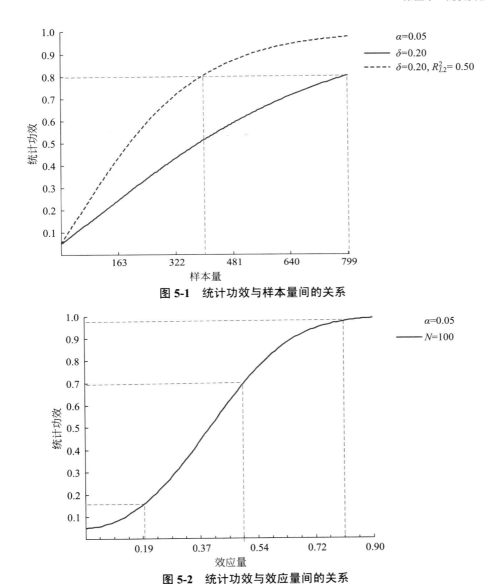

图 5-1 统计功效与样本量间的关系

图 5-2 统计功效与效应量间的关系

计功效约为 0.70；效应量为 0.80（规模较大）时，统计功效约为 0.98。图中没有单独显示回归中加入协变量的情况，但加入与结果相关的协变量同样能提高统计功效。假设加入的协变量能解释结果变量差异的 50%，那么效应量为 0.40 时统计功效就能超过 0.80。

其他条件不变时，显著性水平设置得越严苛，统计功效越小。这是因为显著性水平设置得越低（如采用 0.01 甚至 0.001 而不是 0.05 的显著性水平），$p$ 值就越难低于所设置的显著性水平，因此也越难得到显著结果。不过一般只有研究结果事关重大甚至可能性命攸关（如一些医学研究）时才会采取更严苛的显著性水平，教育研究一般采用 0.05 的显著性水平。这部分不再画图赘述。

## 第五节　干预效应估算方法

随机实验中研究人员将参与者随机分配到实验组或对照组，分到实验组的参与者接受干预，分到对照组的参与者不接受干预，最后测量每个人的结果。因为分组是随机进行的，而且具有外生性（即由研究参与者及其他相关人员以外的人进行分组，例如将学生随机分成两组时，由研究人员进行分组，且分组决定不受学生、教师、家长、学校等影响，因此分组决定与学生的任何背景因素都无关），所以确保了干预前实验组和对照组的各方面都在均值上可比，这不仅包括能观察到的因素（如性别、年龄、家庭背景），也包括虽然观测不到但也与结果相关的因素（如学习动力、自我效能感）。因此干预后两组平均结果上的不同就可以归因于在实验组实施的干预，用实验组的平均结果减去对照组的平均结果就可以估算平均干预效应。

由于随机实验中分组的随机性和外生性，只要平衡性检验显示实验组和对照组在实施干预前各方面没有显著差异，使用简单的统计分析方法就可以检验干预是否具有显著效应。下面以结果变量为连续变量的情形加以说明（如果结果变量是类别变量则会涉及 logistic 回归或卡方检验）。

一种方法是用普通最小二乘法进行回归分析，回归模型如下：

$$y_i = \beta_0 + \beta_1 treatment_i + \varepsilon_i$$

其中，$y$ 是结果变量；只有一个实验组时，$treatment$ 是个虚拟变量，表示是否分配到实验组，实验组的成员此变量取 1，对照组的成员此变量取 0，不止一个实验组时，$treatment$ 是个分类变量，表示各种干预情形。$treatment$ 变量的回归系数 $\beta_1$ 估算实验组成员与对照组成员在结果变量上的差，即干预对结果变量的效应，根据其 $p$ 值大小可以判断干预是否具有显著效应。

除了回归分析方法外，也可以用独立样本 $t$ 检验或组间方差分析（between-subject ANOVA）估算干预效应。如果只有一个实验组和一个对照组，分组变量（即预测变量）只有两个水平且水平间相互独立，通常通过简单的独立样本 $t$ 检验就能发现两组在后测结果上有没有显著差异。如果实施了不止一种干预措施，比如有两个实验组，再加上对照组，分组变量有三个水平，且水平间相互独立，这时可以通过组间方差分析两两比较几个组在后测结果上有没有显著差异。组间方差分析分为单因素组间方差分析和多因素组间方差分析，前者用于只有一个多水平预测变量的情形，后者用于两个或更多个分类预测变量但各变量水平都相互独立的情形。有些情况下会存在部分变量的不同水平间相互关联，即一组研究参与者可能接受不止一种干预，比如两因素的析因设计中一个变量是组间变量，另一个是组内变量，这时就要用到混合设计的方差分析。感兴趣的读者可以参阅其他书籍（如 Moore et al.，2009；秦晓晴等，2015；许宏晨，2013）对这类数据分析方法的详细描述。如果结果数据不满足正态分布的条件，可以使用非参数检验方法，相关内容可参见摩尔等 *Introduction to the practice of statistics* 一书的第 15 章（Moore et al.，2009）。

用 $t$ 检验和 ANOVA 检验比较组间结果均值差异相当于用后测结果作为结果变量，用表示干预情形的变量 *treatment* 为解释变量，进行简单线性回归。实际统计分析中经常会加上前测成绩、个人和家庭背景信息等变量进行多元线性回归。如果不用回归分析方法而且需要加入的协变量中包含连续变量，也可以考虑协方差分析（该方法在本书第二章第八节最后一段提及）。加入的协变量如果和测量的结果相关，就能在 *treatment* 变量以外再解释一部分后测结果的差异，增加结果差异中能被回归模型预测的部分，这样会降低残差变化（residual variation），从而降低估算系数的标准误。*treatment* 系数不变的情况下，标准误越小，$t$ 统计值（等于实验组与对照组的平均后测结果差值除以标准误）就越大；而样本规模一定的情况下，$t$ 值越大越有可能得到具有统计显著性的结果（Murnane et al.，2011；Shadish et al.，2002）。这些涉及统计功效，下面对此概念及其相关因素加以具介绍。

### 整群随机实验的干预效应估算

整群随机实验的数据分析比较特殊，估算干预效应时需要考虑抽样设计的复杂性，否则估算的系数和标准差都会出现偏误。以完整的班级分配到实验组或对照组为例，通常在学生层级收集前测成绩、个人与家庭背景特征等信息，但在班级层级实施分组和干预。如果直接用干预状态预测个体学生的后测结果，会低估标准误，高估干预效应。为了避免这一问题，整群随机实验不应采用 $t$ 检验、普通线性回归、方差分析或卡方检验等常见统计分析方法，一般会采用 Raudenbush（1997）提议的分析方法，即分层线性模型（hierarchical linear model，HLM），如 Borman et al.（2005；2007）的研究。HLM 在统计软件 Stata 中使用 mixed 指令，本书中不具体展开，感兴趣的读者可以参看其他文献的介绍（如 Woltman et al., 2012）。

## 第六节 样本量预估方法

样本量是统计功效的相关因素之一。随机实验往往花费较多人力、物力，因此真正实施实验前建议先估算所需样本量，以避免样本量过小或过大。如果样本量过小，即使干预有效，也无法发现具有统计显著性的干预效应。有时干预变量的回归系数明明不算小，却因为样本量不够大导致结果不显著。另外，如果样本量超出所需量太多，又浪费资源。可以参考已发表相关研究中的样本量规模估算所需样本量，也可以使用 Optimal Design 或其他类似软件进行估算。

Optimal Design 软件（3.01 版本）可以在 http://hlmsoft.net/od/ 网站免费下载，软件使用手册可以在 http://hlmsoft.net/od/od-manual-20111016-v300.pdf 下载。随机试验要预估样本量，可以选择统计功效与样本量的关系画图。下载、安装并打开软件后，具体步骤如下：

1. 依次选择 Design → Person randomized trials → Single level trial → Treatment at level 2 → Power on the y-axis → Power vs. total number of people ($n$)。

2. $\alpha$（alpha，显著性水平）按常规设为 0.05。$\delta$（delta，效应量）可以基于相似研究中效应量的大小估算，Optimal Design 里允许同时设三个值。这里我们尝试两个值，一个是 0.20，这是较小规模的效应量，是相对稳健的估算；另一个是 0.40，这个值接近中等规模效应量，是比较乐观的预计。$R_{L2}^2$（后测结果差异能被协变量解释的部分）也可以同时设三个值，这里我们试了 0.30 和 0.50 两个值，即前测成绩等协变量能解释后测结果差异的 30% 和 50%。最后，将"$x \in$（$X$ 轴的范围）"中的最大值改为 300（修改最大值是为了确保大多数曲线都能有部分线段的统计功效超过 0.80，样本量上限的具体取值可以根据实际情况调整）。

3. 用鼠标点击每条曲线上统计功效接近 0.80 的位置，图中会出现"N = … power = …"的字样，选择统计功效超过 0.80 时的最小样本量，就是这条曲线代表的情形下估算的所需样本量。

从图 5-3 中可以看出，如果效应量达到 0.40，协变量能解释 50%的后测结果差异，需要的最小样本量为 72 人；如果效应量为 0.40，协变量能解释 30%的后测结果差异，需要的最小样本量为 140 人；如果效应量只有 0.20，协变量能解释 50%的后测结果差异，需要的最小样本量为 277 人；如果效应量为 0.20，协变量又只能解释 30%的后测结果差异，需要的最小样本量会远远超过 300 人。实际估算样本量时，为了避免高估效应量或协变量对后测结果差异的解释能力从而低估所需样本量，可以在软件估算出的样本量基础上适当添加人数，以确保样本量足够大。

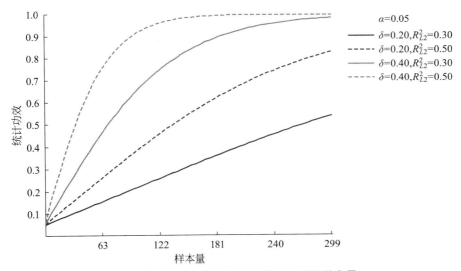

图 5-3　统计功效与样本量间的关系（预估样本量）

整群随机实验中对样本量的估算与个体随机实验不同，在 Optimal Design 软件中需要选择 cluster randomized trials 这一选项，具体方法可参考本章练习部分第 1 题中列出的详细步骤。

整群随机实验对群组的数量要求特别高。一个原因是有足够多的群组才能通过随机分组力求实验组和对照组干预前在各方面均值可比，如果群组数量不够，很容易出现实验组和对照组在干预前就不平衡的情况。另一个原因是样本量相同的情况下，整群随机实验的统计功效低于个体随机实验。下面的图 5-4

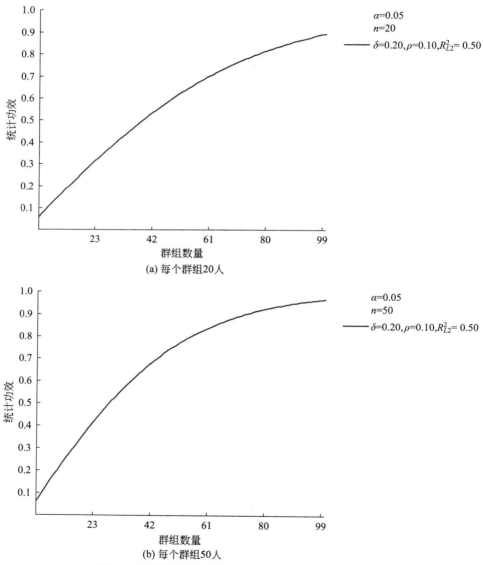

图 5-4 整群随机实验中统计功效与群组数量间的关系

和图 5-1 一样，假设显著性水平为 0.05，效应量为 0.02，群组层面的协变量（如班级前测平均成绩、班级男生所占比例）能解释结果差异的 50%，此外假设群组内相关性为 0.10。从图 5-4(a)可以看出，如果每个群组 20 人，需要有大约 78 个群组才能使实验的统计功效达到 0.80，这时总人数为 1560；从图 5-4(b)可以看出，如果每个群组 50 人，需要有大约 56 个群组才能获得 0.80 的统计功效，这时的总人数高达 2800。相同条件下个体随机实验只需要 394 人（图 5-1）。要提升统计功效，增加群组的数量比增加每个群组的人员数量更有效。假设总人数为 1000，其他条件保持不变，每个群组 20 人共 50 个群组时统计功效约为 0.61[图 5-4(a)]，而每个群组 50 人共 20 个群组时统计功效则只有 0.36 左右[图 5-4(b)]。因此在预算允许的情况下应尽量增加群组数量。

整群随机实验比个体随机实验涉及的人力物力更多，建议真正实施实验前使用 Optimal Design 或类似软件估算需要的群组数量以及样本总人数，以免干预虽然有效，却由于人数不够而无法发现具有统计显著性的干预效应。

**研究实例 5.10：预估整群随机实验所需要的群组数量**

Scott Rozelle 教授的团队在中国农村学校和城市民工子弟学校进行了大量整群随机实验，他们非常注重对群组数量的预估。例如，前面提到的计算机辅助学习对语文、数学成绩以及非认知因素的效应研究（Lai et al., 2015）中，他们通过统计功效的计算发现，需要有来自 24 所学校的实验组班级和对照组班级（每所学校一个实验组班级，一个或多个对照组班级），而满足他们研究要求的有 43 所学校，最后他们从 43 所学校中随机抽取了 24 所，其余的 19 所学校只做前测和后测，用作额外的对照组。这样在保证统计功效足够大的前提下，没有浪费人力物力在更多学校实施干预，同时还能检测是否存在干预扩散、实施干预的学校中的对照组班级是否存在约翰·亨利效应或是因为沮丧而不愿意努力的情况。

Scott Rozelle 教授团队有关一个阅读项目的论文（Gao et al., 2018）更是详尽描述了他们估算所需群组数量的过程。他们依据以往相关研究的数据，将群组内相关性设为 0.20，设群组层面的协变量能解释结果差异的 50%；又按社会科学研究的惯例，将显著性水平定为 0.05，统计功效定为 0.80；最后他们假定效应量为 0.20（规模较小）。基于这些数字，他们估算出需要 110

> 个班级，每个班至少 32 名学生。为了确保有足够的群组数量，他们又在估算的 110 个班级基础上增加近 20%，达到 128 个班级。

# 第七节 结　　语

随机实验是因果推断的黄金准则。随机实验中研究人员将研究参与者随机分配到实验组或对照组，分到实验组的接受干预，分到对照组的不接受干预。因为分组的随机性和外生性，所以在具有一定样本量的情况下，干预前实验组和对照组通常在各方面（包括观测变量和不可观测变量）的均值上都具有可比性，因此干预后两组平均结果的不同可以归因于实验组受到的干预，两组平均结果之差就可以用来估算平均干预效应。随机分组设计存在多种变体，研究人员可以根据实际需要选择合适的设计。实施随机实验的研究人员需要尽量减少溢出效应、样本流失等可能威胁随机实验内、外部效度的因素；同时，真正实施实验前最好能基于以往相关研究中发现的干预效应估算所需要的样本量，以避免干预有效但由于样本量太小导致结果不显著的情形或样本量太大导致资源浪费的情形。

在实践中有时可能无法实施随机分组，或者是随机分组会有违道德伦理，因此研究人员也会借助一些准实验设计来进行因果推断。接下来的几章会讨论几种常见的准实验研究设计。

## 练习

1. 尝试用 Optimal Design 或其他类似软件复制 Scott Rozelle 教授团队有关阅读项目效应的研究（Gao et al., 2018）中的统计功效分析。具体步骤如下：

（1）依次选择 Design → Cluster randomized trials with person level outcomes → Cluster randomized trials → Treatment at level 2 → Power on y-axis (continuous outcome) → Power vs. total number of clusters (J)。

（2）$\alpha$（alpha，显著性水平）设为 0.05；$n$（每个群集中的人数）设为 32；$\delta$（delta，效应量）设为 0.20；$\rho$（rho，群组内相关性）设为 0.20；$R_{L2}^2$（后测结果差异能被群组层面的协变量解释的部分）设为 0.50；"$x \in$（$X$ 轴的范围）"中的最大值改为 120。

（3）鼠标试点曲线上统计功效接近 0.8 的位置。

统计功效要超过 0.8，J（群集的数量）最小显示为多少？Scott Rozelle 教授团队的研究人员估算出需要 110 个班级，和你得到的数字一样吗？如果不一样，他们选 110 可能是出于什么考虑？

2. 本书第四章第二节最后一段列出了某教师希望使用一种课外阅读辅导项目时的几种做法，请分别点评第 2 种至第 5 种做法的优劣之处。

3. Scott Rozelle 教授团队考察了给中国西部贫困农村地区的初中生免费提供近视眼镜对他们学习成绩、学习志向等方面的影响（Nie et al., 2020）。这是一项整群随机实验研究，请阅读论文"Seeing is believing: Experimental evidence on the impact of eyeglasses on academic performance, aspirations, and dropout among junior high school students in rural China"第二部分的 A~D 部分，并分析该研究的设计以及论文相关部分的写作有哪些值得学习的地方和可以改进的地方。

4. 设计一项个体或群体随机实验研究，参考上一题中的论文（Nie et al., 2020）写出研究方法部分。

## 进深资源推荐

[1] Shadish W R, Cook T D, Campbell D T, 2002. Experimental and quasi-experimental designs for generalized causal inference[M]. Boston, MA: Houghton Mifflin Company: Chapter 8.

[2] Murnane R J, Willett J B, 2011. Methods matter: Improving causal inference in educational and social science research[M]. New York, NY: Oxford University Press: Chapter 5.

[3] Anders Holm 教授（哥本哈根大学）开设的网上课程 Measuring Causal Effects in the Social Sciences（课程网址：https://www.coursera.org/course/causaleffects）第三周内容。

# 附录 随 机 抽 取

假设要从 100 人中随机抽取 50 人（既可以是从总体 100 人中随机选择 50 人组成样本，也可以是从 100 人的样本中随机分配 50 人到实验组，另 50 人到对照组），下面分别说明生成随机数表和按随机数字排序两种随机抽取方法的使用。

## 一、从随机数表抽取数字

1. 给 100 个人按从 1~100 编号。

2. 打开空白的 Excel 工作表，在单元格 A1 输入公式"=RANDBETWEEN(1,100)"并按回车键，这个单元格会自动生成 1～100 的一个数字。

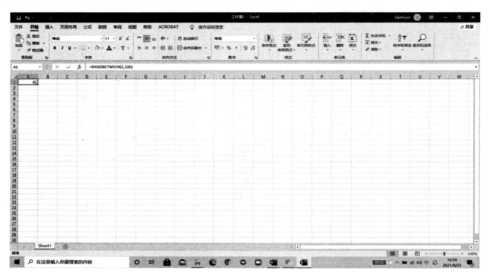

3. 单击单元格 A1，将光标移动到它的右下角直到出现"+"，单击"+"并下拉动光标至单元格 A30（往下拉多少行可以自己定，确保下一步生成的随机数表包含的数字超过 100 个就行）。

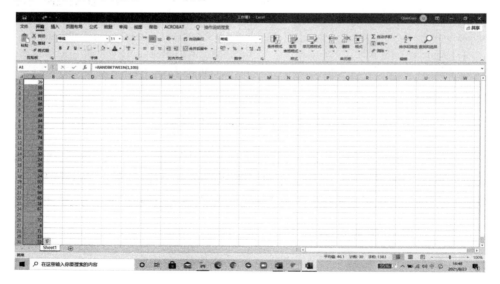

4. 选中生成的数字,将光标移动到最下面一个单元格的右下角直到出现"+",单击"+"并向右拖动光标至单元格 O30(往右拉多少列也是自己决定,最后生成的随机数表包含的数字超过 100 个就行)。

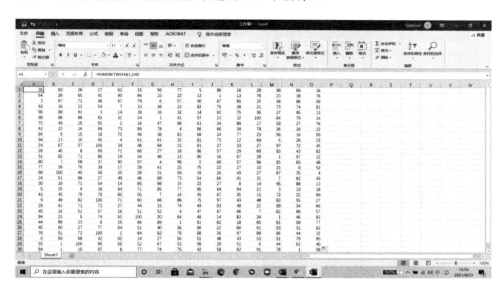

5. 按事先定好的抽样起点和抽样顺序从随机数表中抽取数字,譬如从单元格 E1(数字 61)开始从上往下抽,到单元格 E30(数字 8)后向右到单元格 F30(数字 77),然后从下往上,到了单元格 F1(数字 15)再向右,如此按"S"形抽取数字。可以在另一个表格里记录个体姓名(或其他 ID)和编号,每抽中一个数字就在相应的编号后打勾,如果有数字抽中不止一次,每次重复出现时跳过这个数字,直到最后勾选出 50 人。

## 二、按随机数字大小排序

为了展示方便,只显示给 30 名学生生成随机数字并按数字大小排序后抽取的过程。不论学生人数多少,过程都是如下所示。

1. 打开空白的 Excel 工作表,输入如下图所示的内容(生成班号和班内序号都可以利用 Excel 里光标的拖拽功能),还可以根据自己的需要加减内容。

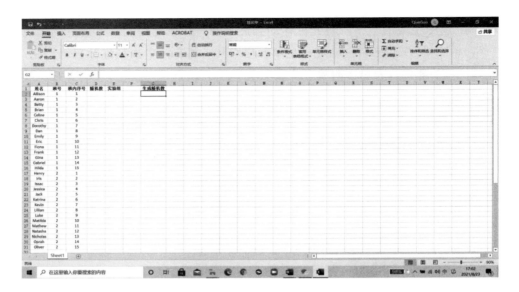

2. 在"随机数生成"一栏的第二行（图中为单元格G2）输入公式"=RAND()"并按回车键，这个单元格会自动生成一个小于1的数字。

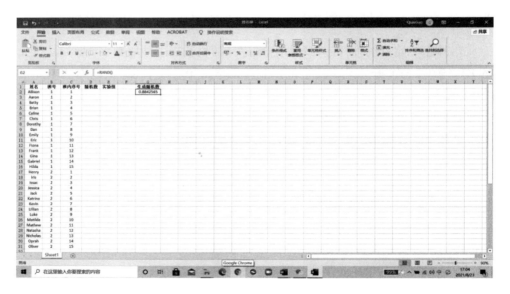

3. 单击单元格G2，将光标移动到它的右下角直到出现"+"，单击"+"并下拉光标至单元格G31，即最后一个姓名对应的一行。

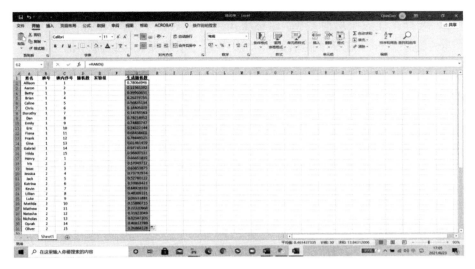

4. 用光标选中生成的随机数，单击鼠标右键并选择"复制"，然后鼠标移到"随机数"一栏的第二行（图中为单元格 D2），单击鼠标右键并选择"选择性粘贴"，选择"数值"。这样就把刚才生成的随机数复制到了 D 栏。可以注意到这时"随机数生成"一栏的数字全部变了，这是因为工作表格中任何地方有一点变化，RAND 函数生成的随机数都会改变。这就是为什么我们先在"随机数生成"一栏生成随机数，也是为什么我们粘贴随机数时需要选择"粘贴数值"（否则粘贴过来的数字也会跟着一起变化）。完成这一步后，就可以把"随机数生成"一栏删掉了。

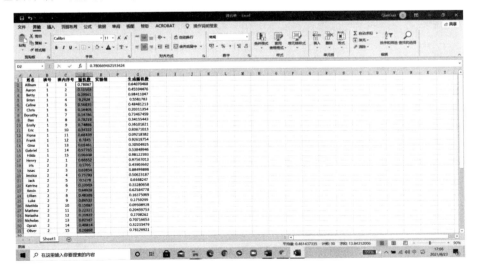

5. 选择工作表中所有数据，鼠标单击上方工具栏中的"数据"后选"排序"，"主要关键字"一项选择"随机数"，"次序"一项选择升序或降序都可以。

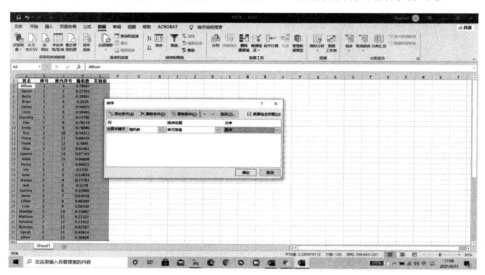

6. 可以选择将排在前面的 15 人分配到实验组，即给这些人的"实验组"一栏填"1"；后面的15人分配到对照组，在他们的"实验组"一栏填"0"。这样分组就完成了。

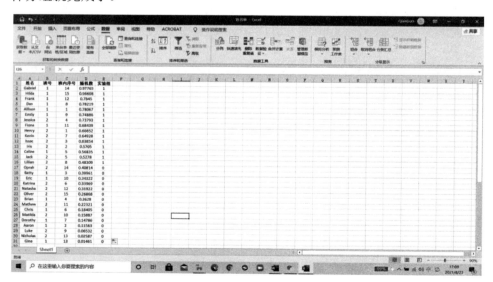

7. 如果需要按班级及班内序号排序，再次全选所有数据，鼠标单击上方工具栏中的"数据"后选"排序"，然后单击"添加条件"。"主要关键字"一项选择"班号"，"次序"一项选择升序；"次要关键字"一项选择"班内序号"，"次序"一项选择升序。

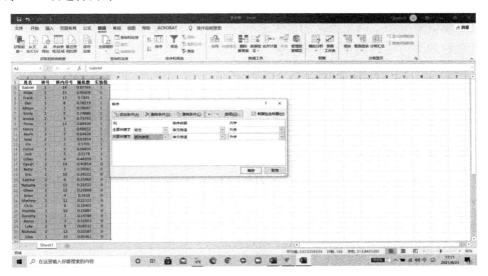

8. 这样就得到了显示分组情况并且方便以后使用的 Excel 工作表格。

# 第六章 自然实验

第五章介绍了因果推断的黄金准则——随机实验，但严格意义上的随机实验执行起来可能遇到各种困难和挑战，如成本过高、伦理问题、不遵从行为、样本流失、溢出效应、霍桑效应、约翰·亨利效应等，所以很多时候研究者设计的随机实验研究并不能保证真正、完全的随机，进而内部效度受损。此外，有些随机实验严格控制很多变量，导致实验研究情景与现实情景相距甚远，外部效度难以保证。本章介绍另一个因果推断利器——自然实验（natural experiment），这种实验可以有效规避随机实验的一些缺点。本章主要内容包括自然实验的基本概念、它的常用估计方法"双重差分法"（也叫"倍差法"，difference-in-difference estimation，简称 DID 或 DD）、双重差分法关键假设、双重差分法拓展、自然实验来源、自然实验数据来源、双重差分法在外语教育中的应用案例。刘素君和张应武（2011）建议把自然实验和双重差分法作为外语教学研究的新途径，他们指出这是"被外语研究者长期忽视"的方法，一个"非常重要原因就是我国介绍外语研究科研方法的书籍没有包括相关内容"。

## 第一节 基本概念

什么是自然实验？"自然"是指实验不受研究参与者控制，由某种外部冲击引起，比如政策变化（如 Dynasrki，2003）、政策差异（Tyler et al.，2000）、自然灾害（Tian et al.，2015）、地理位置上的特殊性等；"实验"是指这种外部冲击作为驱动变量（forcing variable），将个体或机构自然地随机分成了潜在的实验组和对照组（Murnane et al.，2011；张羽，2003），自然实验由 Ashenfelter 和 Card（1985）首次使用，此后开始被广泛应用，其在中国学界的第一次使用见于周黎安和陈烨（2005）对税费政策改革进行的研究。

自然实验与随机实验既有相似也有不同。最重要的相似之处在于两者都有实验组和对照组，而且分组过程是完全外生、随机的，即研究参与者无法决定自己会被分配到哪个组，这样可以有效避免自选择偏误，这是无偏（unbiased

推断的逻辑基础。两种实验的不同之处在于随机实验由研究者分配实验组和对照组，而自然实验由某种外部冲击将研究参与者分配到实验组或对照组。自然实验数据一般是现成的，所以可行性高；无须研究者随机分组，所以可以避免伦理问题。这是随机实验无法比拟的优势。国内的语言教育领域看重定量实证研究，也很讲究实验设计，但教育实验一般是现场研究，而非实验室研究，难以实现随机分组。而自然实验可以很好地避免这一问题。总之，自然实验省钱省力，是因果推断的一大利器！

## 第二节 双重差分法估算

自然实验将样本分为两组：一组是受某外部冲击（如新政策）影响的对象，即"实验组"；另一组是不受该政策影响的对象，即"对照组"，在双重差分估算中，它作为实验组的反事实参照，其在新政策实施前后的差异被视为时间趋势（time trend）。根据实验组和对照组在该政策实施前后的相关数据，一种思路是计算出实验组在政策实施前后的结果变量（如成绩）上的变化，同时计算对照组在政策实施前后结果变量上的变化，上述两个变化的差值就是政策净效应；另一种思路是计算政策实施后实验组和对照组在某个结果变量上的差异，同时计算政策实施前两组在该变量上的差异，这两个差异的差值也是政策实施的净效应。净效应由差值的差值计算得来，故此得名"双重差分法"。下面通过例子来说明自然实验设计理念和双重差分法估算原理。

自然实验经常用于教育政策评估方面的研究。比如高考英语一年两考对高中生英语水平的影响，有些人认为该政策可鼓励学生更加重视英语学习，加大投入，从而提高他们的英语水平；有些人则认为很多学生获得了比较满意的成绩后就极少投入英语学习，英语水平可能会降低。由于可行性、费用、伦理等因素限制，这个研究问题很难通过随机实验来回答。如果我们简单对比同一年度参加一年一考和一年两考的学生，得出的推断结果并不可靠，因为参加考试的次数与学生的英语水平、总体的学业水平等因素相关，所以具有内生性（即与误差项相关）；再者，拥有两次考试机会却只参加一次考试的考生应该极少，不容易找到足够的研究对象。直接对比政策实施前后同一批学生的英语成绩也不可行，因为即使没有这项政策，随着学生英语学习经历的增加，其英语水平也会提升。直接对比政策实施前未受该政策影响的学生与政策实施后受该政策影响的学生的英语水平，如果发现显著差异，也不能简单归因于新政策的影响，因为这两组学生可能总体上还存在其他差异。因此，t 检验、ANOVA 或简单线性回归都无法得出无偏推断。但上海市和浙江省 2017 年率先实施高考英语一年两考政策，该政策将这两地的高中生归为潜在的实验组，而相邻地区的高中生则可以构成潜在的对照组，且该政策变化属于我们前面提到的外部冲击，具有外生性，为研究者提供了因果推断研究的机会。目前，自然实验多用于教育与经济领域的研究；语言教育研究对自然实验的应用相对较少，多集中在语言教育政策评估方面。作为语言教育的相邻学科，教育领域有诸多自然实验的经典研究，本章我们将借鉴 Dynarski（2000）的经典研究来讲解自然实验的原理和估算方法。

---

**研究实例 6.1：针对中产阶级的奖学金项目对大学入学率的影响**

1993 年美国佐治亚州开始实施 HOPE（Helping Outstanding Students Educationally）奖学金项目，用于资助本州居民免费上州内公立大学。与大部分政府资助项目不同，HOPE 项目不是按需评定（need-based），而是择优评定（merit-based），要求学生的高中学科成绩平均分至少为 B。Dynarski（2000）利用 HOPE 奖学金政策考察了这种新型政府资助项目对大学入学率的影响。

Dynarski 利用"当代人口调查"（Current Population Survey）和"综合高等教育数据系统"（Integrated Postsecondary Education Data System）的数据进行了多轮 DID 估算来评估 HOPE 项目对大学入学率的影响。她先用美国东南部的几个州作为对照组，得出一个 DID 估计值（7.9%）；然后又用相邻的州作为对照组，得出另一个 DID 估计值（8.7%），最后用美国所有其他州作为对照组，再次得出一个 DID 估计值（7%）。三次的估算结果都具有统计显著性，相互之间的差异都在一个标准差以内，相对比较稳定。由此可知，HOPE 项目确实提高了佐治亚州的大学入学率。

---

找到外生变量（外部冲击）后比较政策实施前后的大学入学率就能得到 HOPE 对大学入学率的效应吗？答案是否定的，因为除了该项目之外，还有其

他很多因素会在这段时间内影响到大学入学率，比如总体经济发展趋势、全国性的政策变动等。即使没有这个政策，大学入学率也可能随时间变化而产生变化，存在时间趋势。这种情况下怎么估算政策的干预效应呢？

下面我们依然以 HOPE 项目的研究为例，详细分析以美国东南部几个州为对照组时的 DID 估算。Dynarski（2000）以 1993 年以前（1989—1992 年）为政策前时间（$T_0$ 期），1993 年及以后（1993—1997 年）为政策后时间（$T_1$ 期）；实验组是佐治亚州 18~19 岁的年轻人，对照组为美国东南部其他几个州同年龄段的年轻人，这些州在此期间没有 HOPE 这类奖学金项目。

用实验组的政策后（$T_1$ 期）大学入学率减去政策前（$T_0$ 期）的相应数值，得出的差值是第一重差分（$D_1$）。$D_1$ 包括了两部分，一部分是新政策的影响，即干预效应，另一部分是时间趋势。只要想办法求出时间趋势并从 $D_1$ 里将其减去，差值就是干预效应。为了这个目的，研究者引入了对照组，对照组所在州的地理位置和经济情况与佐治亚州差异不大，但在研究涉及的时间段里没有相关的奖学金政策变化。研究者据此假定两组的时间趋势一致，即假如佐治亚州不受 HOPE 政策影响，其大学入学率发展趋势应与对照组的趋势一致。体现在图 6-1 中就是实验组的反事实大学入学率发展趋势线与对照组的大学入学率发展趋势线平行。反事实发展趋势在现实生活中无法观察到，但如果实验组没有政策干预，我们假设它的发展趋势会与对照组的趋势一致。用对照组 $T_1$ 期大学入学率减去其 $T_0$ 期的大学入学率，得出的差值就是时间趋势（注意这里为负值），即第二重差分（$D_2$）。第一重差分减去第二重差分得到的结果就是政策的干预效应。这与本节第一段里的第一种思路（利用对照组求出时间趋势）一致。

下面再以表格形式展示 Dynarski（2000）的双重差分估算思路。表 6-1 中的 $y_{gt}$ 即结果变量，下标中 $g$ 代表组别（实验组/对照组），$t$ 代表时间（政策前/政策后）。横向看，求政策干预效应的过程与上一段的描述一致，即沿用本节第一段里的第一种思路。纵向看，政策前实验组与对照组的差异称为原始差异（③），政策后两组间的差异（④）包含了政策干预效应和原始差异，两者相减（④－③）得到的结果即政策干预效应，这与本节第一段里提到的第二种思路一致。根据这两种思路对表 6-2 中的数值进行加减运算，均可算出双重差分估计值 0.079，即 HOPE 奖学金项目将上大学的概率提高了 26%（7.9%/30%）。

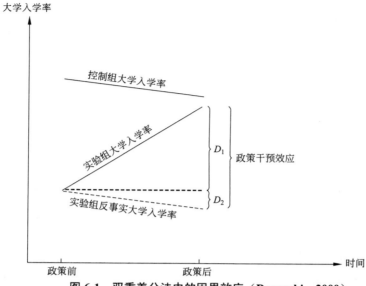

**图 6-1　双重差分法中的因果效应（Dynarski，2000）**

**表 6-1　双重差分法中估算干预效应**

| $y_{gt}$（大学入学率） | 政策前（$T=0$） | 政策后（$T=1$） | 变化量 | |
|---|---|---|---|---|
| 实验组（$G=1$） | $y_{10}$ | $y_{11}$ | ① $y_{11}-y_{10}$ | → 第一重差分 |
| 对照组（$G=0$） | $y_{00}$ | $y_{01}$ | ② $y_{01}-y_{00}$ | → 时间趋势 |
| 组间差异 | ③ $y_{10}-y_{00}$ | ④ $y_{11}-y_{01}$ | ①－②或④－③ | → 干预效应（DID） |
|  | ↓ | ↓ | | |
|  | 原始差异 | 干预效应+原始差异 | | |

**表 6-2　1989—1997 年 18～19 岁年轻人大学入学情况（Dynarski，2000）**

| 组别 | 1993 年以前 | 1993 年及以后 | 前后变化量 |
|---|---|---|---|
| 佐治亚州 | 0.300 | 0.378 | 0.078 |
| 东南部其他州 | 0.415 | 0.414 | −0.001 |
| 组间差异 | −0.115 | −0.036 | 0.079 |

除了做加减法之外，还可以使用多元回归分析估算干预效应。依然以 Dynarski（2000）的研究为例进行回归建模。

$$y_i = \alpha_1 + \alpha_2 Georgia_i + \alpha_3 After_i + \alpha_4 Georgia_i \times After_i + \varepsilon_i \quad (6\text{-}1)$$

模型方程（6-1）中的 $y$ 指大学入学状态（二分类变量，上大学取值为 1，否则取值为 0），$\alpha_1$ 是常数项，$Georgia$ 是虚拟变量（$Georgia = 1$ 代表实验组，即佐治亚州；$Georgia = 0$ 代表对照组，即东南部其他州），$After$ 也是虚拟变量（$After = 1$ 表示政策发生后，即 $T_1$ 期；$After = 0$ 表示政策发生前，即 $T_0$ 期），$Georgia \times After$ 是交互项，只有当某个观测值属于政策干预后的实验组时，交互项取值才为 1。下面对各个参数进行赋值并代入方程来说明为什么系数 $\alpha_4$ 代表了干预效应。

$Georgia = 0, After = 1 \quad \widehat{y_{01}} = \widehat{\alpha_1} + \widehat{\alpha_3}$
$Georgia = 0, After = 0 \quad \widehat{y_{00}} = \widehat{\alpha_1}$
$Georgia = 1, After = 1 \quad \widehat{y_{11}} = \widehat{\alpha_1} + \widehat{\alpha_2} + \widehat{\alpha_3} + \widehat{\alpha_4}$
$Georgia = 1, After = 0 \quad \widehat{y_{10}} = \widehat{\alpha_1} + \widehat{\alpha_2}$

干预效应 = 第一重差分 − 时间趋势

$$= (\widehat{y_{11}} - \widehat{y_{10}}) - (\widehat{y_{01}} - \widehat{y_{00}})$$
$$= [(\widehat{\alpha_1} + \widehat{\alpha_2} + \widehat{\alpha_3} + \widehat{\alpha_4}) - (\widehat{\alpha_1} + \widehat{\alpha_2})] - [(\widehat{\alpha_1} + \widehat{\alpha_3}) - \widehat{\alpha_1}]$$
$$= \widehat{\alpha_4}$$

将上述推算过程与表 6-1 结合可以得到表 6-3，从这个表更容易理解各系数的含义，也能更清晰地看出 DID 的估算过程。系数 $\alpha_2$ 是实验组与对照组之间的原始差异，系数 $\alpha_3$ 则代表时间趋势，系数 $\alpha_4$ 即政策干预效应，它的估计值就是 DID 的估计值。

上述模型是对两期两组数据进行的双重差分基础回归模型，研究者可以在此基础上添加与结果变量可能相关的控制变量。这个环节很有必要，因为自然实验无法像随机实验一样让实验组和控制组在控制变量上保持平衡，所以研究者应该尽可能控制所关注的外部冲击以外的所有混淆因素，降低混淆因素的影响，也降低标准误，提高双重差分估计的客观性和可靠性，也可以提高调整决

表 6-3  双重差分法中的干预效应推算过程

| $y_{gt}$<br>（大学入学率） | 政策前<br>（$T=0$） | 政策后<br>（$T=1$） | 变化量 | |
|---|---|---|---|---|
| 实验组<br>（$G=1$） | $y_{10}$<br>$\widehat{\alpha_1}+\widehat{\alpha_2}$ | $y_{11}$<br>$\widehat{\alpha_1}+\widehat{\alpha_2}+\widehat{\alpha_3}+\widehat{\alpha_4}$ | ① $y_{11}-y_{10}$<br>$\widehat{\alpha_3}+\widehat{\alpha_4}$ | → 第一重差分 |
| 对照组<br>（$G=0$） | $y_{00}$<br>$\widehat{\alpha_1}$ | $y_{01}$<br>$\widehat{\alpha_1}+\widehat{\alpha_3}$ | ② $y_{01}-y_{00}$<br>$\widehat{\alpha_3}$ | → 时间趋势 |
| 差异 | ③ $y_{10}-y_{00}$<br>$\widehat{\alpha_2}$ | ④ $y_{11}-y_{01}$<br>$\widehat{\alpha_2}+\widehat{\alpha_4}$ | ①−②或④−③<br>$\widehat{\alpha_4}$ | → 干预效应（DID） |
|  | ↓ | ↓ |  |  |
|  | 原始差异 | 干预效应+<br>原始差异 |  |  |

定系数（$R^2$）。此外，通过回归还可以做多期、多组双重差分，这些都是加减法无法实现的延展功能。仍以 Dynarski（2000）的研究为例，她在双重差分法计量模型中添加了居住区域（是否居住在城区）、种族（是否为黑人）、调查时间（哪一年）、年龄作为控制变量，后来又进一步加入失业率这一变量来控制经济因素的影响，加入控制变量后估算的政策效应值略有下降，不过总体来说还是相当稳定（见表 6-4）。还有其他一些重要变量（如父母收入和受教育水平）因数据结构所限无法作为协变量纳入回归模型，使用现成数据的自然实验效应估算常常受限于数据的可得性，这是自然实验方法的一个局限性。

表 6-4  HOPE 奖学金的干预效应（Dynarski，2000）

| 干预效应 | （1）<br>无协变量的<br>双重差分 | （2）<br>加入协变量的<br>双重差分 | （3）<br>加入当地经济情况作为控制<br>变量的双重差分 |
|---|---|---|---|
| *Georgia* × *After* | 0.079 | 0.075 | 0.070 |

至此，读者应该对自然实验和双重差分法的原理有了比较清晰的认识。细心的读者可能已经发现双重差分法中的效应估计值其实就是交互项系数的估计值，学习多元线性回归和 logistic 回归时经常需要考察两个预测变量间的交互效

应，因此双重差分法的计量模型并不难，自然实验研究难在研究者需要有一双慧眼去发现外部冲击带来的研究机会并用合适的估算方法实现因果推断。

需要注意的是，实验组和对照组不能出现自选择问题；同时，外部冲击发生后，实验组和对照组不能产生内生性反应。比如新教育政策在实验组学校实施，对照组学校可能会做出其他努力来提高办学质量，这就使得双重差分估算产生偏误，混淆了不同政策的干预效应。又比如实验组很多人放弃干预，这时双重差分法估算结果就不是干预效应，而是干预意向的效应（见第五章第一节）。如 Dynarski（2003）对一项助学金政策的研究，就是考察了助学金申请资格对大学入学和完成学业的影响，而非获得助学金这一干预的影响。这时，要想估算干预效应，可以借助第八章介绍的工具变量法。

DID 估算的回归模型中可以添加固定效应，控制个体间不随时间变化的差异（个体固定效应，比如籍贯）及时间节点间不随个体变化而变化的差异（时间固定效应，比如全国性的政策），这种模型称为双向固定效应模型（two-way fixed-effects model），它可以更好地减少遗漏变量带来的偏误，这时交互项系数依然是研究者感兴趣的估计值。需要注意的是，双重固定效应模型中，加入个体固定效应和时间固定效应后，就不必再放入处理组虚拟变量和时间虚拟变量了，如模型（6-1）中的 *Georgia* 和 *After*，因为前两者包含了后两者的信息，如果都放进模型，会导致多重共线性（高度相关）。

## 第三节 双重差分法的关键假设及假设检验

任何一个统计模型都有假设，双重差分法有三个关键假设。

首先，自然实验中的外部冲击不受人为控制，必须是外生的，使得研究参与者被迫分成潜在的实验组和对照组，即研究参与者无法选择自己属于实验组还是对照组（张羽，2003）。实验组和控制组的样本应该源自同一群体，否则分组变量将具有内生性（endogeneity）问题。比如要研究"双一流"政策对高校发展的影响，就不能将当选"双一流"的高校与未当选的高校进行比较，因为这两种高校来自不同的群体，使得这个政策具有内生性，那么实验组和对照组的差异并非源自政策实施，而可能源自各高校本身已有的差异（陈林、伍海军，2015）。

其次，同一时期没有其他的外部冲击仅对一组的结果变量产生影响，即满足实验干预的唯一性，否则双重差分法估算的结果是不同干预的混合效应，而非我们要研究的外部冲击的净干预效应。比如要考察线下线上混合教学改革对学生成绩的影响，接受教改的学生形成实验组，接受传统线下教学的学生形成对照组，如果学校分配业务能力强、信息素养较高的老师承担实验组班级的教学，这种情况下的双重差分估计结果就是教改和教师分配模式的混合效应，因为教师的教学能力与学生成绩也息息相关，无法将教改实验效应从混合效应中分离出来，所以得不到教学改革的净干预效应。

最后，若无外部冲击的干预，实验组和对照组的结果变量应该会有相同的发展趋势，即两组的时间趋势一致，这称为平行趋势（parallel trend）或共同时间趋势（common time trend）假设。和随机实验不同，双重差分法中实验组和对照组可以有一定差异，但差异不能随时间变化而改变，只有满足这一假设，才能用对照组的时间趋势作为实验组的时间趋势，并从实验组的前后差异中减去该时间趋势估计值，进而得到干预的净效应。

以上三个假设的验证方法有所不同。前两个假设需要研究者从事实出发，通过理论和实际情况进行逻辑推理，实现逻辑自洽，来证明实验设计符合假设。共同时间趋势假设则可以用数据检验。下面介绍三种验证共同时间趋势的方法。

（1）研究者可利用现有数据做趋势图，如果外部冲击发生前实验组和对照组的发展趋势（即时间趋势）基本一致，那么可以假设若无该外部冲击，两组的后续发展趋势也会一致。其实从逻辑上无法验证平行趋势的假设，但趋势图可以给研究者更多的佐证来支持这一假设。这种验证方法相对简单，但要求有多期数据，适用于有前期（即 $T_0$ 以前）数据的研究。

（2）研究者可用安慰剂双重差分法检验实验组和对照组是否有共同的时间趋势，这也需要 $T_0$ 期之前的数据，将这批更早的数据时间上设为 $T_{-1}$，可以假设 $T_{-1}$ 期和 $T_0$ 期之间也有外部冲击，然后用 $T_{-1}$ 期和 $T_0$ 期的实验组和对照组数据做双重差分估算，看这两期之间是否有共同的时间趋势，若回归模型中交互项系数不显著，则认为两组在 $T_{-1}$ 期和 $T_0$ 期之间时间趋势一致，即满足该假设。

（3）研究者还可以检验协变量以判断是否满足共同时间趋势假设。首先要从逻辑上推理结果变量与哪些关键因素相关，然后对这些变量做双重差分估算，看看交互项系数是否显著。如果在这些控制变量上实验组和对照组的时间趋势一致，则可以认为若没有外部冲击，那么在结果变量上实验组和对照组之间的时间趋势应该也一致。张羽、覃菲、刘娟娟（2017）的研究就采用了相关变量模拟双重差分法来检验实验组和对照组的时间趋势是否相同，不过受篇幅限制，她们并未提供检验细节。

## 第四节　双重差分法拓展

上文重点介绍了两组两期的自然实验和双重差分估算，这是最基础的自然实验效应估算方法，但有时研究设计会更为复杂，比如两组多期双重差分法、多组多期双重差分法、三重差分法、广义双重差分法、合成控制法等。其中两组多期双重差分法、三重差分法和广义双重差分法在教育研究中较为常见，我们重点介绍这三种方法。

### 两组多期双重差分法

一个外部冲击（如一项新政策）的短期效应和长期效应可能会有所不同，一项政策实施后每年的执行条件也可能有差别，所以考察某一外部冲击的长期效应具有现实意义。两组两期双重差分估算只能得出该外部冲击是否有干预效应的结论，却无法检验干预效应是否随时间变化而变化，而两组多期双重差分估算则可以。比如要研究某项新政策的长期效应，我们可以将 $T_0$ 期（政策干预开始的时间）实验组和对照组的差异作为基线，然后将之后不同时期的两组差异与基线分别进行比较，估算政策在不同时期的干预效应，即政策的长期干预效应。

> **研究实例 6.2：两组多期双重差分法**
>
> 刘娟娟等（2017）利用两组多期双重差分法研究了山东一所乡镇中学在英语、语文和数学课程中进行的翻转教学实践。该乡镇中学于2014年1月开始实施翻转课堂教学，这所中学的学生归为实验组，而同镇另两所中学的学生构成对照组。研究者收集了两组学校2012级学生翻转前的两次期末考试数据、翻转开始当期的期末考试数据、翻转开始后的三次期末考试数据。以2014年1月时实验组和对照组期末考试成绩的差异为基线，两组在翻转开始后三次期末成绩上的差异减去基线即为当期的干预效应。研究者发现翻转课堂可以显著提高翻

转后第一次期末考试数学成绩，但第二次期末考试成绩的提高幅度下降，第三次期末考试成绩与基线已无显著差异，所以研究者认为数学成绩短期内的提高不是翻转课堂的功劳，而应归功于翻转课堂带来的新鲜感所激发的学习和教学热情；翻转课堂对语文成绩无显著影响，对英语成绩反而有显著的消极影响。研究者同时还将翻转教学实施前的两次期末考试（2013年1月和2013年7月）成绩合并作为前测数据，将实施后的三次期末考试成绩（2014年7月、2015年1月、2015年6月）合并作为后测成绩，进行了两期双重差分估算，语文成绩和英语成绩的结果与多期双重差分估算的结果一致，但没有发现翻转课堂对数学成绩的效应，因为效应被平均到了翻转课堂实施后的三次考试成绩里。

### 三重差分法

双重差分法的一个关键假设是如果没有外部冲击，实验组和对照组会有共同的时间趋势。如果检验发现两组在干预前的时间趋势有差异，就违反了共同时间趋势假设，双重差分估算会产生偏误。这种情况下，可以将两者时间趋势的差异估算出来再从双重差分估算结果中减掉该差异，以得到净干预效应。这就是三重差分法（Difference-in-Difference-in-Differences Method，DDD，也称为Triple-Difference Method）的逻辑思路，反映在回归方程模型上则是添加一个三重交互项。下面依然以Dynarski（2000）对HOPE奖学金的研究为例，展示三重差分法的估算过程。

**研究实例6.3：三重差分法**

Dynarski（2000）研究的佐治亚州HOPE奖学金项目在1993年只面向当年毕业的应届高中生（18~19岁），州内年龄稍大的年轻人（23~24岁）没有机会获得这个奖学金，可以作为新的对照组。Dynarski在双重差分模型的基础上添加了表示是否年轻的虚拟变量，回归方程如下：

$$y_i = \delta_1 + \delta_2 Georgia_i + \delta_3 After_i + \delta_4 Young_i + \delta_5 Georgia_i \times After_i + \delta_6 Georgia_i \times Young_i + \delta_7 After_i \times Young_i + \delta_8 Georgia_i \times After_i \times Young_i + \varepsilon_i \quad (6\text{-}2)$$

三重差分法估算关注的是三重交互项的系数，即方程（6-2）中的$\delta_8$，用来估算HOPE奖学金项目对佐治亚州18~19岁年轻人大学入学率的影响。奖学金政策实施后，佐治亚州可能有一些特有的经济政策也会影响大学入学率，并导致佐治亚州和美国其他东南部各州的时间趋势产生差异，所以将佐治亚州不受 HOPE 奖学金项目影响的大龄年轻人考虑进来，与对照组的同龄人进行对比，以消除实验组和对照组时间趋势的差异。还可以通过表 6-5 看一下三重差分法的估算过程：

表 6-5　三重差分法估算

| 组别 | 佐治亚州 | 美国东南部其他州 | 差异 |
|---|---|---|---|
| 年轻组（$T_1$ 期和 $T_0$ 期差异） | 第一重差分 | 第一重差分 | DID |
| 大龄组（$T_1$ 期和 $T_0$ 期差异） | 第一重差分 | 第一重差分 | did |
| 差异 | DID | did | DDD |

注：did 为时间趋势差异，DID 为双重差分结果，DDD 即三重差分估算结果。

Dynarski 发现 HOPE 奖学金实施后，相对于美国东南部其他州，佐治亚州 18~19 岁的年轻人比州内 23~24 岁的年轻人大学入学率高了 7.5%，即 HOPE 政策将大学入学率提高了 7.5%。这个估算结果和 Dynarski 做的双重差分估算结果没有显著差异，证明了结果的稳健性，也增加了读者对估算结果的信心。

## 广义 DID

DID 基础模型里的外部冲击（干预）和时间都是虚拟变量的形式，即 2×2 模式，估算出的效应是有无外部冲击的区别，但有些外部冲击（比如政策）是"一刀切"的，无法找到完全不受影响的控制组，不过政策对不同个体的影响程度不同，我们将模型（6-1）中的虚拟变量 *Goregia* 换成一个连续变量 *Degree*，代表干预强度，依然可以构建 DID 模型，用交互项系数考察政策的干预效应，这种情况称为广义（generalized）DID。Dearing et al.（2018）研究了挪威提高幼儿保育普及规模对早期语言技能的影响，该政策不是有或无的区别，而是不同年龄段和不同地区的幼儿保育普及程度不同，研究者用接受保育的儿童所占比例（是个连续变量）作为核心解释变量。Bai 和 Jia（2016）考察了废除科举制对于政治稳定的影响。由于这是个"一刀切"的政策，所以无法找到严格意义上的控制组，但研究者利用了科举配额差异估算了政策效应，核心解释变量是"人均科举配额"。

## 第五节　自然实验来源

政策的突然变化或自然灾害可以将同地域的个体或机构分配至受影响的组（实验组）和未受影响的组（对照组），保证分组变量的外生性。上文中 HOPE 奖学金项目对大学入学率的影响即属于政策变化类的自然实验（Dynarski, 2000）。

> **研究实例 6.4：自然灾害作为外生干预的自然实验**
>
> Tian 和 Guan（2015）使用美国路易斯安纳州教育部门的中小学生教育记录数据，研究了 2005 年的卡特里娜飓风对受灾学生违反纪律行为的影响。他们以 2004 年为 $T_0$ 期，2006 年为 $T_1$ 期，以被撤离学生为实验组，以未撤离学生为对照组。双重差分法估算出这一自然灾害将学生违反纪律的概率提高了 7.3%。
>
> 自然灾害对语言应急服务体系产生了挑战，也推动了其发展。汶川地震和新冠肺炎疫情均敦促国内语言教育领域更加重视应急语言服务体系建设、应急语言人才培养机制和课程体系建设。感兴趣的研究者可以考虑通过自然实验的方法考察自然灾害对应急语言教育实践的影响。

还有一类和政策相关的外生干预是同一时间内不同人群或地域的政策不同，使得个体或机构被迫分配至实验组或对照组。这种情况下，可以用受某政策影响的人群为实验组，不受该政策影响的人群为对照组，使用双重差分法估算该政策的影响。

> **研究实例 6.5：政策变化作为外生干预的自然实验**
>
> Muravyev 与 Talavera（2016）考察了官方语言水平要求的政策变化对少数民族教育需求的影响。乌克兰计划从 2009—2010 学年开始，要求讲少数民族语言的学生（包括在公立学校以民族语言为教学媒介的学生）使用官方语言乌克兰语参加毕业考试（也是大学入学考试），不能再使用翻译成自己民族语言的试卷。这种事关高利害考试的政策改革很可能会影响少数民族学生对学业的决策。两位研究者以此政策为外部冲击，构建了自然实验并用

> 双重差分法估算了政策效应。他们发现讲少数民族语言的学生选考的科目数量减少，选考对语言要求较高学科（如历史、生物）的人数减少，而选考数学的学生人数增加；学生的乌克兰语科目成绩有所提升。这篇论文通过画图对时间趋势假设进行验证，非常清晰明了。但选考数学的学生数量增加应该也受当年另一项新政策的影响，即学生必须在数学和历史中选一门作为必考课目，就这点而言，该研究未能满足实验干预唯一性假设。

还有一类自然实验是由于个体自身因素（如出生日期、双胞胎）或某个驱动变量上的取值不同而导致待遇不同（如以入学成绩为准进行分级教学）。这类事件可能会用到其他估算方法，而非双重差分法。如王骏和孙志军（2015）利用重点高中分数线构建自然实验，假定分数线上下较小范围内的学生各方面特征没有显著差异，用断点回归的方法估算重点高中对学生学业成绩的影响；Angrist 和 Krueger（1991）利用出生日期这一个体因素（第一季度出生的人六岁半左右开始上一年级，而第四季度出生的人五岁半左右开始），结合有关最低辍学年龄（满 16 岁才能辍学）的法律规定，构建自然实验，用工具变量法估算上学对收入的影响。这两种估算方法的具体内容分别见第七章和第八章。

## 第六节　自然实验数据来源和选择

差分法既可以用面板数据（panel data），也可以用重复截面数据（repeated cross-sectional data），少数情况下还可以使用截面数据。面板数据也叫平行数据、纵向数据（longitudinal data），这类数据由时间序列数据（time-series data）和横截面数据构成，因此有横截面和时间两个维度，按这两个维度排列时，像面板一样，故得此名。时间序列数据指对同一研究参与者不同时间连续观察得到的数据，如某学生大学一年级和二年级共四个学期的英语期末成绩分数别为 89、90、88、92；横截面数据指在同一时间收集到的不同对象的数据，如某次英语期末考试全班所有学生的成绩。所以面板数据兼具时间序列数据和截面数据的特点，是对不同时间、同一组个体的追踪数据，如全班学生大学一年级和二年级共四个学期的英语期末成绩分数。这样的数据也有人称为平衡面板数据。

重复截面数据也叫混合截面数据（pooled cross-sectional data），是指在不同时间从同一个大总体内部分别随机抽样，将所得数据混合在一起的数据集（叶芳、王燕，2013），也有人称这类数据为非平衡面板数据，如某学校2017—2020年每年的大一新生第一学期期末的英语成绩。面板数据和重复截面数据用于双重差分估算时，至少要有外部冲击发生前和发生后的两期数据。如果有冲击后的多期数据，还可以进行多期双重差分估算来考察外部冲击的长期效应，包括两组多期和多组多期双重差分。截面数据用于双重差分估算时，时间不再是分组变量，而是由其他变量代替时间作为分组变量并与干预变量组成交互项。如Lavy（2008）用是否匿名评分代替时间，与性别构成交互项，考察性别歧视对学生成绩的影响。

自然实验中的外部冲击是完全外生的，没有研究参与者能预先知道自己会分到哪一组，研究者也无法控制分组过程，那么自然实验的数据从哪来呢？其数据一般都是现成的、常规和例行收集的数据，如年鉴数据、普查数据等，也就是说数据并不是为了评估某个外部冲击（如政策）的干预效应而特地收集的，但研究者可以利用这些数据构建实验条件。如本章反复提到的Dynarski（2000）的研究，就是利用"当代人口调查"和"综合高等教育数据系统"这两套现成数据进行了双重差分估算。

自然实验中，研究者要考虑两期之间相隔的时间长度，通常称为分析窗口的宽度（window width）。如Dynarski（2000）研究HOPE奖学金的影响时，需要考虑$T_0$和$T_1$期与这一政策开始实施时的时间距离。HOPE奖学金1993年开始在佐治亚州实施，Dynarski选择了1989—1992年为政策前（$T_0$期），1993—1997年为政策后（$T_1$期）。她在文章中提到这个分析窗口所包含的样本量并不是很大，所以无法做更多的分析。但如果她把政策前后的时间窗口扩大，可能会有其他政策、经济因素使得两组个体产生更多差异，即政策前和政策后的个体之间的差异可能不止源于新实施的奖学金政策，进而混淆不同政策的干预效应。选择比较窄的分析窗口可以较好地避免政策以外的其他因素对两组造成不同影响，保证研究结果的内部效度，但也意味着样本量较小，会威胁到统计功效；而较宽分析窗口的优势和劣势则与较窄的窗口正好相反，可以较好地保证样本量和统计功效，但可能破坏研究结果的内部效度，研究者要取得平衡并非易事。这方面更多内容可以参考Murnane和Willet（2011）一书的第八章。

## 第七节　自然实验与语言教育研究

自然实验目前主要用于教育学、经济学和管理学领域，语言教育领域的自然实验通常属于跨学科研究，下面我们通过教学方法改革研究、教学媒介语政策、教育帮扶、移民语言政策、分流教育、延长教学时长这六个话题来探讨语言教育领域中可以开展的自然实验研究。

**教学方法改革**是语言教育类研究经久不衰的研究话题，也是一线教师最为关注的话题之一。如果教学改革是因新政策实施而突然发生的外生变化，而非教师和学校自主决定的改革或研究者设计的改革，样本量又足够大，则可以用双重差分法进行教学改革效果的因果推断。上文提及的刘娟娟等（2017）对翻转课堂教学改革的效果研究就利用两组两期和两组多期双重差分法对翻转课堂在乡镇中学英语教学中的效果进行了因果推断研究，结果发现翻转课堂对学生的英语成绩有消极影响，研究认为乡镇中学的环境不适合这类英语教学改革。需要注意的是，这篇论文中没有提及教育改革政策的制定方，如果改革是由教师或学校自主决定的，就不能算自然实验了。

> **研究实例 6.6：教学方法对学业表现的影响**
>
> Deschacht 和 Goeman（2015）考察了混合式教学是否影响参加成人教育的学生的学业表现，对照组是普通在校生。作者共考察了三个结果变量，分别是退课率、考试通过率和整体课程通过率。结果发现混合式教学可提高成人学生的考试表现和课程通过率，降低了语言类课程的退课率，但提高了整体的退课率。混合式教学是近年来语言教育界广泛流行的教学模式和理念，对其效应的研究也很多，但很少能实现无偏因果推断，这个研究借助自然实验，控制了许多混淆变量的影响，降低了估算误差。

**教学媒介语政策**会对不同课程及语言学习产生影响，进而会影响到一个学校、一个地区乃至一个国家的教育发展。教学媒介语是语言政策研究的重要领域，而英语媒介教学（English as a Medium of Instruction, EMI）又是近些年的研究热点，但国内这方面的研究目前主要聚焦在师生对 EMI 的态度和感受，数据主要来自访谈、课堂观察和小型问卷调查，因果推断研究极少，这使得 EMI

效果研究缺乏足够的理据。下面我们看教学媒介语改变形成自然实验时估算教学媒介语效应的研究，希望能为 EMI 效应研究提供一点灵感。

> **研究实例 6.7：教学媒介语对入学率和所处年级的影响**
>
> 　　1994 年埃塞俄比亚教育部颁布了《教育与培训政策》，规定州政府有权决定辖区内小学的教学语言。阿姆哈拉州（Amhara State）内一些区的小学开始用学生的母语授课，而其他区的小学则继续用阿姆哈拉语授课。Seid（2016）利用该州内不同地区的不同教学语言政策，把母语授课地区的小学生定义为实验组，该州其他地区的小学生归为对照组，利用双重差分法估算母语授课的干预效应。因为与阿姆哈拉州相邻的阿法尔州和提格里州也改变了小学教学语言，所以研究者还将这两个临州的小学生定义为两个实验组，与阿姆哈拉州继续接受阿姆哈拉语授课的小学生（对照组）做州际对比。埃塞俄比亚人口统计数据中有 2% 为公用微数据，研究者分别用 1994 年和 1997 年的公用数据作为双重差分法估算中的 $T_0$ 期（政策前）和 $T_1$ 期（政策后）数据，用 probit 回归模型考察新政策对小学入学和进入年龄相符年级的影响。州内双重差分估算和两个州际双重差分估算都表明新政策可以显著提高小学入学率和进入年龄相符年级的概率。三轮双重差分估算的结果均具有显著性，证明了估算结果的稳健性。
>
> **研究实例 6.8：教学媒介语对语言技能的影响**
>
> 　　美国有不少英语非母语因而英语水平有限（limited English proficient，LEP）的学生，这类学生的授课语言受到不少人关注。马萨诸塞州 2002 年年底通过 Question 2 法令，严令禁止教师用 LEP 学生的母语授课，将双语教学改成了英语沉浸式教学，该法令 2003 年开始生效。语言政策的调整提供了自然实验研究的契机，Guo 和 Koretz（2013）利用这一政策变化，以政策后接受英语沉浸式教学的 LEP 三年级学生数据为实验组 $T_1$ 期数据，政策前接受双语教育的 LEP 三年级学生的数据为实验组 $T_0$ 期数据，对比非 LEP 学生在政策实施前后成绩间的差异，考察取消双语教学对 LEP 学生语言和阅读技能的影响，双重差分估算发现新政策并未显著提高 LEP 学生的英语阅读成绩。

　　**教育帮扶**是教育研究的常青话题，每个国家和地区都会有各种教育帮扶政策和项目，在我国，教育扶贫是扶贫开发工作的重要内容，以期通过以教育扶贫实现增智和增收的目的。对这类政策干预效应的研究可以为其制定和实施提供科学论据，对一个国家和地区的治理有重要意义。教育帮扶有不同的实现渠道，如资金支持、技术支持、生活物质支持。Strunk et al.（2012）与 Sun et al.（2021）研究了对落后校加大资金支持的干预效应。两项研究均发现落后校帮扶政策可以显著提高学生的数学成绩；前者发现政策对项目期内（两年）的英语成绩没有影响；后者则发现政策对英语成绩也有积极影响，且影响逐年增强，而且帮扶政策还提高了学生的毕业率。Bellei（2013）考察了教学技术帮扶项目的干预效应，帮扶内容包括校外专家在教学资源、教学方法、学习困难和行为问题干预上的支持，发现该项目对语言成绩有积极效应，但项目结束后该效应迅速降低。Hall et al.（2021）考察了硬件设备支持项目的干预效应，该项目为初中生每人配备一台笔记本电脑，但这并没有提高学生的语言成绩，甚至对家庭经济条件较差的学生有负面影响。

**移民语言政策**会影响到新老移民对目的国语言和来源国语言的学习，因为语言是重要的人力资源，直接影响到移民在新环境中的融入，尤其是经济融入。移民目的国政府会出台政策鼓励新移民学习目标语言，比如给予奖励（ÅSlund et al.，2018）、免费提供语言培训（Fervers et al.，2021）、取消母语教育等（Tegunimataka，2021）。由于我国不是移民国家，所以国内这类研究较少。

> **研究实例6.9：取消母语教育对学业表现的影响**
>
> 2002年之前，丹麦政府为那些父母之一的母语不是丹麦语的孩子提供母语教育。当年，国家取消了这部分资金支持，但各自治区可自行继续开展母语教育。这种情况下，接受母语教育与否取决于所居住的自治区。Tegunimataka（2021）利用该政策构建了自然实验，考察取消母语教育对小学九年级移民学生的数学和丹麦语成绩的影响，并考察了政策对第一代和第二代移民和性别是否存在异质性效应。结果发现，政策并未取得预想效果，反而降低了男生的丹麦语成绩和男女生的数学成绩；对第一代移民有负面影响，对第二代移民没有影响，作者认为这与语言习得关键期假设有关。这个研究的特别之处在于干预不是提供某项服务，而是取消某项服务。

很多国家都实施**分流教育**，有的在教育早期阶段就开始实施分流，如德国。近年来我国也开始实施"中考分流"政策，平衡职业高中和普通高中教育。除了这种宏观层面的教育分流，还有微观层面的分流，比如基于外语水平的分级教学（如快班、慢班）。宏观层面的教育分流关系很多人的切身利益，也事关整个社会的稳定和发展，对这类政策效应的评估至关重要。

> **研究实例 6.10：教育分流对学业表现的影响**
>
> Câmara Leme et al.（2020）利用国际学生评估项目、国际成人能力评估调查和国际数学与科学趋势研究项目数据考察了高中实施分科对阅读和数学成绩的影响。结果发现高中分科对学生的学业表现有消极影响，对社会经济条件较差的学生负面影响更大。该研究所用数据是截面数据，利用不同的年龄队列构建了队列 DID 估算政策效应。该研究数据包括的国家要么实施分科教育要么实施通用教育。这点并不一定适用于所有国家，尤其像中国这种在面积和人口层面都堪称大国的国家，很有可能两种情况并存，所以在选择研究对象时需要慎重。

**延长教学时间**可以提高学生成绩吗？这是教育研究领域非常关心的话题。我国近年来大规模开展课后延时服务政策，各地开始实施这一政策的时间有早有晚，非常适合构建自然实验，用 DID 估算该政策的干预效应。Bellei（2009）、Meroni 和 Abbiati（2016）、Battistin 和 Meroni（2016）均研究了延长教学时间对数学和语言成绩的影响。但只有 Bellei（2009）的研究发现延长教学时间可提高语言成绩，且对农村地区学生的影响更大。而三个研究均发现政策对数学成绩有正向干预效应，这大概是因为语言类课程需要花费更多的时间才能看到效应。

# 第八节　结　　语

自然实验及其估算方法的优势在于省时省力、解读直观；不要求实验组和对照组基线（$T_0$）数据无差异。不足之处则在于自然实验的效应估算需要基线数据和对照组；政策干预等外部冲击必须是外生变量；对共同时间趋势要求严格（如果不满足这个假设，需要设法消除时间趋势差异）。近些年自然实验设计和双重差分法开始受到社会科学界的欢迎，但它们在国内语言教育领域使用还较少。本书特意安排本章内容，是对填补这块空白的一次尝试，希望自然实验设计能够在语言教育领域发挥作用，推动本学科的发展。

## 练习

1. 自然实验和随机实验在实验设计和估算方法上有何异同？各自的优缺点是什么？

2. Muravyev 与 Talavera（2016）考察了官方语言水平要求的政策变化对少数民族教育需求的影响。该研究基于自然实验设计与双重差分法估算了政策效应。请阅读论文的研究设计和估算过程部分，并参考研究实例 6.5，详细分析其优缺点并提出改进建议。

3. 思考一项教育政策（如英语高考"一年两考"的政策、幼儿园入园摇号政策），考察其外生性及数据的可得性，试着利用现成数据构建自然实验，回答你感兴趣的研究问题，并参考上一题中的论文写出研究方法部分。

## 进深资源推荐

[1] Anders Holm 教授（哥本哈根大学）开设的网上课程 Measuring Causal Effects in the Social Sciences (课程网址：https://www.coursera.org/course/causaleffects) 第五周内容。

[2] Angrist J D, Pischke J S, 2008. Mostly harmless econometrics: An empiricist's companion [M]. Princeton, NJ: Princeton University Press: 169-182 (5.2 Differences-in-differences: Pre and Post, Treatment and Control).

[3] Dynarski S M, 2004 The new merit aid[A]// Hoxby C M (Eds). College choices: The economics of where to go, when to go, and how to pay for it [C]. Chicago: University of Chicago Press: 63-100.

[4] Hillman, N. Using difference-in-differences in higher education research[EB/OL]. (2018-07-10). [2020-07-31]. https://web.education.wisc.edu/nwhillman/index.php/2018/07/10/using-difference-in-differences-in-higher-education-research/.

[5] Murnane R J, Willett J B , 2011. Methods matter[M]. Oxford: Oxford University Press: Chapter 8.

[6] 黄斌，方超，汪栋, 2017. 教育研究中的因果关系推断——相关方法原理与实例应用[J]. 华东师范大学学报：教育科学版(4): 1-15.

[7] 张羽，2013. 教育政策定量评估方法中的因果推断模型以及混合方法的启示[J]. 清华大学教育研究, 34(3): 29-40.

[8] 中国家庭追踪调查(CFPS) http://www.isss.pku.edu.cn/cfps/.

[9] 中国统计信息网 http://www.tjcn.org/.

[10] 中国综合社会调查(CGS) http://cgss.ruc.edu.cn/.

[11] 中国教育追踪调查(CEPS) http://ceps.ruc.edu.cn/.

# 第七章 断点回归

第六章自然实验中提到一种研究情景：因为某个变量上的取值不同而导致待遇不同，比如常见的重点高中录取分数线、英语分级教学中的定档线、大学英语四六级及格线等。这种研究情景可构建另一种常见的准实验设计：断点回归。它非常接近随机实验，能够缓解参数估计中的内生性问题，实现因果推断。本章就断点回归的基本概念、常见设计、内部效度、干预效应的估算方法以及优缺点等方面分别进行介绍。

## 第一节 基本概念

断点回归设计（regression discontinuity design，RDD）是给分组变量（assignment variable/rating variable/forcing variable/running variable，也译为"强制变量""处理变量""分配变量"或"配置变量"，本书中统称为"分组变量"）设定一个临界值（cutoff score/cut-point/threshold），基于个体在分组变量上的得分是高于、等于还是低于临界值进行干预分组，导致接受干预的概率在临界值处出现断点（Jacob et al.，2012）。分组变量可以是结果变量的前测分数，也可以是在干预前测量的任何其他连续变量，甚至不需要与结果变量相关，但不能是分类变量（如性别、种族等）。

断点回归的回归设计首次见于 Thistlethwaite 和 Campbell（1960）的研究，他们考察公众认可（public recognition）对于学生对学术界的态度以及未来学业规划的影响。中学生参加奖学金资格考试，成绩高于或等于达标分数的学生获得优秀证书（Certificate of Merit），其中部分学生还会获得奖学金；成绩略低于达标分数的学生则获得奖状（Letter of Commendation）。前者得到的公众关注度更高：他们的姓名会印在宣传册中，分发给高校及其他提供奖学金的机构，被报纸报道的机会约是后者的 2.5 倍。研究者关注荣誉奖（而不是奖学金）的效应，因此只将前者中没有获得奖学金的学生归到实验组，后者则都归到对照组。

这样获得优秀证书的概率在分组变量（资格考试成绩）的临界值（达标分数）处出现一个跳跃（jump），即形成了断点，研究者通过比较断点两侧相邻区域样本的结果变量值就可以估算获得优秀证书的效应。

下面以一个虚构的研究案例展示断点回归设计。假设要根据英语前测中词汇分项的成绩决定是否对学生进行课外辅导，并考察这一干预行为对后测英语总成绩的影响。图 7-1 展示了用于决定学生是否接受课外辅导的英语测试词汇分项成绩（横轴）与学生是否接受辅导（纵轴）间的关系。分项成绩进行了标准化处理：每个学生的成绩减去所有学生成绩的平均值，所得的差除以学生成绩的标准差，因此标准化得分的平均值为 0，标准差为 1。图中间的垂直线代表将标准化成绩的平均值设为临界点，标准化成绩低于 0 的学生接受课外辅导，高于或等于 0 的不接受辅导。从图中可以看出，学生接受干预的概率与词汇分项成绩间的关系在临界点处急剧下跌，出现断点。

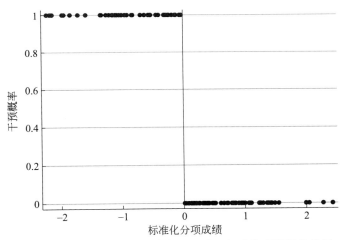

图 7-1　学生接受干预的概率与词汇分项标准化成绩间的关系

断点回归设计中的分组可以基于多种原因。如果干预的目的是改善某种现状或减轻某个问题，可以基于需求（need）分组，如给贫困指数得分（该分数越高表示家庭越贫困）高于或等于某个临界值的家庭发放现金，又如成绩低于某个分数的学生参加补习项目；分组也可以是基于优秀表现（merit），如成绩达到或超过临界值的学生获得奖学金、某种荣誉称号或是项目资助。以上这些是断点回归设计中最常见的分组方式，但并非所有断点回归设计的分组都是基于需求或优秀表现，分组变量也可以是年龄这样的变量，如临界值可能是小学入学的最低年龄或者是成为成人的最低年龄。

> **研究实例7.1：基于需求的分组**
>
> 教师有时需要为成绩较差的学生进行补习，如果是基于学习成绩选择补习对象，就可以利用断点回归设计评估补习的干预效应。例如有研究人员基于四年级学生标准化写作测试的成绩，将得分低于某一特定分数（即临界值）的学生分配到实验组，为这些存在写作困难的学生提供句子层面的教学辅导，为期七周、每周两次，结果发现辅导提高了学生在写作规范方面的得分，但没有显著提高学生写作的故事质量得分（Furey et al., 2017）。
>
> 与此类似，有研究人员对词汇测试成绩处于后四分之一的学生进行为期十周的词汇干预，结果发现学生在干预项目中教过的单词上得分有所提高，但在其他难度相似的单词上得分没有显著变化（Dyson et al., 2018）。
>
> **研究实例7.2：基于优秀表现的分组**
>
> 《自然》期刊的子刊《自然通讯》（*Nature Communications*）上发表的一项研究（Wang et al., 2019）也采用了断点回归设计。研究者利用青年科学家申请美国国家卫生研究院（National Institutes of Health，NIH）的R01类项目的数据以及科学网（Web of Science）数据库显示的研究论文发表数据，考察职业初期的成功与失败对青年科学家未来职业发展的影响。NIH的项目资助决定在很大程度上取决于项目的评估得分，评分临界值（称为"资助线"，payline）两边的项目获得资助的可能性出现断点。该研究利用这一特点，聚焦项目申请得分略高于临界值因而成功获得资助的青年科学家（561人）和得分刚刚低于临界值因而错失资助的青年科学家（623人），比较他们此后的论文发表数量和被引用数量，结果发现错失资助的青年科学家中超过10%的人此后没再出现在NIH系统中；但坚持下来的青年科学家中，与刚好成功获得资助的一组相比，错失资助的一组此后发表高被引论文的概率更高、所发表论文的平均被引率也更高。Wang et al.认为他们的发现显示了"不能杀死我的使我更强大"。
>
> **研究实例7.3：基于年龄的分组**
>
> 不少人关注一年的学校教育对学生获得各方面技能的影响，但生理成熟、学校学习和经验积累这些影响因素共同起作用，且很难分割它们的影响

（Cahan et al.，1989）。基于小学入学的最低年龄要求，一些学者比较刚过年龄线因而能上学的儿童和晚几天出生因此只能晚一年上学的儿童的测试表现，考察一年的学校教育在提升儿童各种学术技能方面的效应，如语言与数学技能（Cahan et al.，1987）、音素意识（Bentin et al.，1991）、认知发展（Cahan et al.，2019; Jabr et al.，2014，2015）、亚逻辑（infralogical）和逻辑数学运算技能（Cahan et al.，2008）以及智力发展（Wang et al.，2016）。

分组变量的临界值可能由研究人员设定，也可能是基于政策设定；接受干预的个体可能是分组变量得分高于某个临界值，也可能是低于该临界值，依干预需要而定。譬如实验者决定某项考试成绩低于某个特定分数的学生参加补习项目，等于或高于该分数的学生不参加，这属于研究人员设定临界值，成绩低于临界值的个体接受干预（参加补习项目）。又譬如教育管理部门决定当年 8 月 31 日或之前满六岁的儿童可以入学，没满六岁的儿童不能入学，这是基于政策设定的临界值，年龄大于或等于临界值的个体受到干预（小学入学）。不论哪种情况，临界值都由外部人员设定，具有外生性，这样的外生特点使得断点回归设计成为"分析因果效应的最可信的非随机实验策略之一"（Cattaneo et al.，2020）。此外，有多种方法可用来验证断点回归设计的效度，为设计的有效性提供实证支持，提升了断点回归设计的可信度，这是其他非随机实验研究设计中很少能做到的，因此使得断点回归设计在非随机实验方法中可信度尤为突出（Cattaneo et al.，2020）。这也是为什么学界普遍认为断点回归设计这种非随机实验方法提供的因果估计能与通过随机实验方法获得的因果估计相媲美（Cook et al.，2008）。

## 第二节　常见断点回归设计

常见的断点回归设计除了基本设计外还有分组变量取多个临界值的设计以及与随机实验结合的设计，下面分别进行介绍。

### 断点回归的基本设计

断点回归的基本设计是从总体研究对象中随机抽取研究对象样本，对每个研究参与者测量研究人员关注的分组变量，根据预先确定的分组变量临界值将他们分配到实验组或对照组（需要预先确定分组变量得分等于临界值的研究参与者分配到哪一组），对实验组成员进行干预，然后测量每个研究参与者的结果变量值，通过对比实验组和对照组在结果变量上的表现估算干预效应。

**多个临界值的断点回归设计**

断点回归设计也可以设两个或多个临界值，基于分组变量的 $N$ 个临界值将研究参与者分配到 $N+1$ 个组。例如设有两个临界值的研究可以对分组变量得分处于中间段或处于两端的研究参与者进行干预，其他人形成对照组。语言教学中可以巧妙利用现有政策进行多临界值断点回归研究。例如某大学硕士研究生新生如果英语入学分级考试成绩低于一个较低的临界值需要参加课外辅导，高于一个较高的临界值则可以免修英语课，这种情况下可以采用多临界值断点回归设计同时考察课外辅导项目和英语课程免修的效应。又譬如不少大学会基于新生英语入学分级考试成绩将一年级学生分成一、二、三级进行英语教学，研究者可以将二级和三级的划分分数线分别设为临界值，考察不同级别的教学效果。

多临界值研究还可以对不同组别进行不同剂量的干预。如为了防止戒烟人员烟瘾复发，可以为他们提供替代物尼古丁口香糖，依据测量得到的烟瘾值将研究参与者分成三组，对烟瘾值低于较小临界值的研究参与者不提供干预，对烟瘾值超过较小临界值的研究参与者提供 2 毫克剂量的尼古丁口香糖干预，对烟瘾值超过较大临界值的研究参与者提供 4 毫克剂量的干预（Shadish et al.，2002）。

此外，还有可能基于多个临界值进行相似的干预，如果干预的结果一致，能更好地展示干预的有效性（如 Papay et al.，2016），具体请参见下面的研究实例 7.4。

---

**研究实例 7.4：多个临界值的断点回归**

Papay et al.（2016）探究州立考试达到某一成绩等级水平对上大学概率的影响，使用了有多个临界值的断点回归设计。高利害的州立考试会基于分数线划分等级水平（"警告""有待改进""合格""优秀"）。研究者比较成绩

> 刚过某一分数线因而达到某一等级的学生与成绩刚刚低于分数线因而被划分到低一等级的学生，结果发现达到高一等级会显著提高低收入家庭学生上大学的概率，对于参加考试前没有打算要上大学的学生效果尤为明显。论文作者认为多个临界值的设计帮助他们克服了断点回归设计的一个关键缺陷，即结果只适用于分组变量得分接近临界值的少量学生（相关内容参见本章第二节），而他们可以在多个临界值处考察测试成绩标签（test score labels）的效应。此外，他们既考察了八年级测试（中等利害）成绩标签的效应，也考察了十年级测试（高利害）成绩标签的效应，相对稳定的结果增加了他们研究结果的可信性。

### 与随机实验结合的断点回归设计

　　断点回归设计还可以与随机实验结合使用，综合两种设计的优势，得到更好的研究结果（Reichardt, 2019）。假设分组变量得分低的人员最需要干预，可以如图7-2（a）所示，给分组变量设两个临界值，对分组变量得分低于较小临界值的所有人员（第1组）全部进行干预；分组变量得分高于较大的临界值的人员则全部不接受干预，形成对照组（第4组）；分组变量得分处于两个临界值之间的人员则随机分到实验组（第2组）和对照组（第3组）。这样形成的是随机试验嵌套在断点回归中的设计，既能确保需求最大的人员会受到干预，同时也给分组变量得分处于中间段的人员分配到实验组和对照组的平等机会。对于这样的设计，其数据分析由三部分组成，第2组和第3组间比较，用随机实验的数据分析方法（参见第五章第五节）；第2组在较大的临界点与第4组比较，用断点回归的数据分析方法（参见本章第四节）；第3组在较小的临界点与第1组比较，也用断点回归的数据分析方法。有学者建议在断点回归数据分析中将第1组和第2组一起与第4组比较、第3组和第4组一起与第1组比较（Reichardt, 2019）。我们认为这部分的数据分析最好不将第1组和第4组进行比较，因为这两组的人员在分组变量的得分上可能差别比较大，在实施干预前不具备可比性，因此他们在结果变量上的差别不能简单归因于干预（详见本章第四节）。

　　与此相似的一种结合方式是将分组变量得分接近临界值的人员随机分配到实验组（第1组）和对照组（第2组），其他所有研究参与者都分到相同的组（第3组），要么都进实验组，要么都进对照组。分组情况如图7-2（b）所示。这种

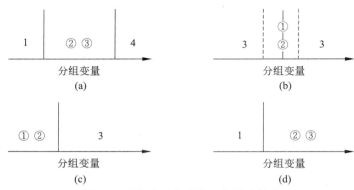

图 7-2　随机实验与断点回归设计结合

注：图中的实线代表临界值；虚线与实线间的区域代表分组变量刚高于或刚低于临界值的得分范围；圆圈内的数字代表随机分组产生的组别；不带圆圈的数字代表直接统一分配的组。

设计适用于对干预效应有一定预判的时候。如果预期干预会有较好的效果并且项目组能承担得起干预费用，可以将所有其他人员都分配到实验组，使尽可能多的人受益；假设干预的副作用有可能比较大（如探索毒性未知的药品的使用效果时），可以将其他所有人员都分配到对照组，减少这些人的风险（Shadish et al., 2002）。数据分析分为两部分：第 1 组和第 2 组间比较，用随机实验的数据分析方法；分配到实验组的人员和分配到对照组的人员间比较（如果第 3 组接受干预，第 1 组和第 3 组一起与第 2 组比较；如果第 3 组不接受干预，则是第 2 组和第 3 组一起与第 1 组比较），用断点回归的数据分析方法。

除了将随机试验嵌套在断点回归设计中，还可以在随机实验的一端加上断点回归设计。依然假设分组变量得分低的人员最需要干预，同时假设能参与研究的人员数量多，但由于人均干预成本高，因此只能对少量人员进行干预。在这种情况下，可以如图 7-2（c）所示，将分组变量得分低于某一临界值的人员随机分配到实验组（第 1 组）和对照组（第 2 组），分组变量得分等于或高于临界值的人员则全部不接受干预，形成对照组（第 3 组）。数据分析分为两部分：第 1 组和第 2 组间比较，用随机实验的数据分析方法；第 1 组和第 3 组间做比较，用断点回归的数据分析方法。由于对第 3 组研究参与者只需测量结果变量，不需实施干预，能在降低干预成本的同时保证设计的统计功效，有助于得到具有统计显著性的干预效应（Shadish et al., 2002）。

还有一种结合方式与上一种方式非常相似。依然假设分组变量得分低的人员最需要干预，同时假设最需要接受干预的人员都必须得到干预。在这种情况下，可以如图 7-2（d）所示，对分组变量得分低于某一临界值的所有人员（第 1 组）进行干预，同时将分组变量得分等于或高于临界值的人员随机分配到实验组（第 2 组）和对照组（第 3 组）。数据分析也与上一种方式类似，分为两部分：第 2 组和第 3 组间比较，用随机实验的数据分析方法；第 1 组和第 3 组间做比较，用断点回归的数据分析方法。

以上这些设计将随机实验与断点回归设计结合，有其独特的优点，本章第五节会进一步讨论。

# 第三节 断点回归设计的内部效度

## 保证内部效度的条件

要保证断点回归设计的内部效度，即对干预效应能进行无偏因果推断，需要满足以下几个条件。

首先，分组变量不能是干预的结果，也不能受干预影响，正确的做法是在干预开始前就测量每位研究参与者的分组变量值。

其次，分组变量的临界值和个体的分组变量得分需要彼此独立。临界值需要外生决定，个体会分配到实验组还是对照组应该完全基于分组变量的临界值和个体的分组变量得分。譬如不能为了确保某些学生进入实验组或被排除在实验组以外而在知道学生得分后再设置临界值。同样，个体的分组变量得分也不能受临界值影响。学生不能事先知道临界值，因而能通过控制自己的分组变量得分落在临界值的哪一边，从而决定自己的分组情况。譬如某次考试成绩没有超过 60 分的学生需要参加补习，可能处于临界值附近的部分学生会格外努力，使自己的成绩超过临界值，而另一些学生可能与上述学生水平相近但缺乏努力学习的积极性，结果成绩低于临界值，需要参加补习。这种情况下，临界值两边、得分紧邻临界值的学生实际上在学习积极性方面不可比，而学习积极性很可能影响结果变量，因此会导致断点回归设计无法得到对干预效应的无偏估计。使用无法改变或无法造假的分组变量，并对临界值的数值保密，有助于避免断点回归设计的研究过程中出现上述及类似的人为操控（Cattaneo et al., 2020；Jacob et al., 2012；Murnane et al., 2011；Reichardt, 2019）。

要保证断点回归设计的内部效度，还有一个条件是分组变量得分在临界值两边且紧邻临界值的个体除了干预情况不同外，不能有其他变量存在断点情况。如果成绩低于临界值的学生除了参加课后补习外，还收到来自学校的留级警告，那么通过断点回归设计只能估算参加课后补习加上收到留级警告的共同效应，却无法单独估算参加课后补习的效应（Jacob et al., 2012）。

内部效度的最后一个条件是：在不存在干预的情况下，结果变量与分组变量间的关系应该是连续的，不会出现断点。该条件适用于对结果进行回归分析的研究。如果结果变量与分组变量间存在非线性关系（譬如结果变量与分组变量的平方或立方项显著相关），回归分析模型需要正确表示出这样的关系（Jacob et al., 2012）。

**内部效度检验**

有一些方法可以用来确定分组变量的临界值和个体的分组变量得分是否受到了人为操控，以检验断点回归设计的内部效度。

首先，研究人员需要尽可能多地了解个体分组变量的评分过程以及临界值的选定过程。可以对评分人员和决定临界值的人员进行访谈，还可以查看相关文件（如对照如何选取接受干预人员的说明和接受干预人员的实际信息，看二者是否一致），以判断分配过程是否符合要求（Cattaneo et al., 2020；Jacob et al., 2012；Reichardt, 2019）。

检验断点回归设计效度的另外一个重要方法是作图。首先，可以画出显示受干预概率与分组变量间关系的图。对于有效的断点回归设计，接受干预的概率应该在分组变量的临界值处存在一个断点。如果像本章开始的图 7-1 显示的那样，临界点一侧的所有人员都接受干预，另一侧的所有人员都不接受干预，这种设计被称为"清晰断点回归设计"（sharp regression discontinuity design）；如果像图 7-3 一样，少量应该接受干预的人员没有接受干预，而少量不应该接受干预的人员却接受了干预（即部分实验组和对照组的人员出现了换组现象），这种设计被称为"模糊断点回归设计"（fuzzy regression discontinuity design）。

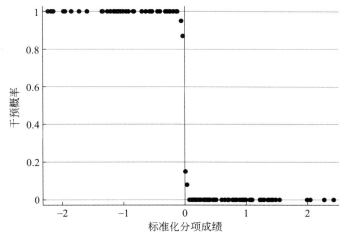

**图 7-3　学生接受干预的概率与词汇分项标准化成绩间的关系（模糊断点回归设计）**

后一种情况下，断点回归设计仍然成立，只是需要使用本书第八章中讨论的工具变量法对干预效应的估算做一些调整。但如果受干预的概率在临界值处没有出现明显的断点，那么断点回归设计显然就不合理了。

除了用图形确认干预概率在分组变量的临界值附近是否出现明显断点外，另外一种常见的画图检验方式是局部平滑性检验。依次画出不应该受到干预影响的各个控制变量与分组变量间的关系。如果所有图形中考察的变量与分组变量间的关系在分组变量临界值附近都是平滑的（smooth），没有出现断点，这样的结果可以支持此断点回归设计的效度；否则将无法针对分组变量临界值两侧的两组在结果变量上的不同推断其原因。这种图形检验也可以改为回归分析，具体请参考本章第四节的回归模型。

最后，还可以进行分组变量是否受人为控制的检验：画出分组变量的分布密度图来查看断点两侧样本数量是否大致相等（Cattaneo et al.，2020；Jacob et al.，2012；Reichardt，2019）。如果分组变量得分存在明显的人为操控，譬如分组变量的临界值确定后教师再给学生评分，并且得分超过临界值的学生能获得荣誉称号，教师可能会有意给本来得分应该略低于临界值的学生略超过临界值的成绩，这样会导致分组变量的分布密度出现如图 7-4 直方图（histogram）所示的情况：高于临界值的一侧人数激增，低于临界值的一侧则人数不足，分组变量得分的频率分布在临界值处也出现断点。

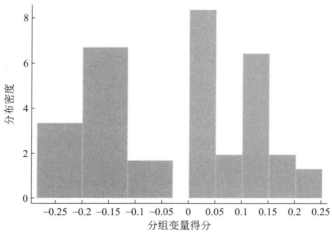

图 7-4　分组变量在临界值两侧的分布密度

---

**研究实例 7.5：断点回归设计的效度**

仍然以学生州立考试达到某一成绩等级水平对上大学概率的影响一文（Papay et al., 2016）为例。论文第五部分"Threats to Validity"专门讨论其研究设计的效度。在这部分，作者首先提出断点回归设计的效度基于两个重要假设：（1）必须依据学生成绩相对分组变量临界值的位置实现外生分组，并且对所有学生的分组都严格执行；（2）学生无法操控自己分组变量得分相对于临界值的位置。作者首先指出从理论上讲他们的研究肯定满足这些假设条件。论文中没有讨论第一个假设，应该是因为分组（即划分成绩等级）是由马萨诸塞州教育厅根据学生考试成绩进行，绝对严格执行，这个假设肯定能满足，所以无须讨论。对于第二个假设，作者指出分组变量是学生成绩的报告得分（scaled score），而将学生考试的原始得分（raw score）换算成报告得分涉及复杂的计算公式，因此虽然各等级的报告得分截止点（即临界值）每年不变，但原始得分的截止点实际上年年不同，而且原始得分的截止点是在学生考完以后才确定，因此成绩在各等级截止点分数附近的学生也许能通过控制自己的答题情况（譬如故意答错一些题）来操控自己的原始得分，却无法操控自己的报告得分相对于等级截止点的位置。

论文作者在论证了自己的研究满足假设后，还基于数据检验了他们断点回归设计的效度。首先，他们检验了报告得分这一分组变量在等级截止点附近的分布，论文中没有展示相关图形，但应该与图 7-4 类似，以检验截止点两边的分数分布密度。该研究考察的八年级测试是中等利害的测试，十年级测试是高利害测试，论文作者在两项测试的各个成绩等级截止点附近都没有发现分数密度的明显断点。其次，他们检查了数据，发现没有成绩低于某一等级截止点但却获得该等级称号的情况，确认学生无法在参加完考试后改变自己达到的等级水平。最后，作者还用图形展示了学生的各种特征变量在分组变量临界值（即成绩等级的报告得分截止点）附近与分组变量间的关系，发现性别比例、接受特殊教育学生的比例等变量与分组变量间的关系在临界值两边是平滑的，没有出现断点。以上检验结果使研究者坚信各成绩等级截止点的确定具有外生性。

## 第四节　干预效应估算方法

　　本节讨论清晰断点回归设计中的干预效应估算，如果是模糊断点回归设计，干预效应的估算需要使用工具变量，我们在下章中讨论。

　　断点回归设计的关键是干预的概率在临界值处发生突然变化。因为分组变量得分刚刚超过临界值和刚刚低于临界值的个体区别应该不大，所以在个体不能自主跨越到临界值的另一边而自主选择接受或不接受干预时，以上两组中的一组可以作为另一组的对照组来估算干预对结果变量的效应。我们以图 7-5 来解释断点回归设计干预效应的估算。图 7-5（a）显示没有干预时标准化的词汇分项前测成绩与学生英语后测成绩间的预期关系。从图中可以看出，词汇分项前测成绩越高的学生通常英语后测成绩也更高，两组成绩间存在正相关的关系，并且这种关系在临界点处没有中断。这意味着没有干预时，对于词汇分项成绩刚刚高于和低于临界值的学生，其英语后测成绩没有显著差别。图 7-5（b）显示干预有效的情况下会发生的情形。这里假设词汇分项标准化成绩低于或等于 0 的学生接受课外辅导，高于 0 的学生不接受辅导。从图中可以看出，学生英语后测成绩在词汇分项前测成绩的临界值处出现急剧下跌。图中椭圆形部分显示出的垂直距离就是课外辅导对临界值附近学生的干预效应。这是因为测试中存在的测量误差导致紧邻临界值的分项成绩究竟会落在临界值的哪一边具有很大的随机性。测量误差可能由多种原因引起：将一道试题换成难度相同、内容

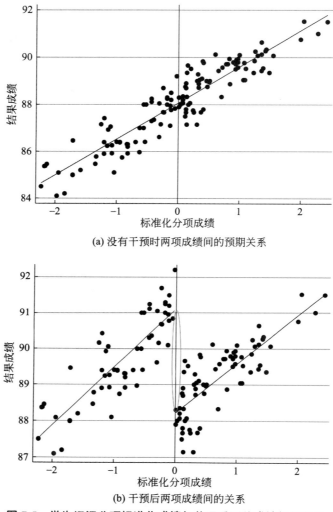

(a) 没有干预时两项成绩间的预期关系

(b) 干预后两项成绩间的关系

**图 7-5　学生词汇分项标准化成绩与英语后测总成绩间的关系**

相似的另一道题就有可能引发学生成绩的变动；学生当天状态的好坏也可能影响测试成绩；主观题如果碰上不同的评分人或者同一位评分人在不同的时间评分都有可能带来成绩变动（Koretz, 2008）。这些随机误差中的任何一项都有可能导致紧邻临界值的学生成绩从临界值的一边变到另一边。因此，平均而言，词汇分项成绩刚刚高于临界值的学生与成绩刚刚低于临界值的学生在各方面均具有可比性，唯一不同之处是后者接受了课外辅导的干预，因此这两组学生干预后英语成绩的均值差异可以归因于后者接受的干预，比较两组英语后测成绩的均值就能估算干预效应。

断点回归干预效果的估算方法可以分为两大类：全局/参数策略和局部/非参数策略（Bloom，2012；Jacob et al.，2012）。前者使用样本中所有数据对结果变量与分组变量及干预变量间的关系进行多项式回归（称为"全局多项式回归"global polynomial regression），以估算临界值附近的平均效应。

多项式回归的相关步骤（Trochim，2020）通常如下：（1）将每个人的分组变量得分（$X_i$）减去分组变量的临界值（$X_c$）得到以临界值为中心的中心化后分组变量；（2）生成干预变量（如分组变量得分大于或等于临界值的个体取值为1，其他个体取值为0）；（3）由于分组变量与结果变量间可能存在非线性关系，所以回归方程使用中心化后分组变量和该变量的平方、立方、四次方这些多次项以及各次项分别与干预变量形成的交互项预测结果变量，检验估算结果对于结果变量与分组变量间非线性关系的敏感性；（4）逐步从模型中去除不具有统计显著性的多次项和各交互项，保留分组变量、干预变量、有统计显著性的多次项与交互项（注意模型中如果保留多次项，也需要保留比它低的项，如果保留交互项，也需要保留组成交互项的各因素）；（5）干预变量的系数显示临界值处的干预效应（如 Dyson et al.，2018；Furey et al.，2017；Ludwig & Miller，2007）。

以 Dyson et al.（2018）的研究为例，其初始模型包含中心化后的前测成绩及其平方项，以及这两项分别与干预变量形成的交互项，逐步去掉系数不显著的多次项和交互项后，最后得到的最简方程只含有前测成绩和干预变量这两个预测变量（对这项研究的具体分析见研究实例7.6）。

我们以 Dyson et al.（2018）最后得到的最简方程显示为什么干预变量的系数显示临界值处的干预效应。最后的回归模型可以表示如下：

$$Y_i = \beta_0 + \beta_1 T_i + \beta_2(X_i - X_c) + \varepsilon_i \tag{7-1}$$

其中，$Y$ 是结果变量；$T$ 是干预变量（实验组成员取值为1，对照组成员取值为0）；$X$ 是表示前测成绩的分组变量；$(X_i - X_c)$ 是中心化后的前测成绩。如图7-6所示，加上 $(X_i - X_c)$ 项后，$\beta_0$ 表示处于分组变量临界值的个体如果没有接受干预预期会得到的 $Y$ 值；干预变量的系数 $\beta_1$ 是 $X_i = X_c$ 时实验组预期 $Y$

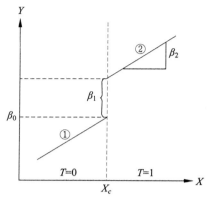

图 7-6 断点回归中估算干预效果

值与对照组预期 $Y$ 值间的差，即 $\beta_1$ 取值为 1 和取值为 0 时结果变量间的差，因此估算的是临界值处的干预效应；$\beta_2$ 表示分组变量每单位变化对应的 $Y$ 值变化，即线①和线②的斜率，只是因为存在断点，所以 $X_i > X_c$ 时个体落在线②上，$X_i < X_c$ 时个体落在线①上。如果 $T$ 与 $(X-X_c)$ 的交互项系数具有统计显著性，则说明线①和线②的斜率不同。

与全局多项式回归不同，断点回归局部估算方法只使用临界点两侧相邻区域的数据估算干预效应。这些方法统称"非/半参数策略"，其中最常见的是局部线性回归（local linear regression）和局部多项式回归（local polynomial regression）。顾名思义，局部线性回归是使用临界点相邻区域数据，使用中心化后分组变量预测结果变量，进行线性回归，这是因为分组变量从临界点两侧逼近临界点，临界点两边的回归方程可以近似为线性函数（Jacob et al., 2012；Papay et al., 2016；张羽, 2013）。不过线性假设有可能不成立，所以也有研究者采用局部多项式回归，和全局多项式回归一样，在回归中加入中心化后分组变量的多次项、分组变量及其多次项分别与干预变量形成的交互项，然后去除不具有统计显著性的项。

局部估算方法的一个重要环节是选择相邻区域的宽度（简称"带宽"，bandwidth / bin width）。如果带宽大，意味着用于估算的样本量较大，参数估计更准确，统计功效会更大，但也意味着临界值两侧区域的样本可比性较小，估算偏误较大；反过来，如果带宽小，临界值两侧区域中样本的可比性更高，估算偏误较小，但样本量较小，又会影响估算的准确性和统计功效。区域宽度的选择技术性比较强，本书不展开讨论，感兴趣的读者可以参看其他文献对相关方法及其应用的介绍（如 Calonico et al.，2014a；Imbens et al.，2012；Imbens et al.，2008；Jacob et al.，2012；Murnane et al.，2011）。

现在的统计软件可以在局部回归中自动选择最优带宽（以及局部多项式回归中分组变量的阶数），非常方便。目前最常见的断点回归局部估算方法是使用 Sebastian Calonico 等几位大学教授共同开发的 rdrobust 指令（Calonico et al.，2018；Calonico et al.，2017；Calonico et al.，2014a，2014b），如 Stata 中可以使用指令如下：

rdrobust y1 xc, c(cutoff)

其中，y1 是结果变量；xc 是分组变量；cutoff 是分组变量的临界值，如果分组变量已经进行了中心化处理并生成 xc_center，则不需要加逗号后的选项：

rdrobust y1 xc_center

rdrobust 指令默认高于或等于临界值的研究对象属于实验组，低于临界值的属于对照组。

下面以计量经济学模拟网站提供的数据及回归分析结果为例（Smart，2013），如图 7-7 所示，说明局部回归后应该重点关注的结果值。

```
. rdrobust perf2 nincome_center

Sharp RD estimates using local polynomial regression.

       Cutoff c = 0 | Left of c   Right of c            Number of obs =      10000
                    +----------------------            BW type        =      mserd
       Number of obs |    4079        5921             Kernel         = Triangular
   Eff. Number of obs |     530         683            VCE method     =         NN
       Order est. (p) |       1           1
       Order bias (q) |       2           2
          BW est. (h) |   0.129       0.129
          BW bias (b) |   0.197       0.197
            rho (h/b) |   0.652       0.652

Outcome: perf2. Running variable: nincome_center.

         Method  | Coef.     Std. Err.    z        P>|z|   [95% Conf. Interval]
   Conventional | 0.48486   0.06467    7.4971    0.000    0.358102    0.611614
         Robust |    -         -       6.1641    0.000    0.327828    0.633493
```

图 7-7 Stata 断点回归输出结果举例

此回归模型中，*perf2* 是结果变量，*nincome_center* 是中心化后的分组变量。输出结果中，"BW est. (h)"项显示程序自动选择的最优带宽，此例中临界值左右两侧的最优带宽均为 0.129；"Order est. (p)"项显示分组变量的阶数，此例中为 1，表示结果变量与分组变量间为线性关系；"Coef."栏表示临界值处干预变量由 0 变为 1 所对应的结果变量的变化，即局部回归方法所估算的干预效应（此例中为 0.48486），其后的 $p$ 值显示效应的统计显著性（此例中 $p < 0.001$）。

对带宽不是太敏感的结果才是稳健结果。可以在上面结果的基础上进行带宽选择的敏感性检验。上例中的输出结果里两侧最优带宽均显示为 0.129，可以尝试此带宽的一半值和两倍值（有些研究中还会加上最优带宽的 1/4 值和 4 倍值），仍然用 rdrobust 指令进行局部回归：

    rdrobust perf2 nincome_center, h(0.0645)

    rdrobust perf2 nincome_center, h(0.2580)

如果基于不同带宽的估算结果都显著，说明结论比较可靠，论文中报告不同带宽下的结果，能增加读者对结论的信心。同样，如果局部回归和全局回归的估算结果都显著，也表明结论非常稳健。但如果不同带宽下的局部回归结果不一致，或者是局部回归和全局回归有的结果显著，有的不显著，读者可能会对结论的可靠性产生疑虑。

断点回归设计中可以考察干预的异质性效应（即干预效应是否因另一个变量的取值不同而有所不同）。全局多项式回归中可以加上干预变量与另一个变量（如表示是否为女性的虚拟变量、表示不同英语水平的分类变量或表示前测成绩的连续变量）的交互项，如果这个交互项的系数显著，表示干预效应因另一个变量取值不同而有所不同，即存在异质性效应。局部回归则可以对各组分别进行断点回归，并比较不同组别的回归结果以考察异质性效应。Papay et al.（2016）的研究采用的是后一种方式（具体分析见研究实例 7.7）。同样地，如果两种方式考察干预异质性效应得到的结论一致，显示结论比较稳健。

> **研究实例 7.6：全局多项式回归**
>
>   Dyson et al.（2018）的研究采用断点回归设计研究小组式词汇干预项目的效应。研究者招募到 199 名 6~9 岁的儿童参加研究，并对词汇前测成绩

在后 1/4 的 43 名学生进行了为期十周的词汇干预。从文章中可以得知，研究者还对需要的研究参与者人数进行了预估。他们先估算随机实验所需的人数，然后按断点回归设计需要的人数是相应随机实验人数 2.75 倍的算法，得出结论：他们的样本量足以发现中等规模的干预效应。虽然研究者在文中没有明确说明，但他们比较的是 43 名接受干预的学生组成的实验组和其余 156 名学生组成的对照组，所以他们采用的应该是全局回归方法。数据分析方面，论文作者首先绘制了后测词汇成绩与前测词汇成绩间的关系图，前测成绩经过处理后以临界值为中心（即临界值处的成绩取为 0）。图形显示，代表接受干预儿童和未接受干预儿童的数据拟合线在临界值处存在明显的断点，两条拟合线看起来似乎平行，后测成绩与前测成绩间看起来具有线性关系。论文作者依照相关步骤，将前测成绩和前测成绩的平方都加入到回归模型中，以检验后测成绩与前测成绩间是否为线性关系。此外，模型中还加入了干预变量（实验组取值为 1，对照组取值为 0）与前测成绩和前测成绩平方的交互项，以检测干预效应是否因前测成绩或前测成绩的平方而有所不同。论文作者从模型中依次去掉各个不具有统计显著性的多次项和交互项，直至获得能拟合数据的最简约模型。结果发现只有干预变量和前测成绩能显著预测后测成绩，并发现两组间后测成绩具有显著差异，显示了干预项目的有效性。

**研究实例 7.7：局部线性回归**

前面介绍过的 Papay et al.（2016）的研究采用的是局部估算方法，先确定最优带宽，然后对带宽内的个体进行局部线性回归，并说明能进行线性回归是因为临界值两边紧邻区域中样本的结果变量和分组变量间能满足线性关系。由于此分析方法中的关键决定是带宽的选择，所以他们报告了不同带宽下估算的干预效应，以显示其结果对于带宽选择具有稳健性。

此外，该研究还进行了干预异质性效应检验，考察州立考试达到某一成绩等级水平对上大学概率的影响是否因原本的大学学业规划而异。他们比较了原本打算上四年制大学的学生和原本不打算上四年制大学的学生，结果显示干预对原本不打算上四年制大学的学生影响尤其大。

## 第五节　断点回归设计的优缺点

与随机实验相比，断点回归设计有其特有的优缺点。下面一一加以介绍。

### 断点回归设计的优点

断点回归设计具有一些明显的优点（Murnane et al.，2011；Reichardt，2019）。首先，断点回归设计不容易引起学术伦理方面的质疑。随机实验研究将符合干预条件的一部分个体随机分配到对照组，因此一些优秀的个体得不到奖励，一些有需求的个体又得不到帮助，断点回归设计则不会因为这种原因为人诟病，能在满足学术伦理要求的同时进行合理的效应评估。此外，随机实验有时不可行，譬如研究人员不能为了研究一年的学校教育对学生各方面技能产生的影响就将学龄前后的儿童随机分配，一部分当年入学，一部分推迟一年入学，但断点回归设计则能巧妙地利用入学年龄的截止点评估一年学校教育的效应。

其次，断点回归设计易于实施，利用学区或学校自己设计的分配方案（如最有需要的学校或学生接受干预）更容易获得他们对研究项目的支持。相反，如果研究人员坚持将学校或学生随机分配到实验组和对照组则有可能引起学区和学校的抵触，因而不愿意参加研究，或是在研究实施过程中不严格执行研究人员的设计，从而损害研究结果。

最后，现实中本来存在的一些分配截止点可以用于断点回归设计，如果研究人员能利用已有数据来分析项目效应，会大大降低研究成本。而随机实验鲜有机会利用现有数据评估效应。

此外，本章第二节中介绍的与随机实验结合的断点回归设计能利用随机实验的优势，增加干预效应估算中的统计功效。同时，某些二者结合的设计方式还有其独特的优点。例如，如果研究人员确定分组变量得分低于某一数值的个体需要接受干预，高于另一数值的不需要接受干预，但却不确定将这两个数值之间的哪个数值设为临界值，就可以将分组变量得分处于两个临界值之间的个体随机分配到实验组或对照组，这样既能确保需求最大的人员会接受干预、需求最小的人不接受干预，同时也给予分组变量得分处于中间段的人员分配到实验组和对照组的平等机会，避免人为在这个分数段设定临界值。

### 断点回归设计的缺点

断点回归设计的缺点也比较突出。首先，断点回归设计的评估结果只适用于临界值附近的个体，不一定能推广到更广的人群（Murnane et al.，2011；Reichardt，2019）。这是因为临界值两边、紧邻临界值的个体在实施干预前在各方面（既包括观测变量也包括未观测变量）高度可比，只是落在临界值一边的个体接受干预，落在临界值另一边的个体不接受干预，因此可以将两者的结果差异归因于干预。这样估算得到的是干预对于紧邻临界值的个体的效应，但对距离临界值较远的个体，则无法确定干预效应。

其次，要具有同样的统计功效，断点回归设计需要的人数多于随机实验。据计算，假设分组变量和结果变量都呈正态分布，断点回归设计需要的人数是随机实验的 2.75 倍（Goldberger，2008）。原因在于断点回归设计与随机实验样本人数一样时，前者估算干预效应的标准误会是后者的几倍。这部分内容技术性较强，这里不具体展开，感兴趣的读者可以参考 Jacob et al.（2012）论文"A practical guide to regression discontinuity"的第六部分。如果可以选择临界值的位置，将它设成分组变量的平均值（mean）或中位数（median），有可能增加紧邻临界值的样本量，从而增加断点回归设计的统计功效（Shadish et al.，2002）。

## 第六节　结　　语

断点回归设计是给分组变量预先设定一个临界值并依据个体分组变量得分相对于临界值的位置进行干预分组。因为分组变量得分刚刚超过临界值和刚刚低于临界值的个体区别应该不大，所以在个体不能控制自己的分组变量得分落在临界值哪一侧时，得分在临界值两侧且紧邻临界值的个体形成的两组可用其中一组作为另一组的对照组，以估算干预效应。断点回归设计可以有一个或多个临界值，还可以与随机实验设计结合。断点回归设计的优点和缺点都很突出。优点在于能利用现有的截止点进行效应评估，因此教育研究中使用断点回归比较容易获得学校和学区的支持；还有可能利用已有数据，节省人力、物力等方面的研究成本。缺点在于利用断点回归设计得到的评估结果只适用于临界值附近的个体，不一定能推广到分组变量得分离临界值较远的人群；此外，由于使用断点回归设计估算干预效应的标准误要大于随机实验，因此断点回归设计需要的样本量更大。如果样本量有一定保证，又有现成的截止点或者是有设定截止点实施干预的实际需要，断点回归设计非常值得一试。

## 练习

1. 请阅读 Dyson et al.（2018）的论文"Effectiveness of a small-group vocabulary intervention programme: evidence from a regression discontinuity design"和 Furey et al.（2017）的论文"The effects of supplemental sentence-level instruction for fourth-grade students identified as struggling writers"中有关断点回归设计的介绍以及对这类设计优缺点的讨论。

2. 请阅读 Furey et al.（2017）论文中断点回归设计的相关方法部分，找出并分析该研究使用的数据分析方法。

3. 设计一项使用断点回归设计估算干预效应的研究，参考上述论文写出研究方法部分。

## 进深资源推荐

[1] Shadish W R, Cook T D, Campbell D T, 2002. Experimental and quasi-experimental designs for generalized causal inference[M]. Boston, MA: Houghton Mifflin Company: Chapter 7.

[2] Murnane R J, Willett, J B, 2011. Methods matter: Improving causal inference in educational and social science research[M]. New York, NY: Oxford University Press: Chapter 9.

[3] Jacob R, Zhu P, Somers M A, Bloom H, 2012. A practical guide to regression discontinuity[EB/OL]. New York, NY & Oakland, CA: MDRC. [2020-08-05]. https://www.mdrc.org/sites/default/files/regression_discontinuity_full.pdf.

# 第八章 工 具 变 量

第七章中提到模糊断点回归可以使用工具变量法估算干预效应。其实工具变量不仅能用来纠正断点回归设计以及随机实验中出现的问题，还能用于从观测数据获得因果推断。下面我们对工具变量的基本概念、关键假设及其检验方法、常见工具变量、工具变量与其他研究设计的结合使用、使用工具变量时的干预效应估算方法分别进行介绍。

## 第一节 基 本 概 念

工具变量（instrumental variable/instrument）是用以估算具有内生性的预测变量（简称"内生预测变量"或"内生变量"）与结果变量之间因果关系的一个或一组外生变量，工具变量与内生预测变量相关，与结果变量之间则只能通过内生预测变量产生关联（Pokropek，2016；Reichardt，2019；Shadish et al.，2002）。

如图 8-1 所示，工具变量影响内生变量，内生变量影响结果变量，但工具变量只能通过影响内生预测变量从而影响结果变量。工具变量不能直接影响结果变量；同时，如果控制内生预测变量后还有其他因素影响结果变量（误差项就代表这些没有包括进模型的因素），工具变量也不能通过影响其他因素来影响结果变量。换句话说，工具变量影响结果变量的唯一途径只能是通过影响内生

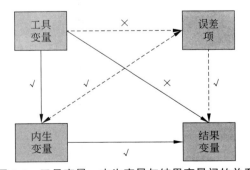

图 8-1 工具变量、内生变量与结果变量间的关系

预测变量从而影响结果变量。工具变量法的原理是使用工具变量来分离出内生预测变量差异（variability/variation）中的外生部分（即和工具变量有关而和误差项无关的部分），因为这部分具有外生性，所以可以用来对预测变量和结果变量间的因果关系进行无偏估算（Murnane et al.，2011；Pokropek，2016）。

## 第二节　工具变量估算的关键假设及假设检验

### 工具变量估算的关键假设

工具变量估算能基于准实验数据和观测数据获得无偏的因果推断。除了普通最小二乘法的常规假设以外，工具变量法还必须满足以下几个关键假设（Lousdal，2018；Murnane et al.，2011；Reichardt，2019）。

工具变量首先必须满足"相关性假设"（relevance assumption），即工具变量必须与具有内生性的预测变量相关。这个假设比较易于理解，因为如果工具变量与内生预测变量间不相关（图 8-1 中工具变量与内生变量间的关系不成立），就无法分离出内生预测变量差异中的外生部分，因此无法实施工具变量估算。

第二个关键假设是"排他性约束"（exclusion restriction），即工具变量不能通过内生预测变量以外的其他任何途径影响结果变量。表现在图 8-1 中就是叉号对应的两条线段代表的关系都不能成立。不论是工具变量直接影响结果变量还是通过某个未观测变量影响结果变量，都说明用内生变量预测结果变量的回归模型中的误差项与工具变量相关，说明这个工具变量本身也具有内生性问题，因此无法用作工具变量。

### 假设检验

检验相关性假设是为了发现工具变量是否为强工具，即工具变量与内生预测变量间的相关性是否足够强。这个检验比较直接，只需要用工具变量预测内生变量，得到的回归模型 $F$ 统计量即可用来评估两个变量间相关性的强弱。通常 $F$ 统计量小于 10 时认为工具变量是弱工具（Stock et al.，2002）。使用弱工具变量会导致最后估算预测变量对结果变量的效应时估算误差较大，降低估算的准确性；此外，弱工具变量估算的结果对设计中隐藏的偏误以及数据中的异常数据值非常敏感，容易受其影响（Rosenbaum，2017）。

排他性约束不如相关性假设容易检验，因为需要检验工具变量与误差项是否相关，但现实中无法直接观察到误差项。因此，使用工具变量的研究者需要使用各种理论和实证依据说服读者排他性约束成立，从而表明所使用的工具变量对于结果变量具有外生性。哈佛大学 Murnane 和 Willett 教授指出，如果能成功论证（argue）在特定的研究环境中，工具变量只能通过预测变量影响结果变量，此外不存在任何其他影响路径，那就有了一个可行的工具。但这往往是使用工具变量法时最大的挑战（Murnane et al.，2011）。

研究实例 8.1、研究实例 8.2 和研究实例 8.3 介绍的研究都是使用工具变量的经典范例，每篇论文的作者都极力尝试从多个方面论证他们的因果推断基本假设成立。下面对各研究实例逐一分析其使用的工具变量以及论文作者从各方面对工具变量外生性进行的论证。

> **研究实例 8.1：班级规模（1）**
>
> 很多学者和教育管理人员都关注班级规模是否影响学生的学业成绩，但由于班级规模经常与补习、学生家庭的社会经济条件等因素有关（补习班规模通常相对较小；家庭社会经济条件好的学生更可能去班级规模小的学校上学），而这些因素难以得到很好的控制，因此会作为遗漏变量进入误差项，这就导致班级规模这个主要预测变量与误差项相关，从而产生内生性，所以用基于普通最小二乘法的线性回归分析不能无偏地估算班级人数对儿童学业的因果效应。有研究人员利用以色列公立学校的班级人数分配规则（Maimonides' rule），以工具变量的方式估算班级规模对阅读和数学成绩的影响（Angrist et al.，1999）。依照以色列班级人数分配规则，每个班最多 40 名学生，入学人数超过 40 人时学生会被平均分配到各个班。如某年级入学人数为 0~40 人时，该年级设立一个班；人数一旦达到 41 人就需要设立两个班，此时班级平均规模会急剧下降到 20.5 人，造成班级规模的断点（discontinuity）；到年级人数达到 80 人时，班级平均规模再次达到 40 人；人数达到 81 人时，班级平均规模又急剧下降到 27 人；以此类推。实际执行中，每所学校按照规则应该分配到某年级某班的人数是固定的，而且也会确保每个班级的学生人数不超过 40 人，但同一年级的各个班实际上规模不一定会完全相等。作者认为班级人数分配规则带来了班级规模变化的外生性，可以

用来估算班级规模对以色列学生学业成绩的影响，因此他们用按照规则会分配到一所学校某年级某班的人数作为该班实际人数的工具变量。

一所学校某个年级学年初的总人数会受很多外界因素影响，而这些因素可能与学生的学业表现有关，从而导致年级总人数与学生的学业表现有关。具体而言，若一个以色列家庭社会经济地位高，其居住地通常人口密度低；但如果家长选择学校较好的学区，对好学校的需求会增加，潜在的学生人数也会增加；与此同时，自身教育水平较高的父母为孩子选择学校时可能会尽量避开大规模招生的学校。不过，由于班级人数分配规则的存在，条件好的家庭也无法预测学校的班级规模，因此无法为自己的孩子选择班级规模较小的学校。即便家长能让孩子进入年级规模在41人或刚过41人的学校（这样会分成两个班，每个班的规模较小），但他们无法知道学年开始时年级人数是否会降到40人或以下（因此不会分成两个班）。即使真能做出准确预测，在不搬家的情况下以色列家长是不能给孩子转学的。所以班级人数分配规则使得家长无法随意通过选择学校让自己的孩子进入小班学习，因此依照规则会分配到一所学校某年级某班的人数具有外生性。除了以上论证以外，论文作者还用图形为班级规模对测试成绩的影响提供了佐证：班级人数分配规则导致的班级规模上下起伏与考试成绩的上下起伏模式相似且完美对应。因此他们认为以色列的班级人数分配规则为研究班级规模效应提供了一个极其可靠的外生变化来源。

**研究实例8.2：班级规模（2）**

还有研究人员利用不同年级间入学人数的差异估算班级规模对学生学业成绩的影响（Wößmann et al., 2006）。和研究实例8.1中所分析论文的作者一样，这两位研究者也认为班级规模的差异对于测试成绩而言不一定是外生因素。他们认为家长和学校的决定有可能导致不同水平的学生进入不同规模的班级，对于这种人为"归类"（sorting），论文作者区分出两种来源：学校间的归类和学校内的归类。例如家长通过选择所居住学区使孩子进入班级规模较小的学校，这属于前者；家长施压给学校从而使自己孩子进入规模较小的班级或者是学校领导根据学生成绩将他们分到不同规模的班级，这属于后者。两位研究者通过两个步骤分别消除这两种人为归类的影响。首先，考虑到学校间在学生成绩、班级规模方面可能存在的系统性差异，他们在回归模型中添加学校固定效应（school fixed effects），即在回归方程中加入一个代表各学校的多分类控制变量（类似表示不同族裔的多分类变量），以解决学校间人为归类的问题。但如果一个年级不止一个班级，即使纳入学校固定效应，学校内归类仍然可能导致估算结果有偏，针对这种人为归类来源，两位研究者使用了工具变量方法，以确保班级规模的总体差异中只有外生部分会用来估算班级规模对学生成绩的因果效应。

工具变量需要与内生预测变量（班级规模）高度相关，但对结果变量（学生成绩）只能通过班级规模间接产生影响，不能有其他任何关联，即对于学生成绩不能具有内生性。两位研究者采用的工具变量是一所学校相关年级的班级平均人数（该研究中七年级和八年级互为相关年级）。他们采用的数据是 1995 年进行的第三次国际数学和科学评测（Third International Mathematics and Science Study，2003 年更名为 The Trends in International Mathematics and Science Study，简称一直为 TIMSS）考试数据以及 TIMSS 评测机构收集的学生、教师、校长问卷数据。1995 年国际教育成就评价协会（International Association for the Evaluation of Educational Achievement，IEA）对 45 个国家五个年级（三、四、七、八年级以及中学最高年级）的学生实施了测试，在每个国家所抽中学校的这几个年级各抽一个班（偶尔会抽两个班）参加测试，三、四年级的试题一样，七、八年级的试题一样。两位研究者使用的是七、八年级的数据，他们使用的数据中每所学校每个年级仅有一个班参加测试。作者通过数据检测发现学校各年级的班级平均规模与该年级参加测试学生所在班级的实际规模高度相关。由于学校里人员配置相对稳定，不太可能因为相邻两个年级（如七、八年级）中一个年级的学生成绩较好就调整这个年级的班级规模，使其大于或小于另一个年级的班级规模，因此相邻两个年级的班级平均规模与学生成绩无关，而是源于相邻年级间入学人数的随机波动，具有外生性；同时，各年级平均班级规模应该只会通过对学生所在班级实际规模的影响来影响该班学生的成绩。所以数据中相邻两个年级的班级平均规模可以用作各年级班级实际规模的工具变量，以估算班级规模的成绩效应。

基于这样的逻辑，两位研究者加入一个虚拟变量以区分两个相邻年级（控制年级变量的影响），这样就能用两个年级参加测试班级的实际班级规模的差异（受两个年级各自平均班级规模的差异影响）预测两个年级的班级间（控制两个相邻年级成绩差值的所有学校平均值后剩余的）成绩差异。其估算测量的识别策略是：用虚拟变量区分相邻年级后剩余的班级规模差异源于各学校相邻年级间入学人数的随机波动，具有外生性。两位研究者承认他们的估算仍然可能存在偏误，一个年级的班级平均规模有可能存在其他来源的内生性。他们对以下的潜在偏误来源一一进行了讨论：相邻年级的入学人数变化可能源于当地社会经济环境的变化；扩张或缩减期的学校可能会吸引特定的家长和学生，这些家长和学生与以往的家长和学生在未观测变量上可能存在区别；基于某年级学生的需求较大幅度地改变该年级的班级平均规模；规模小的班级可能获得的其他教育资源更好或更差。两位研究者用数据对这些潜在的偏误来源分别进行了检验，结果显示，这些来源并不会对他们的估算结果产生较大影响。讨论与结果检验详见论文的 2.3 部分和 4.4 部分。

此外，两位研究者还检验了他们的工具变量是否为强变量，结果发现在七个国家和地区存在弱工具变量的问题，即年级平均班级规模与实际班级规模不是强相关（$F$ 统计量小于 10），一个可能的原因是这些国家和地区抽中的学校七、八年级人数相差太小，校内差异太小，使得他们的识别策略不可行。研究者从数据中去除了这些国家和地区，使用余下的国家和地区的数据估算班级规模对学业成绩的影响。

**研究实例 8.3：母亲受教育程度**

不少研究关注教育回报，但受教育程度和学生的智力因素、学习动力、家庭背景条件等各种因素相关，而这些因素往往也和研究人员所关注的结果变量有关，因此受教育程度具有内生性。为了克服这种内生性，一些研究人员会使用工具变量法。譬如有研究人员想考察母亲受教育程度对生育结果（婴儿的出生体重、出生前的胎龄）的影响，于是选择母亲 17 岁时所在县（美国的 county 一般译作"县"，但实际上是州以下、市以上的一个行政区划单位，且不是所有的州都有 county）里大学的可获得性作为母亲受教育程度的工具变量（Currie et al., 2003），具体的做法是分别使用母亲 17 岁时所在县拥有的两年制大学和四年制大学的数量除以当年该县 18~22 岁的人口数量来计算两年制大学和四年制大学的可获得性。在估算模型中，他们加入了所在县和婴儿出生年份的交互项，以控制当地有可能影响结果变量的多个因素。模型的识别基础是同一个县同一年生育的女性在 17 岁时能获得的教育服务有所不同，即每个县同一年出生的婴儿中，有些婴儿的母亲是在一所新大学成立前满 17 岁，因而无法从新大学受益；另一些母亲则是在新大学成立后满 17 岁，因而能从中获益。

两位研究者指出，有两个因素可能威胁其工具变量的效度。一个是新大学的选址不一定随机，新大学有可能设立在居民教育正在增长或预期会增长的地方，这种地方有可能同时也增加健康方面的投资，从而同时提高教育水平和健康水平，导致研究者的估算结果高估教育对生育结果的影响；但另一方面，州立法机构也可能在大学入学率低的地区补偿性地增建新大学，这样可能导致新公立大学的开设与某地区的平均教育程度呈负相关而不是正相关，从而导致研究者低估教育对生育结果的影响。另一个有可能威胁工具变量效度的因素是研究者使用的数据中只有女性生育时的位置，所以他们只能假设这就是这些女性 17 岁时所在位置，因此该研究中女性 17 岁时所在县的大学可获得性这一变量可能存在问题。女性有可能为了上大学搬去有大学的地方，受教育程度更高的女性也有可能因为工作机会更多、适婚对象更多等原因搬到有大学的地方，这样的流动具有内生性。

针对新大学选址的问题，两位研究者承认新大学的建立有可能并非教育增长的原因而是其结果。他们无法完全排除这种可能性，但使用五种证据显示新建大学确实提高了教育水平：（1）在大学开设前的十年里，母亲受教育程度与生育结果都没有出现明显的变化，但此后二者都有所改善；（2）新大学在母亲 17 岁时成立，会提高她的教育水平，但在她 25 岁或更晚时成立，则没有影响；（3）四年制大学的开设增加了四年制大学的毕业率，却不影响获得大学教育（但未从四年制大学毕业）的概率，而两年制大学的开设增加了获得大学教育的概率，但对四年制大学毕业率的影响却要小得多；（4）仅招收男生的学校变成男女合校时，女性受教育年限增加，但当仅招收女生的学校变成男女合校时，对女性受教育年限没有影响；（5）公立大学的开设比私立大学的开设影响更大（因为私立大学建校需考虑的因素可能不同），在大学相对少的县，开设大学的影响更大。

针对流动可能造成的内生性问题，该研究数据显示受过大学教育的女性毕业后、生育前搬到有新建大学的县的情形并不多见。对于女性为了上大学而搬到有新建大学的地方这种可能性，两位研究者首先指出他们数据中所涉及的新建大学均非知名学校，所以不太可能吸引很多学生从远方来就学；其中的两年制社区大学生源更是以本地学生为主。为了提供更直接的证据证明

> 因为上大学而搬家的内生性流动在他们的估算中影响不大，两位研究者又使用其他两套数据（都没有生育信息但都包含居住历史信息）估算他们的工具变量与母亲受教育程度间的关系，结果从这两套数据（基于女性 14～17 岁时所在位置）得到的估算结果都与从主数据（有生育信息以及女性生育时所在位置信息）得到的估算结果高度相似。因为 14～17 岁时的居住地受内生性移动影响的可能性较小，因此研究者认为相近的估算结果显示内生性移动对他们的估算结果影响不大。

### 过度识别检验

以上几个研究实例都是从多方面论证工具变量只能通过预测变量影响结果变量，除此以外没有其他影响路径，以显示研究设计满足排他性约束的假设。如果工具变量的数量大于内生预测变量的数量，即一个内生变量有不止一个工具变量（称为"过度识别"，如研究者同时使用移民的父亲的国籍数量和移民在到达目的国以前定居过的其他国家的数量作多语能力的工具变量），还可以进行过度识别检验。这是验证工具变量有效性的重要方法。使用统计软件进行过度识别检验的方法请见本章第五节。

需要注意的是，过度识别检验只是判断工具变量外生性的一个必要条件，但并非充分条件。如果估算模型不能通过过度识别检验，表示工具变量之间的结果不一致，所以几个工具变量中至少有一个不具有外生性；如果能通过过度识别检验，表示工具变量间结果一致，要么都具有外生性，要么都不具有。这时只要从理论和逻辑上论证至少其中一个工具变量具有外生性，检验结果就能支持所有工具变量的外生性，对支持排他性约束假设的成立会更具说服力。这也是为什么有学者认为能进行过度识别检验是过度识别工具变量模型的众多优点之一（Gennetian et al., 2008）。

过度识别的另一个优点是有可能提高估算模型的准确性。如果新工具变量能满足工具变量的两个假设，那么加入新工具变量意味着用工具变量估算出的内生预测变量差异的外生性部分会更多（工具变量估算的第一阶段），因此用外生性部分对结果变量进行预测（工具变量估算的第二阶段）的标准误会降低，估算准确性会更高。基于同样的原因，Murnane 和 Willett（2011）建议还可以在第一阶段的模型中加入两个有效工具变量的交互项以及工具变量与外生协变量的交互项作为额外的工具变量。不过如果有工具变量为弱工具，使用多个工具变量过度识别会放大估算偏误（Angrist et al., 2001），所以宁可去掉弱工具变量，也不要一味地追求过度识别。

## 第三节 常见工具变量

使用工具变量法的最大挑战是找到合适的工具变量并论证其有效性。教育政策评估研究常用的工具变量有三类：教育机构的邻近性、制度规则与个人特征、对长期趋势的偏离（Angrist et al., 2001; Murnane et al., 2011）。虽然这些工具变量迄今为止还没有在语言教育研究领域使用过，但一些经典的工具变量方法能给语言教育领域的学者带来启发，帮助我们开启新的跨学科研究，所以下面对这几类常见工具变量分别以教育领域的研究实例加以说明。此外，还有利用语言发展规律作为工具变量来源的研究，我们也单独进行讨论。

### 教育机构的邻近性/可获得性

家长和学生在选择教育机构时会考虑在各备选机构上学的效益与成本，影响效益和成本的因素有可能影响他们的选择，因此是潜在的工具变量。这方面最常见的工具变量是从家到学校的距离，研究人员已利用这个工具变量进行了不少教育研究，如上社区大学对受教育程度的影响（Rouse, 1995）、受教育年限对收入的影响（Card, 1995）、上天主教学校对测试成绩的影响（Neal, 1997）、上大学对参与公民活动的影响（Dee, 2004）、母亲受教育程度对生育结果的影响（Currie et al., 2003）等。

Murnane 和 Willett（2011）指出以教育机构离家的距离作为工具变量时，研究的内部效度主要面临三个威胁：（1）教育机构往往开设在高教育需求家庭聚集的社区，这些家庭的一些未观测特征也可能影响结果变量；（2）教育机构经常开设在其他公共设施（如医院）也较好的社区，其他公共设施也可能影响结果变量；（3）教育需求高的家庭可能会选择住到合适的教育机构附近。这些因素都有可能导致教育机构的邻近性通过教育以外的因素影响结果变量，违背排他性约束，导致工具变量无效。

研究实例 8.3 中母亲受教育程度对生育结果的影响一文（Currie et al., 2003）使用丰富的数据从多个层面证实研究者所使用工具变量的有效性，值得参考学习。

**制度规则与个人特征**

第二种工具变量源于教育系统中的规章制度。研究实例 8.1 中基于以色列班级人数分配规则的研究（Angrist et al., 1999）就是这样一个例子。还有一些同样经典的研究则是利用义务教育的最低离校年龄这一规定生成受教育年限或认知能力的工具变量，从而研究这些内生变量对收入的影响（如 Angrist et al., 1991; Hanushek et al., 2015）。

---

**研究实例 8.4：出生季度与受教育年限**

不少研究人员关注受教育年限对收入的影响。有两位研究者利用制度规则，采用工具变量法估算了受教育年限这一内生变量对周薪的影响（Angrist et al., 1991），是工具变量法用于教育研究的经典案例，在 2021 年诺贝尔经济学奖的官方解读中得到重点介绍。该研究的工具变量利用了两条规则：（1）美国大多数州要求学生满六岁那年才能上小学；（2）美国义务教育法通常要求学生年满 16 岁才能结束学业离校。有些州规定当年 12 月 31 日满六岁的孩子才能上小学，秋季入学时，第一季度出生的学生可能已经 6.75 岁，而第四季度出生的学生可能才 5.75 岁。这样，第一季度出生的学生年满 16 岁可以离开学校时上了九年半学，而第四季度出生的学生可以离开学校时已上了十年半学。因此出生季度的不同导致学生受教育年限不同，这使得两位研究者能用出生季度作为受教育年限的工具变量，研究受教育年限对收入的影响。

两位研究者在论文中也讨论了其工具变量的效度。从上面描述的规则可以看出，由于义务教育的规定，出生季度与受教育年限相关，还需要证明的是出生季度不会因为义务教育以外的原因影响收入。两位研究者引用了一些现有研究结果来支持他们的这一假设：现有研究发现上学晚的孩子更成熟，在学校的学业表现更好，因此受教育程度一定时，第一季度出生的学生有可能在未观测到的能力方面更强，如果劳动力市场对这部分能力有回报，那么通过出生季度不同导致的受教育年限差异来估算教育回报会低估回报，实际回报应该更大；此外，现有研究发现出生季度与家庭的社会、经济、文化等背景都无关，因此不太可能通过这些因素影响收入。除以此外，两位研究者还对出生季度与大学毕业生收入关系的分析结果提供了重要的直接证据。样本中的大学生没有在 16 岁时离校，因此不受义务教育规定的影响，如果出生季度是因为义务教育以外的原因影响教育从而影响收入，那它也会影响大学毕业生的收入；但如果出生季度只是因为义务教育年限规定而影响教育和收入，那么在大学毕业生样本中出生季度与收入不会有任何关系。估算结果显示，出生季度对大学毕业生的收入没有影响，这一发现证明如果不是因为义务教育的规定，出生季度对收入不会有影响，支持了两位研究者所使用工具变量的有效性。

**研究实例 8.5：最低离校年龄与认知能力**

和上面一项研究类似，还有一项研究也是基于义务教育法所规定的最低离校年龄，不过研究者利用的是美国不同州修改义务教育要求的时间不同。义务教育法的变化有可能造成学生技能上的差异，成为技能差异的外生来源。几位研究者（Hanushek et al., 2015）发现最低离校年龄是计算技能的强工具变量（$F$ 统计量为 25.9）；同时，他们对最多获得高中学位和不止获得高中学位的样本分别估算义务教育要求的改变对此技能的影响，结果显示最低离校年龄的改变只影响教育水平较低的人，而对受过高等教育因此不受该政策变化影响的人，最低离校年龄的改变与他们的计算技能无关。这为该工具变量的有效性提供了支持。

此外，还有研究者使用指定的相对年龄（assigned relative age）作为年龄的工具变量，以估算孩童上学早晚对学习成绩的影响（如 Bedard et al., 2006; Lee et al., 2010）。儿童的相对年龄是指儿童出生日期比儿童实际所在年级按照规定可以上学的最晚出生日期多出的天数，如 2021 年入学规定的最晚出生日期是 2015 年 8 月 31 日，一个孩子出生于 2015 年 8 月 30 日，其相对年龄是 1 天，另有一个孩子出生于 2014 年 8 月 30 日，本来可以在 2020 年入学，但却推迟一年到 2021 年才入学，其相对年龄则是 366 天。因为推迟入学是家庭的选择结果，具有内生性，所以研究者选择使用指定相对年龄，即儿童出生日期相对于儿童按年龄本应在的年级所规定的入学最晚出生日期多出的天数，如出生于 2014 年

8月30日的孩子在2021年才入学，其指定的相对年龄是1天。指定相对年龄与年龄高度相关，且由入学规则决定，不受家庭推迟入学决定的影响，因此适合作为年龄的工具变量。也有研究人员利用学区对信息通信技术资助规则的改变，使用政策变化前后机构在信息通信技术总支出中所占份额的差异值（有的机构份额增加，有的机构份额减少）作为该机构学生人均信息通信技术资助额变化的工具变量，估算教育结果的变化，以评估信息通信技术方面的投入对学生学业结果的影响（Machin et al.，2007）。

### 对长期趋势的偏离

对平滑总体趋势的偏离（deviations from cohort trends）也可以构成工具变量。研究实例8.2使用的就是这类工具变量，即利用相邻年级间入学人数的差异来估算班级规模对学生学业成绩的影响（Wößmann et al.，2006）。不过更典型的研究案例要数美国著名经济学家Hoxby于2000年和2002年所做的两项研究，尤其是前一项。两项研究中Hoxby分别考察班级规模和班级结构（性别、族裔、家庭收入、残疾儿童等占比）对学生测试成绩的影响。如果学生所处班级的规模、结构不同，他们很可能还有未观测变量上的不同，而这些未观测变量又可能影响学生的测试成绩，所以班级规模和班级结构对于学生成绩都具有内生性。Hoxby解决这一问题的办法是使用康奈提格州近600所小学为期24年、以年级为单位的入学数据，并从中分离出长期趋势以外的偏离部分作为工具变量。以班级规模为例，Hoxby认为一所学校任何年级的班级规模取决于两个因素：一个是长期的、有可能内生的学校招生趋势；另一个是当地婴儿出生数量在不同年份间的随机波动（即人口变化的随机部分），这种波动导致一些学校的某些年级招生人数大于或小于按平滑长期趋势预期应有的人数。Hoxby认为，相对于长期趋势的偏离代表的是一个学校某年级入学人数的外生影响，因此可以用作年级层面上班级规模的工具变量。工具变量有效性的最大威胁是相对于平滑总体入学趋势的偏离不一定全部源自婴儿出生数量的随机变化，也可能源于学生父母的择校行为（如发现自己的孩子分到规模较大的班级时将孩子转到同一学区的另一所学校、另一个学区或是私立学校），这种行为可能导致工具变量不是通过班级规模影响学生成绩，而是通过父母对孩子学习的重视、家庭能够并且愿意为孩子学习投入的精力和金钱等其他因素影响学生成绩，这样就违反了工具变量的排他性约束假设。针对这一潜在威胁，Hoxby 使用多种方式证明自己所选择工具变量的有效性，在此不再赘述，感兴趣的读者可以阅读论文原文（Hoxby，2000）。

**语言发展规律**

除了以上三类常见工具变量来源外，还有研究人员利用语言发展规律找到语言能力的工具变量，研究语言能力的各种效应。最早使用这类工具变量的研究是考察语言技能与收入间的关系（Bleakley et al.，2004）。两位研究者提出的工具变量基于语言习得中的关键期假设（critical period hypothesis），该理论认为人类有一个最容易习得语言的关键时期，过了关键期，人们习得语言的效果就会大打折扣；同样，第二语言习得也存在这种关键期，一旦过了关键期，虽然第二语言习得仍有可能，但会困难很多。研究也的确发现较晚开始学习语言的人能达到的语言水平往往较低，为关键期假设提供了支持（Newport，2002）。如果将关键期假设运用到移民至美国的人，可以预测在年龄较小时移民的人会比年龄较大时移民的人英语技能强。基于这样的预测，两位研究者决定使用移民到达美国时的年龄作为语言能力的工具变量，考察语言能力对收入的影响。他们使用的数据（1990 年美国人口普查数据）也确实显示移民到达美国时的年龄与他们的目标语言技能间存在强相关关系。不过两位研究者也意识到移民到达美国时的年龄可能通过语言以外的渠道影响移民收入，例如低龄移民可能更容易适应美国的体制。因此，两位研究者最终使用的工具变量是表示是否为低龄（最多 11 岁）移民的虚拟变量与表示移民是否来自非英语国家的虚拟变量的交互项。从本书第二章多元回归分析中的交互项和第六章双重差分法的内容可知，两位研究者使用的交互项工具变量的系数代表的是来自非英语国家的较小年龄移民者与较大年龄移民者在结果变量上的差减去来自英语国家的这两类移民在结果变量上的差，即

$$(\bar{y}_{Y,NE} - \bar{y}_{O,NE}) - (\bar{y}_{Y,E} - \bar{y}_{O,E}) \tag{8-1}$$

其中，$\bar{y}$ 代表一组人在结果变量上的平均值；下标 $Y$ 代表低龄移民，下标 $O$ 代表大龄移民；下标 $NE$ 代表来自非英语国家，下标 $E$ 代表来自英语国家。通过

从前一个差值中减去后一个差值，两位研究者使用来自英语国家的移民控制移民年龄可能通过其他渠道对收入的影响。因此这个工具变量能满足排他性约束假设。

上述研究成果发表后，又有一系列研究采用完全相同的工具变量，相继考察了语言技能的各种因果效应，包括对移民的社会融入（Bleakley et al.，2010）、健康（Guven et al.，2015）、女性移民经济同化（Silles，2018）的因果效应以及父母的语言技能对在美国出生的二代移民受教育结果的因果效应（Bleakley et al.，2008）。

除此以外，还有研究考察多语能力（multilingualism）对移民掌握目的国语言的效应（Budría et al.，2019）。已有研究发现能够熟练使用多门语言的人在多种语言领域（如词汇、语法、音韵）的学习都具有优势（如 Hirosh et al.，2018），但与多语能力有关的未观测变量也可能影响结果变量，多语能力具有内生性。因此 Budría 和 Swedberg（2019）使用移民父亲的国籍数量以及移民到达目的国之前定居过的其他国家的数量作为多语能力的两个工具变量来考察多语能力对掌握新语言的效应。此外，两位研究者还考虑到语言距离（linguistic distance，指语言的相似或相异程度）与语言学习难度间的关系（Isphording et al.，2013），在分析中控制了代表移民母语与目的国语言间相异程度的语言距离指数。不过论文作者对两个工具变量的外生性论证不够，实际上移民的父亲的国籍数量和移民到达目的国前定居过的其他国家的数量都有可能与多语能力以外的其他能力有关，而那些能力也有可能影响对目的国语言的掌握。

## 第四节　工具变量与其他研究设计的结合使用

工具变量法经常与其他实验和准实验设计结合使用。和单独使用的工具变量一样，与其他研究设计配合使用的工具变量也是利用外生变化源来估算研究者所关注的效应，只是这里的外生变化来自随机分配或者是干预概率在临界值处出现的断点。工具变量与其他研究设计的结合使用分为几种情况。一种是随机实验研究中实施的干预直接影响研究者关注的结果变量，但随机实验实施过程中有实验组或对照组的成员没有遵从分组安排，即实验组的成员没有接受干预或是对照组的成员接受了干预。另一种常见情形与此类似，是在断点回归设计中没有严格按照处于临界值两边的位置将研究参与者分配到实验组或对照组（即"模糊断点回归设计"）。这两种情形在有关实验和准实验研究的书籍中通常都会讨论到（如 Murnane et al., 2011；Reichardt, 2019）。还有一种情形是随机实验中的干预并不直接影响研究人员所关注的结果变量，但研究者会使用随机实验造成的外生差异作为工具变量，估算随机实验干预导致的结果或影响的其他变量对所关注结果变量的效应。这类情形在相关书籍中讨论较少，但有一些论文报告了这样的研究。下面对三种情况分别举例说明。

**随机实验中干预直接影响研究者关注的结果变量**

随机实验研究本来可以直接估算干预对结果变量的效应，但实践中可能会因为种种原因致使部分研究参与者没有遵从分组安排。这种情况下可以使用工具变量法估算干预的效应。这里的工具变量会是一个表示是否随机分配到实验组的虚拟变量，而具有内生性的预测变量是表示实际上是否接受干预的虚拟变量。

下面以很多学者感兴趣的学费代金券项目为例介绍这类工具变量。学费代金券项目通常随机抽取一些低收入家庭，向他们提供代金券，这些家庭如果让孩子转去私立学校（或者其他较好的学校），代金券能抵消部分学费，家庭需要负担剩余的费用。学者们使用多个国家、地区的数据考察了发放学费代金券在学生学业多个方面（如初中毕业率、高中毕业率、参加大学入学考试的概率、多种标准化测试成绩、留级率、家长对学校的满意程度、学生对学校的满意程度）的效应（Angrist et al., 2002；Angrist et al., 2006；Bettinger et al., 2010；Greene, 2000；Howell et al., 2002）。一部分研究者（如 Angrist et al., 2002）不满足于只回答获得学费代金券是否会影响学生学业这一问题，他们还对另一个问题感兴趣：使用代金券上私立学校是否影响学生的学业表现。这两个问题有区别，因为有些家庭即使抽到了代金券也没有给孩子转学，而另一些家庭即使没有抽到代金券却仍然将孩子转到了更好的学校。这两类家庭对孩子教育的重视程度、家庭能为孩子教育投入的资源等方面很可能有所不同，这些差异有可能影响孩子的学业表现，因此是否使用代金券上私立学校对于孩子的学业表现来说是内生变量。为了克服内生性问题，研究者用随机分配中是否获得学费代金券作为是否使用代金券上私立学校的工具变量。送孩子上私立学校的低收入家庭大多数抽到了学费代金券，因此工具变量满足相关性假设；同时，抽中政府发放的学费代金券是一个随机、外生的过程，而且抽中代金券应该只会通过影响家庭送孩子上私立学校的概率从而对学生的学业产生影响，因此这个工具变量也满足排他性约束假设。

### 随机实验中干预提供外生差异来源

工具变量与随机实验研究结合使用的另一种情形是随机实验研究中的随机、外生分组为研究者关注的内生预测变量提供外生变化来源，从而使得研究者能评估该内生预测变量对结果变量的效应。例如很多学者关注母亲受教育水平对孩子学业成绩的影响，但母亲的教育水平这一变量具有内生性。一个名为"就业机会与基本技能培训"的项目对母亲们实施就业培训，对该项目进行的实验性评估中含有儿童研究数据，有研究人员利用这部分数据找到了母亲受教育水平的工具变量（Gennetian et al.，2008）。项目在三座城市进行，参加项目的母亲会被随机分配到以下三组之一：指导母亲们参加教育和职业培训的实验组、帮助母亲们迅速过渡到劳动力市场的实验组、对照组。因为干预在不同城市的效应可能有所不同，所以几位研究者使用干预情形与城市的交互项作为母亲接受教育培训的时间长度（单位为月）的工具变量，预测孩子的学业表现，以此来估算母亲所受教育对孩子学业表现的影响。与此类似，有研究人员考察所居住地区的犯罪情况对青少年犯罪的影响，他们采用的也是干预情形（发放使用范围不同的租房代金券的两个实验组和一个对照组）与场地（实施家庭迁移项目的五座城市）间的交互项来为所居住地区犯罪行为差异提供外生来源（Ludwig et al.，2007）。此外，还有学者研究家庭收入对孩子学习成绩的影响，也是利用干预情形（10 种福利与扶贫项目）和场地（11 座城市）的交互项作为家庭收入的工具变量，利用收入的这部分外生变化来源来评估家庭收入的效应（Duncan et al.，2011）。

### 模糊断点回归设计

清晰断点回归设计中所有处于分组变量临界值一侧的人员会接受干预，所有处于另一侧的人员都不接受干预，但实际研究中可能有少量应该接受干预的研究参与者没有接受干预、少量不该接受干预的研究参与者接受了干预。这种模糊断点回归也可以使用工具变量法来估算干预效应：工具变量是表示是否应该接受干预的虚拟变量，具有内生性的预测变量则是表示实际上是否受到干预的虚拟变量。例如，Jacob 和 Lefgren（2004a）利用芝加哥公立学校系统对暑假补课和留级的规定，估算这样的补习教育对学生阅读和数学成绩的影响。按规定，学生如果 6 月测试不及格需要参加暑期补课，补课后如果 8 月补考还不及格会留级。但实际上 6 月测试不及格的学生中约有 3%得到了不参加暑期补课的豁免，参加暑期补课的学生中又约有 14%虽然 8 月补考仍不及格却没有留级；此外，还有少量学生因为上课出勤等方面的问题，虽然考试及格却留级了。由于在参加暑期补课和留级方面获得豁免的学生与未获得豁免的学生存在一些明显不同的特征，而这些特征有可能与以后的学业成绩有关，因此这里的模糊断点需要处理。研究者用相应的测试成绩是否高于规定分数线作为是否参加暑期补课或是否留级的工具变量，这个工具变量同时满足相关性假设和排他性约束假设。两位研究者在同一年发表的另一篇论文（Jacob et al.，2004b）中考察教师培训对学生学业成绩的影响，也使用了工具变量方法进行模糊断点回归估算。

## 第五节　干预效应估算方法

使用工具变量估算内生性预测变量对结果变量的效应时经常采用的方法是两阶段最小二乘法（two-stage least-squares，2SLS）。顾名思义，用这种方法进行的估算分两个阶段进行。第一阶段是用工具变量 $I$ 预测内生性变量 $X$，得到 $X$ 变量的估计值：

$$X_i = \alpha_0 + \alpha_1 I_i + \delta_i \tag{8-2}$$

因为工具变量对于结果变量具有外生性，所以第一阶段估算出的 $X$ 变量的估计值会是 $X$ 这个内生变量中具有外生性的部分。检测工具变量是否存在弱工具问题就是看这个不加任何控制变量的回归模型的 $F$ 统计量，一般该统计量小于 10 时认为工具变量是弱工具（Stock et al.，2002）。

第二阶段是用结果变量对模型（8-2）得到的解释变量估计值进行回归：

$$Y_i = \beta_0 + \beta_1 \widehat{X_i} + \varepsilon_i \tag{8-3}$$

这个回归模型得到的结果就是两阶段最小二乘法的回归结果，$\beta_1$ 的估计值代表内生预测变量对结果变量的效应。

在实际估算中经常会在两个阶段加入外生协变量。一方面，和其他回归方程中一样，加入协变量有助于降低模型的残差变化，从而减小估算时的标准误，增加模型的统计功效。除此以外，在工具变量估算中使用外生协变量还能显示工具变量没有通过其他变量影响结果变量，为工具变量没有违反排他性约束假设的论证提供支持。例如，有研究者使用距离最近的两年制社区大学与所上高中间的距离以及所在县里社区大学的数量作为受教育程度的工具变量，以估算受教育程度对参与公民活动的影响（Dee，2004），研究者不仅发现两个工具变量与结果变量间没有显著关系，而且在加入年龄、性别、族裔、宗教信仰、以往学习成绩、以往的家庭社会经济地位、所上高中特征变量、所在县公民态度方面的特征后，工具变量与结果变量间仍然没有显著关系。Murnane 和 Willett 认为这表明在各类具有相同特征的学生中都没有发现工具变量对结果变量有直接影响，相比不加各种控制变量的结果，这更能支持排他性约束假设的成立（Murnane et al.，2011）。

　　加入协变量有几点需要注意。首先，不论在两阶段的哪个阶段加入协变量，所加的协变量对于结果变量都必须具有外生性，否则会在分析中引入现有内生变量以外的新偏误。其次，加入协变量会牺牲掉自由度，如果加入的协变量作用不大而且样本量本身偏小，加入协变量反而会增加标准误，降低模型的统计功效。基于这两个原因，添加协变量时需要谨慎。最后，在第一阶段模型中添加的协变量，第二阶段模型中一定也要添加。这是因为第一阶段中的工具变量和协变量的区别仅仅在于前者不会直接影响结果变量而后者会。如果协变量也不影响结果变量，这个协变量实际上应该也是工具变量，这样才不用包含在第二阶段的回归模型中，这个变量就应该按工具变量而不是协变量处理；如果协变量会影响结果变量，自然应该包含在第二阶段的模型中。与此同时，第二阶段模型中添加的协变量可以不出现在第一阶段的模型中，不过正如学者们所指出的，在第一阶段中也添加这些具有外生性的协变量有益无害，属于何乐而不为的事（Angrist et al.，2008；Murnane et al.，2011）。

　　两阶段最小二乘法的估算方法虽然分为两步，但统计软件中往往一个指令就能完成。以统计软件 Stata 为例，只需要使用以下指令即可：

　　　　ivregress 2sls depvar [varlist1] (varlist2 = varlist_iv)

其中，ivregress 2sls 是两阶段最小二乘法的指令，depvar 是结果变量，varlist1 是一组外生协变量（具体写指令时不需要加方括号），varlist2 是内生预测变量，varlist_iv 是 varlist2 的工具变量（指令中的小括号需要保留）。

如果一个内生预测变量有不止一个工具变量，在上述指令小括号中的等号后同时列出几个工具变量即可。要进行过度识别检验，只需要在上述估算指令后加一个简单的 estat overid 指令。根据检验结果中的 Sargan 统计量判断模型是否通过检验：如果这个统计量具有统计显著性（即 $p<0.05$），表示估算模型没有通过过度识别检验。

**工具变量估算结果的解读**

工具变量法估算的效应常被称为遵从者的平均因果效应（complier average causal effect，CACE）或是局部平均干预效应（local average treatment effect，LATE），这是指该方法估算的是干预对于随机实验中遵从随机分配安排的人群（即分配到实验组就接受干预、分配到对照组就不接受干预的"遵从者"）或是会受到特定政策改革（如义务教育年限的更改）影响的人群的因果效应。换言之，工具变量法只是针对行为会因为工具变量而改变的特定人群估算效应。因此，工具变量估算的结果是否能外推需要视具体情况而定。如果遵从者的经历对于整体人群具有代表性，大家对干预的反应相似，那么虽然估算的只是局部平均干预效应也没有关系；但如果干预效应存在异质性，即干预对遵从者和其他人群的效应有所不同，那么工具变量法估算的效应可能会与平均干预效应有所不同（Angrist et al.，2001）。

教育回报具有潜在的异质性，但许多基于教育创新的工具变量估算往往聚焦教育回报相对较高的一群人。例如有研究发现，学费代金券随机实验中的"遵从者"与其他家庭在种族、父母受教育程度和家庭结构是否为双亲家庭方面有所不同（Cowen，2008）。与此类似，义务教育年限和学校教育的易获得性最有可能影响的是本来受教育程度会相对较低的人群的入学选择，工具变量估算的效应通常会局限于家庭社会经济条件较差的个体（Dinesen et al.，2016），这些人可能因为家庭等方面的原因，受教育程度会较低，原因是教育成本对他们来说相对过高，而不是教育回报对他们来说相对较低。因此基于义务教育年限或学校离家距离等工具变量估算出的局部平均干预效应会高于对整个人群的教育回报平均效应（Card，2001）。事实上，有研究显示，附近建立两年制社区大学对于大学入学的影响主要集中在父母受教育程度低的学生，这些学生受到的影响要明显大于父母受教育程度高的学生（Card，1995；Dee，2004）。不过，从政策评估的角度考虑，教育改革对会受影响的人群的平均回报有时候可能要比对所有人的平均回报更重要。在这种情况下，使用工具变量法估算的早期类似改革举措的教育回报虽然是局部平均干预效应，但却可能是进行决策时的最佳依据（Card，2001）。

## 第六节　结　语

在预测变量对于结果变量具有内生性时，我们可以考虑使用工具变量法估算预测变量的效应。工具变量对于结果变量具有外生性，因此可以利用工具变量分离出内生预测变量差异中具有外生性的部分，然后用这一部分来预测结果变量。要实现这个目的，工具变量需要满足两个假设：一是工具变量需要与预测变量具有较强的相关性；二是工具变量影响结果变量的唯一途径是通过影响内生预测变量从而影响结果变量。第一个假设可以用数据验证，第二个假设则需要研究人员论证不存在其他影响路径。教育研究中常用的几类工具变量包括教育机构的邻近性、制度规则与个人特征、对长期趋势的偏离。此外，有些语言类研究利用语言发展规律寻找语言技能的外生性差异来源，以评估语言技能对多种结果变量的影响。工具变量还可以在随机实验和断点回归设计中部分研究参与者没有服从分组安排时估算干预效应，这也是工具变量很常见的一种用途。

### 练习

1. 有研究人员考察发展中国家小学生学业表现的相关因素（Suryadarma et al., 2006），由于上课外辅导班可能对学生的学业表现有影响，所以作者希望控制是否上课外辅导班这样一个虚拟变量。但是否上课外辅导班是一种自我选择（成绩差的学生有可能被家长送去课外辅导班补习，但成绩好的学生也有可能被特别在意孩子学业的家长送去课外辅导班，以弥补公立教育的不足），因此存在内生性问题。为了解决这一问题，研究者将班级学生中上课外辅导班学生所占比例作为是否上课外辅导班这一变量的工具变量,作者认为这种比例对于学生的成绩来说具有外生性,但却有可能影响家长是否让自己孩子上课外辅导班的决定。作者计算得出工具变量与内生预测变量间的相关系数为 0.75,与结果变量(成绩)间的相关系数小于 0.2,因此认为该工具变量满足了与内生预测变量高度相关且对被解释变量具有外生性的要求。

你认为作者使用的数据是否足以证明他们使用的工具变量满足了工具变量的两个关键假设?为什么?

2. 有研究人员设计了一项随机实验,将选中的学生随机分配到实验组和对照组,实验组的学生学习某个英语写作辅助软件的使用方法后借助该软件完成英语写作任务,对照组的学生则没有学习该软件,直接完成写作任务。但此后的问卷调查显示,有部分实验组的学生虽然学习了软件使用方法但在写作中并没有真正使用此软件,而对照组中又有学生原本就知道该软件并在完成英语写作任务时使用了软件。这种情形下可以如何估算干预的效应?

3. 本章中讨论的一些研究基于语言习得关键期假设找到了合适的工具变量,你还能想到其他语言学习规律可以用来开发工具变量吗?试着设计一项基于该语言学习规律的工具变量估算研究。

## 进深资源推荐

[1] Murnane R J, Willett J B, 2011. Methods matter: Improving causal inference in educational and social science research[M]. New York, NY: Oxford University Press: Chapters 10 & 11.

[2] Anders Holm 教授(哥本哈根大学)开设的网上课程 Measuring Causal Effects in the Social Sciences(课程网址:https://www.coursera.org/course/causaleffects)第四周内容。

# 第九章　语言教育领域中其他常见准实验设计

语言教育实践中的研究受制于教学安排，较少能在学生层面实现随机分组，往往只能在班级层面分组，将少量几个完整的班级（intact classes）分配到实验组或对照组，通常班级数在 2~6 个（如 Awada et al., 2020；Li et al., 2016；Suk, 2017）。这样存在两个问题：一是虽然有些研究者进行了随机分组，但由于班级数量少，实际上很难保证实验组和对照组的学生干预前在各方面都具有可比性，这样如果两组在结果变量上有所不同，我们无法断定是由两组在其他未观测方面的差异造成还是由实验组接受的干预造成；二是这样的研究是在班级层面进行分组，却在个体层面收集结果数据，群组内存在相关性，因此需要对数据统计分析做特殊处理（详见本书第五章第五节"干预效应估算方法"中的整群随机实验部分）。从已发表的语言类研究（包括高级别语言、教育类期刊上发表的研究）看，比较好的研究会针对第一个问题，提供多种证据表明实验组和对照组的学生在干预前具有可比性，同时还会从其他多个方面努力完善自己的研究设计；但研究者似乎不太考虑统计分析方面的特殊需要，很少关注第二个问题。

实践中还有可能出现实验组和对照组区别较大或是没有对照组的情况。两组区别较大时，可以考虑使用倾向得分匹配（propensity score matching，PSM）法，将两组的学生配对，然后比较两组中匹配的学生的结果，以估算干预效应。在没有对照组时，研究者也可以考虑扩充对照组的选择范围。这些做法语言教育研究都可以借鉴。

## 第一节　干预前的平衡性检验

随机实验的精髓是由研究人员对研究参与者进行随机、外生分组，在有一定样本量的条件下，实验组和对照组干预前在各方面的均值上具有可比性，因此干预后两组的结果平均值差异可以归因于实验组受到的干预，从而能估算干预效应。但在只有少量几个班的情况下，班级层面的随机分组很难保证两组在各方面都均衡。好的研究会在前测成绩等方面进行实验组和对照组的平衡性检验，如果干预前两组在各个方面都没有显著差异，这能增加读者对干预前两组可比性的信任度。此外，好的研究还会通过其他闪光点提升质量。当然，每项研究也都难免有其局限性。下面我们对三个语言教育方面的优秀研究逐一进行分析。

> **研究实例 9.1：修正性反馈时机的影响**
>
> "The effects of the timing of corrective feedback on the acquisition of a new linguistic structure" 一文（Li et al.，2016）比较即时反馈和延迟反馈对学生学习英语被动语态过去分词结构的影响。研究者从中国某初中的二年级 18 个班中随机选择四个班，然后将来自这四个班的 120 名英语学习者以班为单位随机分成四组，其中三组各自参加两小时的干预课程，干预课程分两小节，每小节围绕一个小故事展开。首先教师（也是论文作者之一）借助 PPT 处理生词；其次以口述、PPT、再次口述的方式三次展示一个小故事；教师展示完后，学生先两人一组在小组中复述故事并给故事加上结尾；然后两人一组向全班汇报，其中一人讲述故事的一部分，另外一人接着讲完故事，并报告自己组的故事结尾；最后全班简短地讨论哪组的故事结尾最有趣。即时反馈小组的成员复述故事过程中出现被动语态过去分词结构错误时，教师会即时提供修正性反馈，并请学生修正；延迟反馈小组的成员则是在完成故事讲述后，教师复述学生讲述中出现被动语态过去分词结构错误的句子，请学生修正；无反馈的比较组（comparison group）只是完成前面的任务，教师不提供任何反馈。除这三组以外还有一个对照组，对照组的学生不参加干预课程，只参加前测和后测。研究过程中，研究者三次使用语法判断测试（grammaticality judgment test，GJT）和口头诱导模仿测试（elicited imitation test，EIT），分别进行前测、干预一周后的后测、干预两周后的延迟后测。每次使用的试题相同，只是试题的顺序会随机打乱。研究者比较了四个小组两项前测的成绩，同时还比较了他们英语课程期中考试的成绩，都没有发现显著差异，因此认为可以将几个组后测、延迟后测的显著差异归因到（不同种类的）反馈。

**研究的闪光点**：除了用两项前测成绩以及期中考试成绩证明四个小组在干预前没有显著差异外，研究还有一些加分项。譬如对于英语被动语态过去分词这一目标结构的选择，作者既从教育部《初中英语教学大纲》的课程要求以及学校对这一结构的课程设置时间上证明这是学生还没有学习过的结构，又引用不同文献证实这一结构习得较晚且具有一定语言复杂度，研究开始前与该年级四名英语教师的访谈结果也证实这个结构是该年级水平段最具挑战性的语言结构之一。此外，研究者事先用两个故事对 16 名同年级的学生进行了初步研究（pilot study），基于初步研究的结果对故事语言和干预课程的过程进行了微调，更重要的是，基于这些学生讲述故事时出现的目标语言结构错误类别，作者设计了 GJT 和 EIT 试题。最后，对于任务形式的选择、两篇故事的确定、故事中词汇的处理、对照组之外的比较组设置、反馈形式的选择、EIT 每道题答题时长的确定等诸多细节作者都进行了论证。上述这些因素使研究显得非常严谨。

**存疑之处**：论文作者报告了学生学习英语的年限（从 4 年到 11 年不等，平均时长 6.1 年），但并未对这个数据进行四组间的比较。如果学习英语年限以及其他一些背景特征在四个小组间也没有显著差异，会增添干预前四个小组间可比性的可信度和说服力。

**研究实例 9.2：泛读的效果**

这个实例考察英语泛读对阅读理解、阅读速度和词汇掌握的效应（Suk, 2017）。研究者也是用四个完整的班级做研究，其中两个班组成实验组（共 83 人），另两个班形成对照组（共 88 人）。对照组每周按照常规上 100 分钟的精读课，实验组则改成 70 分钟精读加 30 分钟泛读。和研究实例 9.1 一样，作者设置了前测和后测，结果发现实验组和对照组的学生在干预前阅读理解的成绩差异很小，但对照组阅读速度和词汇的前测成绩都要高于实验组。作者没有说明差异是否显著。基于作者提供的样本量、每组测试成绩的均值和标准差，我们计算发现对照组的前测阅读速度显著高于实验组。后测时实验组的三项测试成绩均显著高于对照组，其中阅读速度方面实验组反超对照组。作者用时间与干预的交互项进行的分析也显示实验组在每项测试上的成绩提高都显著高于对照组，证明干预能显著提高学生的阅读理解能力、阅读速度和词汇量。

**研究的闪光点**：论文作者是四个班的授课教师。一般认为研究者同时是任课教师容易造成研究者偏误，因为研究者通常希望能发现具有统计显著性的干预效应，因此有可能在授课、试卷批改中有意无意地偏向实验组的学生，所以这样的设计容易引起质疑。论文作者一方面表示自己同时教四个班更容易控制干预过程，减少干预执行过程中的偏差；同时也以自己在研究过程中进行的几项执行忠实度检测（fidelity check）来证明自己对四个班的教学都是客观公正的。忠实度检测方式包括通过遵循精心编写的课程计划使得授课尽可能与干预计划方案一致；列出每次课堂需要进行的活动清单，使用该清单来验证干预的实施是否与预期一致；每节课后记录对课堂的观察，反思哪些时候遵循了教学计划，又有哪些时候由于意想不到的情况而没能使用特定的教学手段。作者通过这些忠实度检测来降低研究者偏误，为研究结果的效度提供支持。此外，词汇测试（写出词汇的定义）是主观题，为了保持评分的公平性、一致性，作者在第一次评分后大约两个月内又做了两次评分，发现三次评分结果之间区别很小。作者正式使用试题前还请不同英语水平的人做了三次试测，并依据试测结果对试题进行了微调。作者又以图的形式对比实验组和对照组前后测成绩的变化（即交互项反映的内容），使读者能有清晰、直观的感受。这些都是这项研究值得称道的地方。

**存疑之处**：实验组与对照组前测成绩不均衡容易让读者质疑两组在其他因素上是否也会不均衡，如果有被忽略的因素导致实验组在后测成绩上领先，那么作者将两组的后测成绩差异归功于干预就可能高估了干预效应。此外，论文中没有说明作者的三次主观题评分是否为盲评，如果主观题评分时能遮盖试卷上的学生身份信息并打乱班级顺序，结果会更加可靠。当然，如果能请具备同样经验、资质的其他人盲评试卷，则更能增添测试结果的说服力。

### 研究实例 9.3：学生小组成就区分法的效果

这个研究实例将学生小组成就区分法（student team achievement division, STAD）与 WebQuest 这一探究型技术模型（inquiry-based technological model, IBTM）结合，探讨由此形成的 STADIBTM 对英语非母语学生议论文写作技能及教师感受的影响（Awada et al., 2020）。研究者使用了六个完整的班级，其中四个班被随机分配到实验组（共 54 名学生），另外两个班构成对照组（共

24 名学生）。所有六名教师使用相同的教学大纲，但实验组的授课教师接受 STADIBTM 方面培训，在议论文写作教学中融入 STADIBTM，对照组的授课教师则没有接受培训。研究者在干预前后对学生进行了短文写作测试，并对实验组的授课教师进行了有关其教学感受的调查。结果显示两组学生短文写作的前测成绩没有显著差别，他们的大学入学考试 TOEFL iBT 成绩也没有显著差别。对照组后测成绩和前测成绩没有显著差异，而实验组的后测成绩显著高于前测成绩，表明包含 STADIBTM 的议论文写作教学能有效提高学生短文写作水平。

**研究的闪光点：** 为了确保测试成绩的可靠性，所有短文都由两位教师分别评分，如果他们之间的评分差别过大，会有另一位教师介入并最终就分数达成一致。同时，为了避免教师偏向实验组或对照组，所有评分都是盲评，教师既不知道学生姓名也不知道学生所属的组别。此外，这项研究采用了混合式研究法，对实验组班级任课教师的调查访谈数据为量化数据分析的结果提供了支持。这也是现在比较常见的研究方法。

**存疑之处：** 研究者只调查了实验组班级任课教师在学期初和学期末的教学体验和感受，发现这些教师对教学的感受变得更加积极、感受到的教学挑战减小。因为没有调查对照组两位任课教师的感受，所以不能排除实验组班级任课教师的感受是随着一个学期课程的进展而自然改变的可能性。此外，第一个研究问题的结果显示实验组和对照组的前后测成绩差值显著不同，但第二个研究问题的结果显示对于低水平、中等水平、高水平的学生，实验组和对照组的前后测成绩差值都没有显著不同。如果每个水平段的实验组学生成绩提高值都和对照组学生没有显著不同，比较难理解为什么整个实验组前后测的成绩提高值会显著高于整个对照组的成绩提高值。猜测原因是将学生分成三个水平段以后，每个水平段的样本量较小，从而影响了统计功效，无法得到具有统计显著性的结果。另外，这项研究在论文写作中还存在一个小问题：表格 3 至表格 6 的标题全部都是 "Paired samples statistics"，这样的标题不具有辨识性，无法为读者提供有用信息。我们在同一篇论文中一般会避免多个图或表使用相同的标题，而且标题通常应该比 "Paired samples statistics" 更具体，与图、表内容直接相关。

## 第二节　倾向得分匹配

上一节讨论的是将完整班级随机分配到实验组和对照组的情况，因为班级数量少，所以有可能两组学生干预开始前在某些方面就不具有均值可比性。还有一些情况下研究者明确知道实验组和对照组不可比（譬如其中一组由阅读能力弱的学生组成），这时可以考虑使用倾向得分匹配法进行处理。

倾向得分（propensity score）是基于个体在一组协变量上的取值，使用 logistic 或 probit 回归估算该个体会属于实验组的概率。目的是在回归分析中尽量多包括与分组可能相关的变量，这既包括与结果变量间只是弱相关的协变量，也包括变量间的交互项和非线性项（如变量的二次方、三次方等）。这些变量不受干预影响，所以通常会在干预开始前测量（Rosenbaum et al., 1984; Rubin et al., 1996）。logistic 回归将个体的一组协变量降为一个倾向得分，因此用这个倾向得分对实验组和对照组的个体进行配对，事实上也就是在多个变量上同时对他们进行配对，这样能控制多个既影响分配结果也影响结果变量的协变量，以尽量消除两组间的干预前差异（Reichardt, 2019; Retelsdorf et al., 2012; Shadish et al., 2002）。尽管存在两个个体倾向得分相近但各协变量的值不同的可能性，但只要 logistic 回归中使用的预测变量合理，通常不会出现这样的问题（Murnane et al., 2011）。

倾向得分匹配法的步骤如下：（1）按上述方法估算实验组和对照组每位成员的倾向得分；（2）为实验组的每位成员在对照组中找到倾向得分最相近的成员（称为"最近邻"nearest neighbor）进行配对；（3）通过比较实验组成员和与他们配对的对照组成员在结果变量上的均值来估算干预效应。

倾向得分匹配法能在实验组和对照组区别较大时帮助我们估算干预效应，但使用这个方法需要注意以下两点。首先，通常倾向得分匹配法用于大样本时效果比较好，而且实验组和对照组在协变量所代表的各个特征上区别不能太大，以避免两组的倾向得分区别太大。这是因为实验组的倾向得分（即分配到实验组的估算概率）总体上肯定大于对照组，最后只有实验组和对照组中倾向得分重合区域（称为"共同支持区域"，area of common support）中的个体才能用于分析。两组区别越大，能配对成功的个体数量越少，能用于分析的有效数据也就越少。这不仅影响样本量，同时也影响估算结果的可推广性和因果推断的准确性。其次，匹配只能控制两组在已观测变量上的差别，不能控制它们在未观测变量上的差别，因此如果还有其他变量与结果变量和倾向得分都相关，仍然会存在遗漏变量偏误。估算倾向得分时加入尽可能多的预测变量会有帮助，但需测量的变量越多，研究者花费的时间和精力也就越多，而且即便这样也很难知道是不是涵盖了所有相关变量（Shadish et al.，2002）。事实上，有研究者将倾向得分匹配法用于分析随机实验得到的数据，结果发现两种方法估算的干预效应结果并不一致（Wilde et al.，2007）。因此，通常只是在随机实验或其他准实验设计都不可行而实验组和对照组又明显不可比时才会使用倾向得分匹配法。有些随机实验由于执行不严格导致实验组和对照组前测成绩区别较大（如成绩差达到或超过 0.25 个合并标准差），研究人员会使用倾向得分匹配法将两组的成员配对（如 Silverman et al.，2017）；还有研究人员在使用双重差分法时，会在双重差分的基础上加上倾向得分匹配，用双重差分倾向得分匹配（PSM-DID）法检验双重差分法估算的结果是否稳健（如 Bai et al.，2018）。下面用几个实例说明倾向得分匹配法的使用。

> **研究实例 9.4：中国农村实施的阅读项目**
>
> Scott Rozelle 教授团队的一项研究考察某阅读项目对学生阅读能力和学业成绩的影响（Gao et al.，2018）。本书第五章中随机抽样部分对此项目也做过介绍，项目基于在贵州省某地级市的部分学校实施的一个阅读项目，有些县实施了该项目，有些县没有。研究人员从受干预县随机选取了 15 所学校，又从邻县随机选择规模相当、教师与学校特点都相近的 15 所学校作为对照组学校；再从选中的学校里随机选择班级。研究人员对问卷调查收集到的所有可观测特征进行了平衡性检验，发现两组学校总体上在任何方面都没有显著差异。他们采用两种数据分析方法，首先使用基于普通最小二乘法的线性回归模型，通过加入大量的可观测协变量以降低潜在的内生性，减小估算偏误；除此以外，论文作者还使用倾向得分匹配法估算干预效应，以检验普通最小二乘法回归估算结果的稳健性。两种分析方法得到了相似的结果。值得一提的是，为了确保使用倾向得分匹配法时实验组与对照组在倾向得分上有足够多的重合区域，研究人员将通过统计功效分析得到的所需班级数增加了约 20%，最后抽中 128 所学校，形成共计 4108 名学生的研究样本。

**研究实例 9.5：德国分流教育体系中的阅读能力发展**

有研究人员考察德国教育系统中的分流对学生阅读能力发展的影响（Retelsdorf et al., 2012）。德国小学四年级后教师会基于学生的学业成绩为每名学生推荐学术或非学术轨道，使学生进入不同类型的中等教育轨道。但教师只负责推荐，学生最后会进入哪种轨道由学生和家长决定。因此，决定标准其实混合了学业成绩和自我选择的多种因素。这导致学术轨道和非学术轨道的学生在分流前可能就在多个方面有所不同，这些不同有可能影响学生以后的学业发展。论文作者采用倾向得分匹配法，并在估算学生的倾向得分时加入与分流偏好相关的多种背景信息。基于已有研究发现，论文作者使用了以下协变量：人口统计变量（性别、年龄）；社会背景指标（职业状况的最高国际社会经济指数、父母的受教育程度、种族背景）；学习成绩（小学成绩和五年级开学时的前测成绩）；学校推荐轨道；学前/幼儿园时间；父母对孩子的教育期望。研究中的总样本有 1508 人，其中学术轨道 568 人，非学术轨道 940 人；样本匹配后，学术轨道的 297 人匹配到非学术轨道的 111 人，匹配后的有效样本只有原样本人数的 27%。

**研究实例 9.6：辅助阅读干预项目对三年级留级学生的效果**

Reutzel et al.（2012）探索了一个辅助性默读项目的干预效应，研究参与者是因为在三年级州立考试阅读部分表现不理想而留级的佛罗里达州学生。研究者使用倾向得分匹配法分析数据，匹配后实验组和对照组各有 40 人。结果发现实验组学生后测的州立考试阅读成绩显著高于对照组学生；实验组学生后测的斯坦福成就测验（Stanford Achievement Test-10，SAT-10）成绩也高于对照组，但差异不显著。研究人员通过统计功效分析发现，他们的样本量（80 人）不足以发现实验组和对照组 SAT-10 测试成绩的差异。这也提醒我们样本量充足的重要性以及提前做统计功效分析预估所需样本量的必要性。

## 第三节　扩充对照组的范围

以上两节讨论的情形分别是：（1）需要用数据证明实验组和对照组在干预前具有可比性；（2）实验组和对照组在干预前不可比，需要对数据进行特殊处理。但实践中有时可能根本就没有对照组。这种情况下可以考虑扩充对照组的选择范围。

Bitchener 和 Ferris（2012）认为关于修正性反馈的历时写作研究不容易安排对照组，因此他们提议"重新定义'对照组'"，并具体提出了四种研究设计方案。第一种方案以 Chandler（2003）一文为例，在 Chandler 的研究中，对照组学生并不是没有收到修正性反馈，而是几周后才要求他们参考反馈做出修改。所以实验组和对照组在这里的区别是收到书面修正性反馈（written corrective feedback）后需要立刻做出修改还是可以延迟修改。第二种可能的研究方案是给实验组学生在文章中特定错误旁提供修正性反馈，而对照组学生只收到简要说明，建议他们在今后的写作中关注某些类别的错误。两类反馈的性质完全不同。第三种建议的方案是将同一个班的学生分成不同实验组，一组是第一篇写作任务收到修正性反馈，但第二篇没有反馈；另一组则正好相反，第一篇写作任务没有反馈，第二篇收到反馈。最后一种建议的方案是有选择地针对某些特定错误类型提供反馈，对其他错误则不提供反馈，然后比较学生在有反馈的错误类型和没有反馈的错误类型上随着时间推移的变化。

Bitchener 和 Ferris 提出的四种方案中，前两种实际上更像本书第五章第二节中对比两种不同干预（即收到反馈后需要立即修改和收到反馈几周后才被要求修改或者是针对具体错误点的修正性反馈和小结性说明类的反馈）的实验设计，而不是一个实验组和一个对照组的研究设计。第三种情况则类似本书第五章第二节中的成组交叉设计（即两组在不同阶段轮流作为实验组和对照组，角色互换）。无论如何，前三种方案中每位个体（在具体的一个时间段）要么属于实验组，要么属于对照组。第四种方案则情况有所不同，实际上是同一个人的写作错误中，收到反馈的错误类型形成实验组，没有收到反馈的错误类型形成对照组。这类"对照组"和传统意义上的对照组区别很大，在论文写作中格外需要作者能进行逻辑自洽的论证，证明使用这种"对照组"的合理性。

---

**研究实例 9.7：基于培训平台的使用频率生成实验组和对照组**

香港大学赖春等（Lai et al., 2016）考察某在线培训平台是否能增强学习者自主使用语言学习技术的意愿以及是否能提升他们的相关知识和技能。64 名大学一年级本科生参加了 12 周的培训，培训前后的问卷结果显示培训后学生自主使用语言学习技术的频率增加、对自主使用技术的知识与技能掌握情况更有自信、对技术的看法和态度也更加积极。因为缺少对照组，研究者比较了频繁使用培训平台的 22 名学生和其他 42 名学生各方面的情况，将使用培训平台不频繁的学生作为对照组。他们发现两类学生在前测问卷涉及的各个方面都完全可比，但频繁使用平台的学生在后测问卷测量的几乎所有方面得分都显著更高，这样的对比结果为培训平台对学生自主使用技术进行语言学习的积极影响提供了支持。不过作者在结论部分也提到研究的局限之一是使用自然形成的对照组可能带来估算偏误，因为这可能导致所估算的培训效果仅适用于起初就对培训抱有积极态度或良好意愿的学生。

**研究实例 9.8：基于不同写作反馈生成实验组和对照组**

本书作者研究某大学选修"英语论文写作与发表"课程的学生使用 Grammarly 写作自动评改工具对自己所写研究论文引言部分改错的效果（Guo & Kim et al., 2021b）。学生提交第一稿（并以为这一稿会计算作业成绩）后，教师在课堂上教学生使用 Grammarly 改错，然后给学生两天的时间修改第一稿，并给学生提了两条建议：(1) 自主判断 Grammarly 的每条标注是否准确以及是否要按 Grammarly 建议的方式修改；(2) 在通读全文的基础上修改，而不是只关注 Grammarly 标注的地方。最后比较学生两稿的错误得分（error score，即基于文章长度进行标准化后的错误数）计算修改错误的成功率（error-correction success ratio）。由于缺乏对照组学生，而作业是用 Word 文档提交，Word 拼写和语法检查器会用波浪线标注错误，因此作者从 Word 标注的错误中找出属于教师此前在课堂上重点讲解过的错误类别但 Grammarly 又没有识别出的错误（如主语谓语单复数一致错误、词形错误等），这些错误形成了 Grammarly 所标注错误的对照组。作者认为课堂上的重点讲解与练习使得修改这些 Word 所标注错误的难度与修改 Grammarly 所标注错误的难度相当，因此，Grammarly 所提供修正性反馈以外的其他因素（如多出两天写作时间、改错时参考其他写作资源）对两类错误的改错效果应该具有可比性。研究结果显示 Grammarly 所标注错误的改错成功率远高于 Word 所标注的错误，证明使用 Grammarly 修改论文的有效性。当然，作者在论文最后也提出了研究没有真正的对照组这一局限性，并建议今后的研究可以通过随机实验考察使用 Grammarly 的改错效果。

# 第四节 结　　语

很多语言教育研究在班级层面进行分组，却在个人层面收集结果数据，属于整群随机实验，但群组数量又通常较少。这会导致两个结果：一是实验组和对照组在干预前很难做到各方面都具有可比性；二是如果严格按照整群随机实验进行统计分析，很难得到具有统计显著性的结果。不过从已发表的语言类研究论文看，即使没有考虑整群随机实验在统计分析方面的特殊要求，也有可能因其他方面的优势而在较好的期刊（包括 SSCI 来源期刊）发表。这些期刊上发表的论文通常会提供多种证据表明实验组和对照组在干预前具有可比性，同时还会从其他多个方面努力完善研究设计。不过更加严谨的研究设计可以提高论文发表的可能性，也能更好地实施"语言+教育"的跨学科研究。有时实验组和对照组在干预前确实不可比，这时可以考虑使用倾向得分匹配法，将两组学生配对，然后比较两组中匹配学生的干预后结果以估算干预效应。最后，在没有对照组时，研究者还可以考虑扩充对照组的范围，使用非传统意义上的对照组。

## 练习

1. 请阅读有关移动辅助语言学习（mobile-assisted language learning）效果的一篇论文"Pulling Mobile Assisted Language Learning (MALL) into the Mainstream: MALL in Broad Practice"（Wu，2015）https://journals.plos.org/plosone/article?id=10.1371/journal.pone.0128762，分析该研究的设计中有哪些可借鉴之处，有哪些需改进之处。

2. 如果你的研究只能以完整班级为单位进行分组，你觉得可以采用哪些方法来增加研究设计的严谨性？

## 进深资源推荐

[1] Murnane R J, Willett J B, 2011. Methods matter: Improving causal inference in educational and social science research[M]. New York, NY: Oxford University Press: Chapter 12.

[2] Shadish W R, Cook T D, Campbell D T, 2002. Experimental and quasi-experimental designs for generalized causal inference[M]. Boston, MA: Houghton Mifflin Company: Chapter 5.

# 参 考 文 献

[1] Angrist J, Bettinger E, Bloom E, et al., 2002. Vouchers for private schooling in Colombia: Evidence from a randomized natural experiment[J]. The American Economic Review, 92(5): 1535-1558. https://doi.org/10.1257/000282802762024629.

[2] Angrist J, Bettinger E, Kremer M, 2006. Long-term educational consequences of secondary school vouchers: Evidence from administrative records in Colombia[J]. The American Economic Review, 96(3): 847-862. https://doi.org/10.1257/000282802762024629.

[3] Angrist J D, Krueger A B, 1991. Does compulsory school attendance affect schooling and earnings?[J] Quarterly Journal of Economics, 106(4): 979-1014. https://doi.org/10.2307/2937954.

[4] Angrist J D, Krueger A B, 2001. Instrumental variables and the search for identification: From supply and demand to natural experiments[J]. Journal of Economic Perspectives, 15(4): 69-85. https://doi.org/10.2139/ssrn.281433.

[5] Angrist J D, Lavy V, 1999. Using Maimonides' rule to estimate the effect of class size on scholastic achievement[J]. Quarterly Journal of Economics, 114(2): 533-575. https://doi.org/10.1162/003355399556061.

[6] Angrist J D, Pischke J S, 2008. Mostly harmless econometrics: An empiricist's companion[M]. Princeton, NJ: Princeton University Press.

[7] Ashenfelter O, Card D, 1985. Using the longitudinal structure of earnings to estimate the effect of training programs[J]. Review of Economics and Statistics, 67(4): 648-660. https://doi.org/10.2307/1924810.

[8] Åslund O, Engdahl M, 2018. The value of earning for learning: Performance bonuses in immigrant language training[J]. Economics of Education Review, 62: 192-204. https://doi.org/10.1016/j.econedurev.2017.11.010.

[9] Awada G, Burston J, Ghannage R, 2020. Effect of student team achievement division through WebQuest on EFL students' argumentative writing skills and their instructors' perceptions[J]. Computer Assisted Language Learning, 33(3): 275-300. https://doi.org/10.1080/09588221.2018.1558254.

[10] Bai Y, Jia R, 2016. Elite recruitment and political stability: The impact of the abolition of China's civil service exam [J]. Econometrica, 84(2): 677-733. https://doi.org/10.3982/ECTA13448.

[11] Bai Y, Mo D, Zhang L X, et al. , 2016. The impact of integrating ICT with teaching: Evidence from a randomized controlled trial in rural schools in China[J]. Computers and Education, 96: 1-14. https://doi.org/10.1016/j.compedu.2016.02.005.

[12] Bai Y, Zhang L, Liu C, et al., 2018. Effect of parental migration on the academic performance

of left behind children in north western China[J]. The Journal of Development Studies, 54(7): 1154-1170. https://doi.org/10.1080/00220388.2017.1333108.

[13] Baron R M, Kenny D A, 1986. The moderator-mediator variable distinction in social psychological research: Conceptual, strategic, and statistical considerations[J]. Journal of Personality and Social Psychology, 51(6): 1173-1182. https://doi.org/10.1037//0022-3514.51.6.1173.

[14] Battistin E, Meroni E C, 2016. Should we increase instruction time in low achieving schools? Evidence from Southern Italy[J]. Economics of Education Review, 55: 39-56. https://doi.org/10.1016/j.econedurev.2016.08.003.

[15] Bedard K, Dhuey E, 2006. The persistence of early childhood maturity: International evidence of long-run age effects[J]. Quarterly Journal of Economics, 121(4): 1437-1472. https://doi.org/10.1093/qje/121.4.1437.

[16] Bellei C, 2009. Does lengthening the school day increase students' academic achievement? Results from a natural experiment in Chile[J]. Economics of Education Review, 28(5): 629-640. https://doi.org/10.1016/j.econedurev.2009.01.008.

[17] Bellei C, 2013. Supporting instructional improvement in low-performing schools to increase students' academic achievement[J]. The Journal of Educational Research, 106(3): 235-248. https://doi.org/10.1080/00220671.2012.687788.

[18] Bentin S, Hammer R, Cahan S, 1991. The effects of aging and first grade schooling on the development of phonological awareness[J]. Psychological Science, 2(4): 271-275. https://doi.org/10.1111/j.1467-9280.1991.tb00148.x.

[19] Bettinger E, Kremer M, Saavedra, J, 2010. Are educational vouchers only redistributive?[J]. The Economic Journal, 20 (August): F204-F228. https://doi.org/10.1111/j.1468-0297.2010.02374.x.

[20] Biber D, 1988. Variation across Speech and Writing[M]. Cambridge: Cambridge University Press. https://doi.org/10.1017/CBO9780511621024.

[21] Binder J F, Baguley T, Crook C, et al. , 2015. The academic value of internships: benefits across disciplines and student backgrounds[J]. Contemporary Educational Psychology, 41: 73-82. https://doi.org/10.1016/j.cedpsych.2014.12.001.

[22] Bitchener J, Ferris D R, 2012. Written corrective feedback in second language acquisition and writing[M]. New York, NY: Routledge. https://doi.org/10.4324/9780203832400.

[23] Bleakley H, Chin A, 2004. Language skills and earnings: Evidence from childhood immigrants[J]. The Review of Economics and Statistics, 86(2): 481-496. https://doi.org/10.1162/003465304323031067.

[24] Bleakley H, Chin A, 2008. What holds back the second generation? The intergenerational transmission of language human capital among immigrants[J]. Journal of Human Resources, 43(2): 267-298. http://doi.org/10.3368/jhr.43.2.267.

[25] Bleakley H, Chin A, 2010. Age at arrival, English proficiency, and social assimilation among U.S. immigrants[J]. American Economic Review: Applied Economics, 2(1): 165-192. https://www.jstor.org/stable/25760197.

[26] Bloom H S, 2012. Modern regression discontinuity analysis[J]. Journal of Research on Educational Effectiveness, 5: 43-82. http://doi.org/10.1080/19345747.2011.578707.

[27] Borman G D, Slavin R E, Cheung A, et al. , 2005. Success for All: First-year results from the national randomized field trial[J]. Educational Evaluation and Policy Analysis, 27: 1-22. https://doi.org/10.3102/01623737027001001.

[28] Borman G D, Slavin R E, Cheung A, et al., 2007. Final reading outcomes of the national randomized field trial of Success for All[J]. American Educational Research Journal, 44(3): 701-731. https://doi.org/10.3102/0002831207306743.

[29] Budría S, Swedberg P, 2019. The impact of multilingualism on host language acquisition[J]. Empirica, 46: 741-766. https://doi.org/10.1007/s10663-018-9422-x.

[30] Bulté B, Roothooft H, 2020. Investigating the interrelationship between rated L2 proficiency and linguistic complexity in L2 speech[J]. System, 91. https://doi.org/10.1016/j.system.2020.102246.

[31] Cahan S, Cohen N, 1989. Age versus schooling effects on intelligence development[J]. Child Development, 60(5): 1239-1249. https://doi.org/10.2307/1130797.

[32] Cahan S, Davis D, 1987. A between-grade-levels approach to the investigation of the absolute effects of schooling on achievement[J]. American Educational Research Journal, 24(1): 1-12. https://doi.org/10.2307/1162850.

[33] Cahan S, Greenbaum C, Artman L, et al., 2008. The differential effects of age and first grade schooling on the development of infralogical and logico-mathematical concrete operations[J]. Cognitive Development, 23(2): 258-277. https://doi.org/10.1016/j.cogdev.2008.01.004.

[34] Cahan S, Jurges H, Jabr D, et al., 2019. Student's SES and the effect of schooling on cognitive development[J]. Journal of Education and Human Development, 8(4): 199-209. http://doi.org/10.15640/jehd.v8n4a1.

[35] Calonico S, Cattaneo M D., Farrell M H, 2018. On the effect of bias estimation on coverage accuracy in nonparametric inference[J]. Journal of the American Statistical Association, 113: 767-779. https://doi.org/10.1080/01621459.2017.1285776.

[36] Calonico S, Cattaneo M D, Farrell M H, et al., 2017. Rdrobust: Software for regression-discontinuity designs[J]. Stata Journal, 17(2): 372-404. https://doi.org/10.1177/1536867X1701700208.

[37] Calonico S, Cattaneo M D, Titiunik R, 2014a. Robust nonparametric confidence intervals for regression-discontinuity designs[J]. Econometrica, 82(6): 2295-2326. https://doi.org/10.3982/ECTA11757.

[38] Calonico S, Cattaneo M D, Titiunik R, 2014b. Robust data-driven inference in the regression-discontinuity design[J]. Stata Journal, 14(4): 909-946. https://doi.org/10.1177/1536867X1401400413.

[39] Câmara Leme A, Escardíbul J O, Nunes L C, et al., 2020. The effect of a specialized versus a general upper-secondary school curriculum on students' performance and inequality. A difference-in-differences cross-country analysis[J]. Applied Economics, 52(39): 4317-4331. https://doi.org/10.1080/00036846.2020.1734183.

[40] Campbell D T, Stanley J C,1966. Experimental and quasi-experimental designs for research[M]. Skokie, IL: Rand McNally.

[41] Card D, 1995. Using geographic variation in college proximity to estimate the return to schooling [A]//Christofides L N, Grant E K, Swidinsky R (Eds.). Aspects of labour market behaviour: Essays in honour of John Vanderkamp[C]. Toronto, Canada: University of Toronto Press: 201-222.

[42] Card D, 2001. Estimating the return to schooling: Progress on some persistent econometric problems[J]. Econometrica, 69(5): 1127-1160. https://www.jstor.org/stable/2692217.

[43] Cattaneo M D, Idrobo N, Titiunik R, 2020. A practical introduction to regression discontinuity designs: Foundations (Part of Cambridge elements: Quantitative and computational methods for the social sciences)[M]. Cambridge: Cambridge University Press. https://doi.org/10.1017/9781108684606.

[44] Chandler J, 2003. The efficacy of various kinds of error feedback for improvement in the accuracy and fluency of L2 student writing[J]. Journal of Second Language Writing, 12(3): 267-296. https://doi.org/10.1016/S1060-3743(03)00038-9.

[45] Chen W, Eslami Z, 2013. Focus on form in live chats[J]. Educational Technology & Society, 16(1): 147-158. https://www.jstor.org/stable/jeductechsoci.16.1.147.

[46] Christensen R, 2016. Analysis of variance, design, and regression: Linear modeling for unbalanced data [M]. 2nd edition.Boca Raton, FL: CPC Press. https://doi.org/10.1201/97813 15370095.

[47] Cohen D, Cohen P, West S G, et al., 2003. Applied multiple regression/correlation analysis for the behavioral science[M]. 3rd edition. Mahwah, NJ: Lawrence Erlbaum Associates. https://doi.org/10.4324/9780203774441.

[48] Cohen J, 1988. Statistical power analysis for the behavioral sciences[M]. 2nd edition. Hillsdale, NJ: Erlbaum. https://doi.org/10.4324/9780203771587.

[49] Cook T D, Campbell D T, 1979. Quasi-experimentation: Design and analysis issues for field settings[M]. Skokie, IL: Rand McNally.

[50] Cook T D, Shadish W R, Wong V C, 2008. Three conditions under which experiments and observational studies produce comparable causal estimates: New findings from within-study comparisons[J]. Journal of Policy Analysis and Management, 27(4): 724-750. https://doi.org/10.1002/pam.20375.

[51] Cowen J M, 2008. School choice as a latent variable: Estimating the "complier average causal effect" of vouchers in Charlotte[J]. The Policy Studies Journal, 36(2): 301-315. https://doi.org/10.1111/j.1541-0072.2008.00268.x.

[52] Currie J, Moretti E, 2003. Mother's education and the intergenerational transmission of human capital: Evidence from college openings[J]. Quarterly Journal of Economics, 118(4): 1495-1532. https://doi.org/10.1162/003355303322552856.

[53] Deschacht N, Goeman K, 2015. The effect of blended learning on course persistence and performance of adult learners: A difference-in-differences analysis[J]. Computers & Education, 87: 83-89. https://doi.org/10.1016/j.compedu.2015.03.020.

[54] Dee T S, 2004. Are there civic returns to education?[J]. Journal of Public Economics, 88(9): 1697-1720. https://doi.org/10.1016/j.jpubeco.2003.11.002.

[55] Dearing E, Zachrisson H D, Mykletun A, et al., 2018. Estimating the consequences of Norway's national scale-up of early childhood education and care (Beginning in Infancy) for Early Language Skills[J]. AERA Open, 4(1): 233285841875659. https://doi.org/10.1177/2332858418756598.

[56] Dinesen P T, Dawes C T, Johannesson M, et al., 2016. Estimating the impact of education on political participation: Evidence from monozygotic twins in the United States, Denmark and Sweden[J]. Political Behavior, 38: 579-601. https://doi.org/10.1007/s11109-015-9328-2.

[57] Doyle O, McGlanaghy E, O'Farrelly C, et al., 2016. Can targeted intervention mitigate early emotional and behavioral problems? Generating robust evidence within randomized controlled trials[J]. PLoS ONE, 11(6): e0156397. https://doi.org/10.1371/journal.pone.0156397.

[58] Duncan G J, Morris P A, Rodrigues C, 2011. Does money really matter? Estimating impacts of family income on young children's achievement with data from random-assignment experiments[J]. Developmental Psychology, 47(5): 1263-1279. https://doi.org/10.1007/s00181-009-0295-5.

[59] Dynarski S M, 2000. Hope for whom? Financial aid for the middle class and its impact on college attendance[J]. National Tax Journal, 53(3): 629-661. https://doi.org/10.17310/ntj.2000.3S.02.

[60] Dynarski S M, 2003. Does aid matter? Measuring the effect of student aid on college attendance and completion[J]. American Economic Review, 93(1): 279-288. https://doi.org/10.1257/000282803321455287.

[61] Dyson D, Solity J, Best W, et al., 2018, Effectiveness of a small-group vocabulary intervention programme: Evidence from a regression discontinuity design[J]. International Journal of Language & Communication Disorders, 53(5): 947-958. https://doi.org/10.1111/1460-6984.12404.

[62] Fervers L, Ilg L, 2021. Can we get them moving? The impact of mobility assistance on cross-country migration of young adults in Europe. International Migration.https://doi.org/10.1111/imig.12872.

[63] Furey W M, Marcotte A M, Wells C S, et al., 2017. The effects of supplemental sentence-level instruction for fourth-grade students identified as struggling writers[J]. Reading & Writing Quarterly: Overcoming Learning Difficulties, 33(6): 563-578. https://doi.org/10.1080/10573569.2017.1288591.

[64] Gao Q, Wang H, Mo D, et al., 2018. Can reading programs improve reading skills and academic performance in rural China?[J]. China Economic Review, 52: 111-125. https://doi.org/10.1016/j.chieco.2018.07.001.

[65] Gelman A, Vehtari A, 2021. What are the most important statistical ideas of the past 50 years?[EB/OL]. [2021-01-22]. https://arxiv.org/pdf/2012.00174.pdf.

[66] Gennetian L A, Magnuson K, Morris P A, 2008. From statistical associations to causation: What developmentalists can learn from instrumental variables techniques coupled with experimental data[J]. Developmental psychology, 44(2): 381-394. https://doi.org/10.1037/0012-1649.44.2.381.

[67] Godfroid A, Loewen S, Jung S, et al., 2015. Timed and untimed grammaticality judgments measure distinct types of knowledge: Evidence from eye-movement patterns[J]. Studies in Second Language Acquisition, 37(2): 269-297. https://doi.org/10.1017/S0272263114000850.

[68] Goldberger A S, 2008. Selection bias in evaluating treatment effects: Some formal illustrations[A]//Fomby T, Hill R C, Millimet D L, et al. (Eds.). Modeling and evaluating treatment effects in economics [C]. Amsterdam, the Netherlands: JAI Press: 1-31. https://doi.org/10.1016/S0731-9053(07)00001-1.

[69] Greene J P, 2020. The effect of school choice: An evaluation of the Charlotte Children's Scholarship Fund program. Civic report No. 12[EB/OL]. New York, NY: Manhattan Institute for Policy Research, Center for Civic Innovation.[2020-07-31]. from https://files.eric.ed.gov/fulltext/ED447224.pdf.

[70] Guo Q, Feng R, Hua Y, 2021. How effectively can EFL students use automated written corrective feedback (AWCF) in research writing?[J]. Computer Assisted Language Learning. https://doi.org/10.1080/09588221.2021.1879161.

[71] Guo Q, Kim Y S G, Liu Y, et al., 2021. The effects of a summer reading program for migrant children in migrant schools: First-year results from a randomized experiment[J]. Asia Pacific Education Review, 22: 139-154. https://doi.org/10.1007/s12564-020-09659-5.

[72] Guo Q, Kim Y S G, Yang L, et al., 2016. Does previewing answer choice options improve performance on reading tests?[J]. Reading and Writing, 29(4): 745-760. https://doi.org/10.1007/s11145-016-9626-z.

[73] Guo Q, Koretz D, 2013. Estimating the impact of the Massachusetts English immersion law on limited English proficient students' reading achievement[J]. Educational Policy, 27(1): 121-149. https://doi.org/10.1177/0895904812462776.

[74] Guo Q, Sun W, 2014. Economic returns to English proficiency for college graduates in Mainland China[J]. China Economic Review, 30: 290-300. https://doi.org/10.1016/j.chieco.2014.07.014.

[75] Guven C, Islam A, 2015. Age at migration, language proficiency and socio-economic outcomes: Evidence from Australia[J]. Demography, 52(2): 513-542. https://doi.org/10.1007/s13524-015-0373-6.

[76] Hall C, Lundin M, Sibbmark K, 2021. A laptop for every child? The impact of technology on human capital formation[J]. Labour Economics, 69: 101957. https://doi.org/10.1016/j.labeco.2020.101957.

[77] Hanushek E A, Schwerdt G, Wiederhold S, et al., 2015. Returns to skills around the world: Evidence from PIAAC[J]. European Economic Review, 73: 103-130. https://doi.org/10.1016/j.euroecorev.2014.10.006.

[78] Harrell F E, 2001. Regression modeling strategies: With applications to linear models, logistic and ordinal regression, and survival analysis[M]. New York, NY: Springer. https://doi.org/10.1007/978-1-4757-3462-1.

[79] Hirosh Z, Degani T, 2018. Direct and indirect effects of multilingualism on novel language learning: An integrative review[J]. Psychonomic Bulletin & Review, 25(3): 892-916. https://doi.org/10.3758/s13423-017-1315-7.

[80] Holman L, Head M L, Lanfear R, et al., 2015. Evidence of experimental bias in the life sciences: Why we need blind data recording[J]. PLoS biology, 13(7): e1002190. https://doi.org/10.1371/journal. pbio.1002190.

[81] Hosmer D, Lemeshow S, 2000. Applied logistic regression [M]. 2nd edition. New York: Wiley. https://doi.org/10.1002/0471722146.

[82] Howell W G, Wolf P J, Campbell D E, et al., 2002. School vouchers and academic performance: Results from three randomized field trials[J]. Journal of Policy Analysis and Management, 21(2): 191-217. https://doi.org/10.1002/pam.10023.

[83] Hoxby C M, 2000. The effects of class size on student achievement: New evidence from population variation[J]. Quarterly Journal of Economics, 115(4): 1239-1285. https://doi.org/10.1162/003355300555060.

[84] Hoxby C M, 2002. The power of peers: How does the makeup of a classroom influence achievement?[J] Education Next, 2(2): 56-63.

[85] Imbens G W, Kalyanaraman K, 2012. Optimal bandwidth choice for the regression discontinuity estimator[J]. Review of Economic Studies, 79(3): 933-959. https://doi.org/10.1093/restud/rdr043.

[86] Imbens G W, Lemieux T, 2008. Regression discontinuity designs: A guide to practice[J]. Journal of Econometrics, 142: 615-635. https:// doi:10.1016/j.jeconom.2007.05.001.

[87] Isphording I E, Otten S, 2013. The cost of Babylon-Linguistic distance in applied economics[J]. Review of International Economics, 21(2): 354-369. https://doi.org/10.1111/ roie.12041.

[88] Jabr D, Cahan S, 2014. Schooling effects on cognitive development in a difficult environment: The case of refugee camps in the West Bank[J]. International Studies in Sociology of Education, 24(2): 165-188. https://doi.org/10.1080/09620214.2014.900949.

[89] Jabr D, Cahan S, 2015. Between-context variability of the effect of schooling on cognitive development: Evidence from the Middle East[J]. School Effectiveness and School Improvement, 26(3): 441-466. https://doi.org/10.1080/09243453.2014.944546.

[90] Jaccard J, 2001. Interaction effects in logistic regression[M]. Thousand Oaks, CA: Sage.

[91] Jaccard J, 2003. Interaction effects in multiple regression[M]. 2nd edition. Thousand Oaks, CA: Sage.

[92] Jacob B A, Lefgren L, 2004a. Remedial education and student achievement: A regression-discontinuity analysis[J]. Review of Economics and Statistics, 86(1): 226-244. https://doi.org/10.1162/003465304323023778.

[93] Jacob B A, Lefgren L, 2004b. The impact of teacher training on student achievement: Quasi-experimental evidence from school reform efforts in Chicago[J]. Journal of Human Resources, 39(1): 50-79. https://doi.org/10.3368/jhr.XXXIX.1.50.

[94] Jacob R, Zhu P, Somers M A, et al., 2012. A practical guide to regression discontinuity[EB/OL]. New York, NY & Oakland, CA: MDRC. [2020-08-05]. https://www.mdrc.org/sites/default/files/regression_discontinuity_full.pdf.

[95] Koretz D M, 2008. Measuring up: What educational testing really tells us[M]. Cambridge, MA: Harvard University Press.

[96] Krueger A B, 1999. Experimental estimates of education production functions[J]. The Quarterly Journal of Economics, 114(2): 497-532. https://doi.org/10.1162/003355399556052.

[97] Lai C, Shum M, Tian Y, 2016. Enhancing learners' self-directed use of technology for language learning: The effectiveness of an online training platform[J]. Computer Assisted Language Learning, 29(1): 40-60. https://doi.org/10.1080/09588221.2014.889714.

[98] Lai F, Luo R, Zhang L, et al., 2015. Does computer-assisted learning improve learning outcomes? Evidence from a randomized experiment in migrant schools in Beijing[J]. Economics of Education Review, 47: 34-48. https://doi.org/10.1016/j.econedurev.2015.03.005.

[99] Lavy V, 2008. Do gender stereotypes reduce girls' or boys' human capital Outcomes? Evidence from a natural experiment[J]. Journal of Public Economics, 92(10-11): 2083-2105. https://doi.org/10.1016/j.jpubeco.2008.02.009.

[100] Lee J, Fish R M, 2010. International and interstate gaps in value-added math achievement: Multilevel instrumental variable analysis of age effect and grade effect[J]. American Journal of Education, 117(1): 109-137. https://doi.org/10.1086/656348.

[101] Lee J, Schallert D L, 2015. Exploring the reading-writing connection: A yearlong classroom-based experimental study of middle school students developing literacy in a new language[J]. Reading Research Quarter, 51(2): 143-164. https://doi.org/10.1002/rrq.132.

[102] Li S, Zhu Y, Ellis R, 2016. The effects of the timing of corrective feedback on the acquisition of a new linguistic structure[J]. Modern language journal, 100(1): 276-295. https://doi.org/10.1111/modl.12315.

[103] Light R J, Singer J D, Willett J B, 1990. By design: Planning research on higher education[M]. Cambridge, MA: Harvard University Press.

[104] List J A, Sadoff S, Wagner M, 2011. So you want to run an experiment, now what? Some simple rules of thumb for optimal experimental design[J]. Experimental Economics, 14: 439-457. https://doi.org/10.1007/s10683-011-9275-7.

[105] Loewen S, 2005. Incidental focus on form and second language learning[J]. Studies in Second Language Acquisition, 27(3): 361-386. https://doi.org/10.1017/S0272263105050163.

[106] Lousdal M L, 2018. An introduction to instrumental variable assumptions, validation and estimation[J]. Emerging Themes in Epidemiology, 15(1): 1-7. https://doi.org/10.1186/s12982-018-0069-7.

[107] Ludwig J, Kling J R, 2007. Is crime contagious?[J] Journal of Law and Economics, 50(3): 491-518. https://doi.org/10.1086/519807.

[108] Ludwig J, Miller D, 2007. Does Head Start improve children's life chances? Evidence from a regression discontinuity design[J]. Quarterly Journal of Economics, 122(1): 159-208. https://doi.org/10.1162/qjec.122.1.159.

[109] Machin S J, McNally S, Silva O, 2007. New technology in schools: Is there a payoff?[J]. The Economic Journal, 117(July): 1145-1167. https://doi.org/10.1111/j.1468-0297.2007.02070.x.

[110] MacIntyre P D, Gregersen T, Mercer S, 2020. Language teachers' coping strategies during the Covid-19 conversion to online teaching: Correlations with stress, wellbeing and negative emotions[J]. System, 94: 1-13. https://doi.org/10.1016/j.system.2020.102352.

[111] Meroni E C, Abbiati G, 2016. How do students react to longer instruction time? Evidence from Italy[J]. Education Economics, 24(6): 592-611. https://doi.org/10.1080/09645292.2015.1122742.

[112] Moore D, McCabe G P, Craig B A, 2009. Introduction to the practice of statistics [M]. 6th edition. New York, NY: W. H. Freeman and Company.

[113] Muravyev A, Talavera O, 2016. Can state language policies distort students' demand for education?[J]. Journal of Comparative Economics, 44 (2):383-399. https://doi.org/10.1016/j.jce.2015.01.006.

[114] Murnane R J, Willett J B, 2011. Methods matter: Improving causal inference in educational and social science research[M]. New York, NY: Oxford University Press.

[115] Neal D, 1997. The effects of Catholic secondary schooling on educational achievement[J]. Journal of Labor Economics, 15(1): 98-123. https://doi.org/10.1086/209848.

[116] Newport E L, 2002. Critical periods in language development[A]//Nadel L (Ed.). Encyclopedia of cognitive science [C]. London, UK: MacMillan Publishing Ltd./Nature Publishing Group: 737-740.

[117] Nie J, Pang X, Wang L, et al., 2020. Seeing is believing: Experimental evidence on the impact of eyeglasses on academic performance, aspirations, and dropout among junior high school students in rural China[J]. Economic Development and Cultural Change, 68(2): 335-355. https://doi.org/10.1086/700631.

[118] Nini A, 2015. Multidimensional analysis tagger (version 1.3.1)[EB/OL].[2020-08-25]. http://sites.google.com/site/multidimensionaltagger.

[119] Nishioka S, Durrani N, 2019. Language and cultural reproduction in Malawi: Unpacking the relationship between linguistic capital and learning outcomes[J]. International Journal of Educational Research, 93: 1-12. https://doi.org/10.1016/j.ijer.2018.09.008.

[120] Papay J P, Murnane R J, Willett J B, 2016. The impact of test score labels on human-capital investment decisions[J]. Journal of Human Resources, 51(2): 357-388. https://doi.org/10.3368/jhr.51.2.0713-5837R.

[121] Pearl J, 2009. Causality: Models, reasoning, and inference [M]. 2nd edition. Cambridge: Cambridge University Press. https://doi.org/10.1017/CBO9780511803161.

[122] Pearl J, Mackenzie D, 2018. The book of why: The new science of cause and effect[M]. New York, NY: Basic Books.

[123] Peng C Y J, Lee K L, Ingersoll G M, 2002. An introduction to logistic regression analysis and reporting[J]. The Journal of Educational Research, 96(1): 3-14. https://doi.org/10.1080/00220670209598786.

[124] Peters B L, Stringham E, 2006. No booze? You may lose: Why drinkers earn more money than nondrinkers[J]. Journal of Labor Research, 27(3): 411-421. https://doi.org/10.1007/s12122-006-1031-y.

[125] Pokropek A, 2016. Introduction to instrumental variables and their application to large-scale assessment data[J]. Large-scale Assessment in Education, 4, Article 4. https://doi.org/10.1186/s40536-016-0018-2.

[126] Raudenbush S W, 1997. Statistical analysis and optimal design for cluster randomized trials[J]. Psychological Methods, 2: 173-185. https://doi.org/10.1037/1082-989X.2.2.173.

[127] Reichardt C S, 2019. Quasi-experimentation: A guide to design and analysis[M]. New York, NY: The Guilford Press.

[128] Retelsdorf J, Becker M, Köller O, et al., 2012. Reading development in a tracked school system: A longitudinal study over 3 years using propensity score matching[J]. British Journal of Educational Psychology, 82(4): 647-671. https://doi.org/10.1111/j.2044-8279.2011.02051.x.

[129] Reutzel D R, Petscher Y, Spichtig A N, 2012. Exploring the value added of a guided, silent reading intervention: Effects on struggling third-grade readers' achievement[J]. The Journal of Educational Research, 105(6): 404-415. https://doi.org/10.1080/00220671.2011.629693.

[130] Rhoads C H, 2011. The implications of "contamination" for experimental design in education[J]. Journal of Educational and Behavioral Statistics, 36(1): 76-104. https://doi.org/10.3102/1076998610379133.

[131] Rosenbaum P R, 2017. Observation and experiment: An introduction to causal inference[M]. Cambridge, MA: Harvard University Press.

[132] Rosenbaum P R, Rubin D, 1984. Reducing bias in observational studies using subclassification on the propensity score[J]. Journal of the American Statistical Association, 79: 516-524. https://doi.org/10.1080/01621459.1984.10478078.

[133] Rouse C E, 1995. Democratization or diversion? The effect of community colleges on educational attainment[J]. Journal of Business and Economic Statistics, 13(2): 217-224. https://doi.org/10.1080/07350015.1995.10524596.

[134] Rubin D B, Thomas N, 1996. Matching using estimated propensity scores relating theory to practice[J]. Biometrics, 52(1): 249-264. https://doi.org/10.2307/2533160.

[135] Seid Y, 2016. Does learning in mother tongue matter? Evidence from a natural experiment in Ethiopia[J]. Economics of Education Review, 55: 21-38. https://doi.org/10.1016/j.econedurev.2016.08.006.

[136] Shadish W R, Cook T D, Campbell D T, 2002. Experimental and quasi-experimental designs for generalized causal inference[M]. Boston, MA: Houghton Mifflin Company.

[137] Shih M, Pittinsky T L, Ambady N, 1999. Stereotype susceptibility: Identity salience and shifts in quantitative performance[J]. Psychological Science, 10(1): 80-83. https://doi.org/10.1111/1467-9280.00111.

[138] Shih M, Pittinsky T L, Trahan A, 2006. Domain-specific effects of stereotypes on performance[J]. Self & Identity, 5(1): 1-14. https://doi.org/10.1080/15298860500338534.

[139] Silles M A, 2018. The effects of language skills on economic assimilation of female immigrants in the United States[J]. The Manchester School, 86(6): 789-815. https://doi.org/10.1111/manc.12231.

[140] Silverman R D, Martin-Beltran M, Peercy M M, et al., 2017. Effects of a cross-age peer learning program on the vocabulary and comprehension of English learners and non-English learners in elementary school[J]. The Elementary School Journal, 117(3): 485-512. https://doi.org/10.1086/690210.

[141] Smart J, 2013. Non-parametric regression discontinuity [EB-OL]. Econometrics By Simulation. (2013-02-11).[2022-01-22]. http://www.econometricsbysimulation.com/2013/02/non-parametric-regression-discontinuity.html.

[142] Spybrook J, Bloom H, Congdon R, et al., 2011. Optimal design software for multi-level and longitudinal research (Version 3.01) [CP]. [2020-07-31]. http://hlmsoft.net/od/.

[143] Stock J H, Wright J H, Yogo M, 2002. A survey of weak instruments and weak identification in generalized method of moments[J]. Journal of Business and Economic Statistics, 20(4): 518-529. https://doi.org/10.1198/073500102288618658.

[144] Strunk K O, McEachin A, Westover T N, 2012. The use and efficacy of capacity-building assistance for low-performing districts: The case of California's district assistance and intervention teams[J]. Journal of Policy Analysis and Management, 33(3): 719-751. https://doi.org/10.1002/pam.21658.

[145] Suk N, 2017. The effects of extensive reading on reading comprehension, reading rate, and vocabulary acquisition[J]. Reading Research Quarterly, 52(1): 73-89. https://doi.org/10.1002/rrq.152.

[146] Sun M, Kennedy A I, Loeb S, 2021. The Longitudinal Effects of School Improvement Grants[J]. Educational Evaluation and Policy Analysis, 43(4): 647-667. https://doi.org/10.3102/01623737211012440.

[147] Suryadarma D, Suryahadi A, Sumarto S, et al., 2006. Improving student performance in public primary schools in developing countries: Evidence from Indonesia[J]. Education Economics, 14(4): 401-429. https://doi.org/10.1080/09645290600854110.

[148] Taylor C, 2019. Correlation and causation in statistics [EB/OL]. (2019-02-19). [2020-06-10]. https://www.thoughtco.com/correlation-and-causation-in-statistics-3126340.

[149] Tegunimataka A, 2021. Does first-language training matter for immigrant children's school achievements? Evidence from a Danish school reform[J]. Nordic Journal of Migration Research,11(3): 316. https://doi.org/10.33134/njmr.418.

[150] Thistlethwaite D L, Campbell D T, 1960. Regression-discontinuity analysis: An alternative to the ex post facto experiment[J]. Journal of Educational Psychology, 51(6), 309-317. https://doi.org/10.1037/h0044319.

[151] Thyer B A, 2012. Quasi-experimental research designs[M]. New York, NY: Oxford University Press. https://doi.org/10.1093/acprof:oso/9780195387384.001.0001.

[152] Tian X, Guan X, 2015. The impact of hurricane Katrina on students' behavioral disorder: A difference-in-difference analysis[J]. International Journal of Environmental Research and Public Health, 12(5): 5540-5560. https://doi.org/10.3390/ijerph120505540.

[153] Trochim W M K, 2020. Regression-discontinuity analysis[EB/OL]. (2020).[2020-08-25]. https://conjointly.com/kb/regression-discontinuity-analysis/.

[154] Tyler A A, Osterhouse H, Wickham K, et al., 2014. Effects of explicit teacher-implemented phoneme awareness instruction in 4-year-olds[J]. Clinical Linguistics & Phonetics, 28(7-8): 493-507. https://doi.org/10.3109/02699206.2014.927004.

[155] Tyler J H, Murnane R J, Willett J B, 2000. Estimating the labor market signaling value of the GED[J]. Quarterly Journal of Economics, 115(2): 431-468. https://doi.org/10.1162/003355300554818.

[156] VandenBos G R, 2015. APA dictionary of psychology[M]. 2nd edition. Washington, DC: American Psychological Association.

[157] Vigen T, 2015. Spurious correlations[M]. New York, NY: Hachette Books.

[158] Wang T, Ren X, Schweizer K, et al., 2016. Schooling effects on intelligence development: Evidence based on national samples from urban and rural China[J]. Educational Psychology, 36(5): 831-844. https://doi.org/10.1080/01443410.2015.1099618.

[159] Wang X, Luo R, Zhang L, et al., 2017. The education gap of China's migrant children and rural counterparts[J]. Journal of Development Studies, 53(11): 1865-1881. https://doi.org/10.1080/00220388.2016.1274395.

[160] Wang Y, Jones B F, Wang D, 2019. Early-career setback and future career impact[J]. Nature Communications, 10: 4331. https://doi.org/10.1038/s41467-019-12189-3.

[161] Wilde E T, Hollister R, 2007. How close is close enough? Evaluating propensity score matching using data from a class size reduction experiment[J]. Journal of Policy Analysis and Management, 26(3): 455-477. https://doi.org/10.1002/pam.20262.

[162] Woltman H, Feldstain A, MacKay J C, et al., 2012. An introduction to hierarchical linear modeling[J]. Tutorials in Quantitative Methods for Psychology, 8(1): 52-69. https://doi.org/10.20982/tqmp.08.1.p052.

[163] Wooldridge J M, 2002. Inverse probability weighted M-estimators for sample selection, attrition, and stratification[J]. Portuguese Economic Journal, 1: 117-139. https://doi.org/10.1007/s10258-002-0008-x.

[164] Wößmann L, West M, 2006. Class-size effects in school systems around the world: Evidence from between-grade variation in TIMSS[J]. European Economic Review, 50(3): 695-736. https://doi.org/10.1016/j.euroecorev.2004.11.005.

[165] Wu Q, 2015. Pulling mobile assisted language learning (MALL) into the mainstream: MALL in broad practice[J]. PLoS ONE, 10(5): e0128762. https://doi.org/10.1371/journal.pone.0128762.

[166] 陈林，伍海军，2015. 国内双重差分法的研究现状与潜在问题[J]. 数量经济技术经济研究，7：133-148.

[167] 陈强，2010. 高级计量经济学及 Stata 应用[M]. 北京：高等教育出版社.

[168] 何晓群，2017. 应用回归分析（R 语言版）[M]. 北京：电子工业出版社.

[169] 金艳，程李颖，2013. 影响高风险考试效度的心理因素研究[J]. 现代外语，1：62-69.

[170] 李连江，2017. 戏说统计. 北京：中国政法大学出版社.

[171] 刘娟娟，周雪涵，徐舜平，等，2017. 乡村中学的翻转课堂研究——以山东省某镇中学为例[J]. 教育发展研究，15：15-16.

[172] 刘素君，张应武，2011. 自然实验和倍差法：教学研究的新途径[J]. 教学与管理，21：16-17.

[173] 秦晓晴，毕劲，2015. 外语教学定量研究方法及数据分析[M]. 北京：外语教育与研究出版社.

[174] 斯科特•梅纳德，2016. 应用 logistic 回归分析[M]. 李俊秀译. 2 版. 上海：上海人民出版社.

[175] 陶然，2008. logistic 模型多重共线性问题的诊断及改进[J]. 统计与决策，15：22-25.

[176] 王济川，郭志刚，2001. logistic 回归模型——方法与应用[M]. 北京：高等教育出版社.

[177] 王骏，孙志军，2015. 重点高中能否提高学生的学业成绩——基于 F 县普通高中的一个断点回归设计研究[J]. 北京大学教育评论，13(4)：82-109.

[178] 温忠麟，侯杰泰，张雷，2005. 调节效应与中介效应的比较和应[J]. 心理学报，37(2)：268-274.

[179] 吴诗玉，2019. 第二语言加工及 R 语言应用[M]. 北京：外语教学与研究出版社.

[180] 许宏晨，2013. 第二语言研究中的统计案例分析[M]. 北京：外语教学与研究出版社.

[181] 杨轶莘，2019. 大数据时代下的统计学[M]. 2 版. 北京：电子工业出版社.

[182] 叶芳，王燕，2013. 双重差分模型介绍及其应用[J]. 中国卫生统计，30(1)：131-134.

[183] 张文忠，徐承萍，刘浩，等，2017. 注释位置、注释语言和自注释对英语阅读中词汇学习效果的影响[M]. 解放军外国语学院学报，40(6)：11-19, 61.

[184] 张羽，2013. 教育政策定量评估方法中的因果推断模型以及混合方法的启示[J]. 清华大学教育研究，34(3)：29-40.

[185] 张羽，覃菲，刘娟娟，2017. 十年教育均衡之路——对高中名额分配招生政策效果的自然实验研究[J]. 清华大学教育研究，38(5)：44-51.

[186] 周黎安，陈烨，2005. 中国农村税费改革的政策效果：基于双重差分模型的估计[J]. 经济研究，8：44-53.

# 后　　记

　　先聊聊写这本书的原因和动机。我们从事语言教育实践和研究多年，致力于因果推断研究，话题涵盖外语教育、中文母语教育和教育政策定量分析。在多年的教学、科研和团队建设经历中，我们经常被问起"$t$ 检验支持因果结论吗？""回归分析支持因果结论吗？""SEM 支持因果结论吗？"之类的问题，也不时看到一些学生的论文没有使用合适的研究设计，却仅仅基于推断统计得出"A 导致 B"或"A 影响 B"这类典型的因果结论。似乎很多人不清楚因果推断与研究设计和统计方法之间的关系。本书第一作者在清华大学开设 Experimental and Quasi-Experimental Designs in Language Education Research 课程多年，教学过程中了解到不少硕博研究生对因果推断研究有诸多困惑，对量化统计有畏惧心理。这些教研经历让我们愈加明白"工欲善其事，必先利其器"的道理。对于量化实证研究而言，统计方法和研究设计就是"利器"。掌握了利器，以后不管是学习别人的研究还是设计自己的研究都会有拨云见日的感觉，我们希望把这种感觉分享给读者，此为动机之一。同时，语言教育本身是一个交叉学科，与语言学、教育学、经济学息息相关，掌握相邻学科的研究方法可以拓宽研究的思路和视角，更好地聚焦研究情景和回答研究问题。因果推断研究有助于教育决策，进而影响与我们息息相关的教育体系。所以我们想把教育和经济领域常用的因果推断研究设计和优秀研究实例系统地推荐给语言教育领域的师生，此为动机之二。

　　再谈谈写书的过程和感受。首先对本书的架构、思路和主要内容进行了多轮讨论，最终确定先介绍实验与准实验研究中常用的统计方法，帮助缺少统计基础的读者入门，以便他们更好地理解后续章节中的实验与准实验研究实例；然后介绍常见的实验与准实验设计。按照这个思路，我们开始动笔，之后各章之间的具体顺序仍是几经调整。终稿确定第一、二、三章介绍统计方法，第四章讨论因果推断研究的重要性和实现形式，最后五章详细介绍常见的实验与准实验设计。我们在写作过程中既系统整理了自己的经验心得，也深入学习和借鉴了国内外学者的相关论著，找出内在逻辑，抽丝剥茧地将经验和知识系统化，既是成文的过程，也是我们自我审视、学习和进步的过程。此过程颇为艰辛，因为"知道"是一回事，但"把知道的东西建构成体系并写给他人看"是另一回事。初稿完成后，我们又反复修改了十余轮，其间的收获让我们痛并快乐。

最后表达一下对自己和对读者朋友们的期望。（准）实验设计和量化统计能力的精进不是一日之功，需要我们在学习前辈经验的基础上付诸应用，在研究实践中切身体会"站在他人肩膀上"的感觉，并积累自己的经验和教训，逐步成长为成熟的语言教育实践者和研究者。我们深切希望语言教育工作者能勇于打破学科壁垒，积极学习和使用相邻学科的研究方法，用因果推断研究促进语言教育决策的科学性和规范性，在新文科建设的背景下，促进学科融合，让语言教育研究更好地服务于社会进步。

作　者

2022 年 7 月